Música entre las Sábanas

Descubra los secretos de la intimidad sexual en el matrimonio

DR. KEVIN LEMAN

Publicado por
Editorial Unilit
Miami, Fl. 33172

Primera edición 2004

Publicado en inglés con el título:
Sheet Music
por Tyndale House Publishers, Inc.
Wheaton, Illinois.

Traducido al español por: Cecilia Romanenghi de De Francesco
Fotografía de la cubierta por: PUNCHSTOCK

Producto 495317
ISBN 0-7899-1140-X
Impreso en Colombia
Printed in Colombia

A mi yerno, Dennis O'Reilly,
y a su encantadora esposa,
mi hija Krissy.

¡Adelante, creen una sinfonía!
Y tal vez, algunos niños también...

Contenido

NOTA *al* LECTOR

Es probable que algo de lo que leas en este libro sea demasiado directo o esté dicho sin pelos en la lengua para tu gusto personal. La visión que cada persona tiene acerca de la sexualidad (y su entorno, que informa al pensamiento y los modelos de relación) es diferente. No obstante, si estás dispuesto a seguir adelante en busca del mejor matrimonio que puedas imaginar, este libro es para ti. Expandirá y desafiará tu manera de pensar en cuanto a la relación sexual. Más que ser un manual de instrucciones, procura orientar a buscar por uno mismo el porqué hacerlo y cómo hacerlo mejor.

Música entre las sábanas: Descubramos los secretos de la intimidad sexual en el matrimonio no pretende hacerte sentir culpable por lo que has hecho o lo que no has hecho, sino más bien ayudarte a localizar lo que sucede en tu cerebro y en la relación con tu cónyuge (o con el que lo será) a fin de que logren tener una vida sexual activa y satisfactoria.

Si en este momento te encuentras recibiendo orientación prematrimonial, lee los capítulos del 1 al 4 y «Solo para hombres» y «Solo para mujeres». Aunque, por favor, detente allí... y espera a leer el resto después que te hayas casado.

1

Historia de dos parejas

Tanto Diego como Karen eran vírgenes cuando se casaron hace veintiún años. Como muchas parejas jóvenes, tenían ideas bastante poco realistas de lo que sería la relación sexual. Una manera muy acertada de describir su vida sexual después de la luna de miel sería decir que quedó librada «a la buena de Dios»; nunca llegaron a entender bien cómo eran las cosas hasta casi quince años después de casados.

He aquí lo que sucedió. Diego siempre estaba buscando (y lo peor es que pensaba que lo encontraba) el «punto mágico». Intentaba algo nuevo: la manera en que sostenía a Karen, el modo en que la mecía o en que tocaba con suavidad un punto delicado, y sintonizaba sus gemidos pensando: *Muy bien, esta es la clave; esto desatará su furia sexual.*

A pesar de que Karen disfrutaba de verdad del nuevo toque, aprendió a ser conservadora con sus gemidos porque cuando Diego escuchaba uno, era seguro que haría *exactamente lo mismo* en las siguientes cincuenta a cien veces que hicieran el amor. Karen nunca entendía por qué necesitaba cien silencios para superar un gemido, pero así eran las cosas con Diego. Se volvió tan previsible, que lo que alguna vez la ponía más ardiente que un día de verano, ahora la convertía en un glaciar. Él se sentía frustrado y pensaba (pero nunca lo expresaba verbalmente: *Sé que lo hago bien. ¡Aquella vez me dio resultado! ¿Por qué no da resultado ahora? No debo hacerlo con bastante suavidad (ni con la velocidad suficiente, ni alguna otra variación).*

La primera vez que vi a Diego, le di una tarea sencilla:

—Diego —le dije—, quiero que vayas a tu casa, mires el armario de tu esposa y luego mires el tuyo. Dime si notas alguna diferencia.

—No tengo que ir a mi casa para eso, doctor Leman —me dijo—. Conozco nuestros armarios de memoria.

—Muy bien, entonces. Cuando miras los zapatos, ¿notas alguna diferencia?

—Sí, ella tiene cincuenta pares y yo tengo tres.

—Déjame adivinar: zapatos para ir al trabajo, zapatos tenis y un calzado viejo para trabajar en el jardín.

—Eso es.

—Muy bien, si contaras sus ropas y contaras las tuyas, ¿con qué te encontrarías?

—Necesito una calculadora para las suyas, pero las mías las cuento con los diez dedos de la mano.

—¿Esto te dice algo?

—¿Que le gusta comprar ropa?

—Bueno, sí, pero con respecto a la sexualidad, ¿qué quiere decir?

—Bueno, no tiene muchas ropas sexy, si es a eso a lo que quiere llegar.

Al ver que la sutileza no era uno de los puntos fuertes de Diego, decidí explicárselo de una manera más directa.

—Diego, lo que trato de decir es que parece que a tu esposa le gusta la variedad un poquito más que a ti. No le gusta ponerse la misma ropa el lunes, el miércoles y el jueves. En realidad, es probable que no le guste volver a ponerse la misma ropa ningún otro lunes. Desea variedad. Verás, algunos de nosotros tratamos la relación sexual como si fuera un manual de fútbol. Sabemos lo que vamos a hacer, cómo lo vamos a hacer y dónde vamos a terminar. El problema es que nuestras esposas pronto se aburren de la rutina. Pueden seguir con atención nuestros movimientos y pueden prever, en unos diez segundos, cuánto tiempo vamos a estar arriba antes de bajar. Tu esposa quiere más que eso.

Vi cómo se encendía una lamparita en la mente de Diego. Lo que le decía tenía sentido.

—Esto es lo que harás, Diego —continué—. Tu esposa no será la misma mujer en el aspecto sexual el martes por la noche que el sábado por la mañana. Tal vez una noche esté preparada para una aventura o para una sesión rápida. Deseará que solo la "poseas". Es posible que algunas mañanas desee una relación sexual larga y lánguida, en la cual te tomes mucho tiempo para convencerla de que está lista para hacerlo. Tu tarea es darte cuenta de qué lado sopla el viento en ese día en particular.

No hizo falta mucho más. No tuve la necesidad de aconsejarle a Diego que echara mano de los «sustitutos sexuales» (ni jamás lo hubiera hecho). No tuvo que mirar vídeos. No tuvo que gastar cien dólares en «ayudas matrimoniales». A decir verdad, se dio cuenta, como escribí en otro libro, que el amor comienza en la cocina: es un asunto de todo el día. Adoptó una nueva manera de pensar y, según Karen, se convirtió en un virtuoso en el dormitorio.

Ahora, siete años después, la relación sexual impregna prácticamente todo lo que hacen. Si no lo has experimentado, no podrás creer qué clase asombrosa de «pegamento» matrimonial puede ser la relación sexual. Hace tres años, Diego se encontraba atrapado en un trabajo que detestaba. Su jefe estaba decidido a convertirse en el hombre más odiado al este del Misisipí. Cuando uno se encuentra en la mitad de la década de los cuarenta, la sensación de estar atrapado es una de las peores que se pueden tener. Apenas lograba obligarse a ir a la oficina, pero con gemelos que se encontraban en la secundaria (y la universidad no tan lejana) y dos preescolares que iban a comenzar la escuela primaria, no tenía alternativa. Este no era el momento para realizar un cambio financiero arriesgado.

Un viernes, Diego recibió un correo electrónico de Karen. Fue lo primero que vio cuando se sentó en la oficina:

> ¡Buenas noticias! Los más pequeños se quedan en la casa de la abuela esta noche y los mayores se van a un viaje del grupo de jóvenes. Hice una reservación para las ocho de la noche en Palazzi [el restaurante favorito de Diego]. Si puedes llegar a casa a eso de las seis, eso nos dará una buena hora y media para disfrutar de los entremeses que planeo «ponerme». De paso, si miras en tu maletín, encontrarás una Polaroid. Considérala tu «menú» para antes de la cena. No veo la hora de verte.
> Tu Karen

¿Sabe lo que se dijo Diego después de leer aquel correo electrónico? Recuerda que se encontraba en un trabajo que era un callejón sin salida y que las presiones financieras se le acumulaban en la cabeza. Su jefe era un cretino que convertía la existencia diaria de Diego en un infierno viviente. Aun así, cerró el correo electrónico y se dijo: «Soy el hombre más afortunado de la tierra».

Tener una vida sexual grandiosa es una experiencia tonificante; puede unir a un esposo y a una esposa de una manera que no tiene comparación en la experiencia humana. Saber que tu esposa se preocupa de verdad por ti y que tu esposo desea tu cuerpo más que ninguna otra cosa, les da seguridad a un hombre y a una mujer de múltiples y profundas maneras.

De paso, los hijos de Diego y Karen se beneficiaron mucho a raíz de este correo electrónico. Cuando al final fueron a buscar a los más pequeños a la casa de la abuela, Diego no veía la hora de verlos. Como estaba satisfecho sexualmente, podía concentrarse por completo en sus hijos, escuchar cómo fue su día y pudo tomarse el tiempo para arroparlos en la cama. Y no pienses que los niños no se dieron cuenta de lo afectuosos que estaban Diego y Karen aquella noche. Los hizo sentir seguros y felices, y los hizo pensar: *Estamos en la mejor familia que cualquiera pueda estar*.

La satisfacción sexual no se produjo de la noche a la mañana para esta pareja, pero cuando lo hizo, cambió todo en su hogar. Para decirte la verdad, Diego daría su vida por Karen; pondría su cuerpo como escudo para salvarla de una bala sin pensarlo dos veces. No hay nada que no haría por ella.

Marcos y Brenda enfrentaban su propio desafío sexual. Fueron sexualmente activos antes de casarse y los dos admitían que la relación sexual fue muy excitante. Aun así, como se puede esperar en el caso de las parejas que se enredan en las relaciones sexuales antes del matrimonio, la relación se enfrió poco después de casados. Marcos no parecía tan deseoso como antes y Brenda era mucho menos aventurera.

Al principio, pensaron que se trataba solo de los hijos. Ella quedó encinta enseguida después de casarse y ahora tenían dos niños menores de cinco años. Sin embargo, con el tiempo, la relación sexual se volvió cada vez menos frecuente, hasta que llegó a ser casi una opción molesta, como un último recurso, algo que hacían porque pensaban, de manera acertada, que debían hacerlo, al menos una vez al mes.

Marcos tenía un empleo bien remunerado y un buen jefe, pero se encontraba bajo un tremendo estrés. Si hacía las cosas bien como vendedor, recibía una recompensa generosa. Si caía entre los últimos tres, lo despedían. Todo lo que valía era lo que decían los números de la última quincena.

Pensaba que tenía una cuenta en la bolsa que valía varios cientos de millones de dólares; solo era cuestión de conseguir que la compañía firmara. No obstante, cuando fue a la oficina del comprador, se quedó pasmado al escuchar:

—Lo siento, Marcos, pero decidimos buscar otro cliente.

—¡Debes estar bromeando! Hemos trabajado durante dos meses en este asunto, y la semana pasada me dijiste que parecía casi un hecho. ¿Qué debemos hacer para recuperar tu negocio?

—Es demasiado tarde —respondió el comprador—. Ya firmamos otro contrato.

Aturdido, se dirigió a su auto con la cabeza que le daba vueltas. Por instinto, respondió a la llamada de su teléfono celular, pero enseguida deseó no haberlo hecho.

«¡Hola, Marcos!», gritó el jefe al otro lado del teléfono. «Pensé que debía llevarte a almorzar a ese nuevo restaurante italiano para celebrar el trato hecho con esa cuenta Andreeson».

Marcos hubiera deseado tragarse el teléfono celular allí mismo.

Cinco horas después, luego de un almuerzo solitario y cargado de demasiado alcohol, Marcos comenzó a reflexionar en lo que se había convertido su vida. El año pasado había ganado una cifra de seis dígitos, pero la seguridad de su trabajo siempre estaba en riesgo (como se lo recordó su jefe cuando escuchó la noticia de la cuenta Andreeson).

¿Cuánto hacía que él y Brenda no se divertían de verdad? Recordó los días en los que no se podían quitar las manos de encima el uno del otro; ahora se parecían a dos compañeros de cuarto que compartían la misma cama, no mucho más que eso. Desde que llegaron los niños, parecían estar encerrados en aquella casa de trescientos sesenta metros cuadrados (sin duda, estupenda).

Marcos anhelaba los días en que Brenda y él podían hacer desaparecer el mundo por algunas horas mientras se perdían el uno en los brazos del otro.

Decidido a realizar un cambio, llamó a Brenda y le confesó: «He tenido un día horrible de verdad. ¿Podemos salir esta noche?».

Era un grito que le salía de las emociones, mucho más que algo físico, pero Brenda no comprendió. Ella también había tenido un día muy ajetreado y como había perdido la comunicación con su esposo y no era capaz de leer la emoción que había en su petición, respondió de manera cortante: «Marcos, ¡son las cinco de la tarde! No puedo conseguir una niñera a esta hora. ¿En qué estás pensando? *Nunca* me avisas con tiempo».

Marcos deseaba decirle a Brenda que la extrañaba. Anhelaba que fuera la mujer dispuesta que solía ser, que no le importaba escaparse de una clase para «juguetear» un ratito más. Ya se había arriesgado una vez hoy, ¡y miren dónde había ido a parar! Así que se puso a la defensiva.

«Bueno, olvídalo», dijo y colgó el teléfono.

De camino a casa, se detuvo en un bar y jugó al billar hasta las once de la noche. Sabía que tendría que escuchar muchos reproches de Brenda por llegar tan tarde, pero ella no entendía la presión bajo la cual se encontraba.

Tampoco sabía que se masturbaba dos o tres veces a la semana, y que cada vez que lo hacía, sentía que su deseo hacia Brenda como persona declinaba un poquito más. Estaba cansado de que lo complaciera de mala gana y que nunca lo buscara.

Por su parte, Brenda estaba demasiado atareada con los niños para notarlo. En realidad, estaba agradecida que Marcos ya no la presionara para tener relaciones sexuales; estaba demasiado cansada como para siquiera pensar en eso. Nunca se le ocurrió que él estaba tomando las cosas «en sus manos» y que se estaba volviendo adepto a esconder pornografía en la computadora de modo que ella nunca lograra encontrarla.

Lo que Brenda no se daba cuenta era cuánto les costaba como pareja este invierno sexual y que si no revertían la situación, es probable que se divorciaran en los próximos cinco años.

Los niños se daban cuenta de que mami y papi casi nunca se demostraban afecto y que siempre estaban muy impacientes. Presentían que había algo «bajo la superficie», un descontento en ebullición; pero como nunca se abría el paquete, vivían con el temor y la falta de seguridad que crea semejante entorno.

Brenda se concentraba cada vez más en ellos, tratando de satisfacer el vacío emocional a través del afecto de sus hijos. Marcos se interesó más en el trabajo y en su computadora en el hogar.

Los dos vivían la triste realidad que describe este poema anónimo.

La pared

La fotografía de la boda les hacía burla desde la mesa,
Dos seres cuyas mentes ya no estaban en contacto.

Vivían con tal barricada en el medio
Que no había cañoneo de palabras
Ni artillería de contactos físicos que lograra derribarla.

En alguna parte, entre el primer diente del hijo mayor
Y la graduación de la hija menor,
Se habían extraviado.

A lo largo de los años, poco a poco cada uno desenmarañó
Esa enredada madeja llamada ser,
Y mientras tiraban de los nudos rebeldes,
Cada uno escondía su búsqueda del otro.

Algunas veces, ella lloraba por la noche
Y le rogaba a la oscuridad susurrante que le dijera quién era.

Él yacía a su lado, roncando como un oso que hiberna,
Ajeno al invierno de ella.

Una vez, luego de hacer el amor,
Él le quiso decir cuánto miedo tenía de morir,
Pero, con temor de mostrar su alma desnuda,
Habló en cambio de la hermosura de sus pechos.

Ella se anotó en un curso de arte moderno,
Tratando de encontrarse a sí misma en
los colores salpicados sobre el lienzo,
Quejándose frente a las otras mujeres por
la insensibilidad de los hombres.

Él se trepó a un sepulcro llamado «Oficina»,
Envolvió su mente en un sudario de papeles con números,
Y se enterró en medio de los clientes.

Lentamente, la pared entre ambos creció,
Adherida por la mezcla de la indiferencia.

Un día, al tratar de tocarse mutuamente
Encontraron una barrera que no pudieron traspasar,
Retrocedieron del frío de la piedra,
Y cada cual se replegó del extraño que se
encontraba al otro lado.

Porque cuando el amor muere, no es en
un momento de enojo en la batalla,
Tampoco cuando los cuerpos enfurecidos pierden su calor.

Yace jadeando, exhausto,
Moribundo al pie de una pared que no logró escalar.

Dos parejas. Dos historias. Una realidad. Si piensas que la relación sexual no es importante, estás tristemente equivocado. A muchas personas las han herido por la relación sexual y sufren por recuerdos sexuales. (Hablaremos sobre esto en un capítulo posterior). Si estás casado, la relación sexual será una de las partes más importantes de tu vida, lo quieras o no. Si no la tratas de esta manera, como un asunto de suprema importancia, no eres justo contigo mismo, con tu cónyuge ni con tus hijos.

Es probable que, en realidad, este sea un libro difícil de leer. Por cierto fue un libro difícil de escribir porque en nuestra sociedad actual nos resulta difícil hablar de la relación sexual. Eso sí, hacemos bromas sobre la relación sexual y la degradamos a través de historias, películas y revistas sucias, pero nunca hablamos acerca de la relación sexual matrimonial de la manera en que la diseñó el Creador. La relación sexual matrimonial, la más importante y la única apropiada desde mi punto de vista, se pasa por alto, y las parejas pagan un precio terrible cuando se produce esta triste realidad.

Sin embargo, cuando a la gente se le da permiso para hablar sobre la relación sexual en un entorno que no represente amenazas, ¡no la puedes hacer callar! Una vez que se animan, quieren hablar de ella porque saben que es una fuerza poderosa en nuestras vidas de casados.

Tengo la esperanza de que este libro amplíe y desafíe tu manera de pensar en cuanto a la relación sexual. No se trata de un simple manual de instrucciones; los mecanismos físicos no son tan difíciles. Se trata más bien de una orientación para buscar por uno mismo el porqué hacerla y cómo hacerla mejor. Deseo volver a despertar en ti la experiencia en común de disfrutar de este maravilloso regalo en la travesía que compartes con tu cónyuge. No es un libro que deba hacerte sentir culpable, sino más bien que expanda tu manera de pensar y la posibilidad de que tú también logres tener una vida sexual activa y satisfactoria junto a la persona que amas.

Es probable que este libro no tenga todas las respuestas, pero tiene muchas de ellas. No soy un terapeuta sexual; soy sicólogo. Aunque hablaremos acerca del aspecto físico de la relación sexual, mi especialidad está orientada a lo que sucede en tu cerebro y en tu relación. Allí es donde la mayoría de los matrimonios necesitan sanidad en primer lugar.

Además, el aspecto físico casi siempre se encamina solo cuando la relación es saludable. Si deciden convertirse en una pareja aventurera en la esfera sexual, de todas maneras no van a hacer las cosas a la perfección; van a fallar y, es de esperar, que se rían cuando esto les suceda. Nadie tiene una vida sexual tal que todas las experiencias merezcan un diez. Tal vez tengas que conformarte con tener, por lo general, ochos y seis y hasta algún tres de vez en cuando.

No obstante, este libro está escrito para ustedes, como pareja, para ayudarlos a comprender qué clase de don único y maravilloso son el uno para el otro, así como las maneras únicas y maravillosas en las que pueden expresarse su amor en un sentido muy físico y placentero.

A partir de mi experiencia con miles de parejas, me he convencido de que este maravilloso regalo de la relación sexual hace que todo sea más bonito. Por lo general, la vida sexual de una pareja es un microcosmos del matrimonio. Cada tanto se encuentra una pareja que tiene una vida sexual extraordinaria acompañada de un matrimonio poco satisfactorio, pero esto es algo fuera de lo común, algo que se ve solo cada un par de años. Lo más común es que, si el matrimonio está haciendo agua, la relación sexual se irá con ellos al fondo.

NUESTROS DESEOS MÁS PROFUNDOS

Quiero tener una palabra para los hombres bien al comienzo de este libro. Lo sé, lo sé, no ves la hora de que comencemos a entrar en las partes buenas; pero primero, déjame poner la relación sexual matrimonial dentro de un contexto diferente por completo. Debes saber que todas las mujeres le preguntan interiormente cada día a su esposo: *¿En verdad me amas? ¿En verdad te importo?*

¿Cómo mide ella ese amor? ¿Cómo sabe que en realidad te importa? Casi nunca lo descubre en el dormitorio. Si hay algo que apaga a una mujer es la sensación de que todo lo que le importa a su esposo es la relación sexual. Si una esposa piensa que su papel principal es ser la que está dispuesta a recibir los avances sexuales de su esposo, se siente degradada e irrespetada.

Hombres, si su actitud se ha convertido en la del que dice: *Bueno cariño, ¿te vas a prestar esta noche o no?*, no se dan cuenta de todo lo que se pierden. Con esa actitud, todo lo que consigues, en el mejor de los casos, es una esposa complaciente, pero nunca una que esté deseosa. Puedo darte la mejor técnica sexual del mundo, pero con esa actitud, tu vida sexual terminará, de todas maneras, siendo un desastre.

Lo que excita a una mujer es un esposo que la ayuda en la casa, que ordena sus propias cosas, que ayuda con los niños, que hace arreglos para las citas y que, por sobre todas las cosas, se *preocupa* por ella. Si un esposo se comporta de esta manera en forma constante y gentil, sin actuar como un mártir, descubrirá, seis de diez veces, que su esposa está lista y desea disfrutar de una vida amorosa activa y satisfactoria. Será una respuesta natural a un estilo de vida de afecto sincero.

Hablemos de las seis en diez. Mujeres, tal vez esto las sorprenda, pero la verdad es que sus esposos desean tener relaciones sexuales con ustedes no tanto para obtener su propio alivio sexual, sino para complacerlas más de lo que desean que los complazcan. Es posible que parezca que todo tiene que ver con él, pero lo que desea de verdad, en el aspecto emocional, es ver cuánto disfrutas del placer que puede darte. Si fracasa en este objetivo, por cualquier razón, terminará sintiéndose inadecuado, solitario y falto de amor. La mayoría de los hombres deseamos ser los héroes de nuestras esposas.

Mi teoría es que seguimos siendo el niño que una vez fuimos. Todavía deseamos complacer a la mujer principal de nuestra vida. Cuando teníamos seis años, eso significaba complacer a mamá; cuando tenemos veintiséis (o treinta y seis, o cuarenta y seis, o sesenta y seis), eso significa complacer a nuestra esposa.

Cuando la relación sexual muere en un matrimonio, el hombre pierde algo muy importante para él: la certeza de que es capaz de complacer a su esposa físicamente. Y la mujer pierde la satisfacción de tener a un hombre que se encuentra cautivado por su belleza.

Como la relación sexual está tan íntimamente ligada a quiénes somos como hombres y mujeres, lo está también a los elementos más insignificantes de cada matrimonio. Si una pareja solo pasa diez minutos describiéndome su vida sexual, puedo tener una idea bastante buena de lo que sucede en el resto de su matrimonio. Por lo tanto, aunque deseo ayudarte a que mejores tus técnicas sexuales, también quiero recordarte que la relación sexual forma parte de una *relación.*

RELACIÓN SEXUAL GOURMET

Casi todas las personas son capaces de realizar el acto sexual de manera «biológica», así como casi todos los niños de cinco años pueden prepararse un pan con mermelada. Con todo, si deseas una comida gourmet, necesitas encontrar a un chef. Por ejemplo, cualquiera puede cocinar un pescado. Puedes sacar al escurridizo tonto del agua y sin molestarte en sacarle las tripas y las escamas puedes tirarlo en una sartén sin especias ni ninguna clase de preparación y se cocinará de todos modos. Podrás dar un mordisco a través de esas escamas, podrás sacarte las tripas de entre los dientes y aun así tragarás algo de pescado saludable. Cocinaste un pescado.

No obstante, si lo haces de esa manera, seguirá teniendo olor a pescado y el buen pescado no tiene sabor a pescado. En este aspecto, sé de lo que hablo. Mis tíos sueco-noruegos eran pescadores. ¡Ellos sí que sabían preparar pescado!

Recuerdo una vez cuando era pequeño que mi tío me preguntó:

—¿Te gusta comer pescado, muchacho?

—No.

—Este pescado te gustará.

—No, gracias —dije con mi voz chillona de pequeño—. No como pescado. No me gusta el pescado.

Sonrió con conocimiento de causa, luego tomó una reluciente moneda de veinticinco centavos.

—¿Probarás solo un bocado si te doy esto?

En aquellos días, con veinticinco centavos podías comprar mucho más que un chicle, así que acepté la oferta; pero no me detuve con el primer bocado; me comí a trece de aquellos pequeños tontos. ¡Jamás había saboreado algo tan bueno en toda mi vida!

La diferencia radicaba en que mi tío sabía lo que hacía. Fileteaba con cuidado el pescado y quitaba como un experto todas las espinas. Luego ponía al pez en agua salada para quitarle la sangre y las otras cosas que uno no quiere que estén allí. Después, sumergía el pescado en pasta para panqueques y lo freía en el mismo momento.

Un chef no es un cocinero «nato». Va a la escuela, estudia el arte de la cocina, domina el uso de las especias, los condimentos y la presentación, y luego experimenta para ver qué le resulta mejor. Un buen «chef» sexual hace lo mismo. Un esposo amoroso pronto aprenderá que la presentación es todo para una mujer. Para captar de verdad los sentidos de una esposa, el esposo debe ser consciente de cómo se presenta a sí mismo para la relación sexual. Como los hombres son sumamente sensibles, por lo general pasan por alto la presentación, son torpes, poco elegantes y hasta ofensivos en la manera que se acercan a su esposa en busca de intimidad sexual.

Hombres, créanme: La manera en que presentan su «trozo de amor candente» es importante de verdad y es algo que se debe poner en contexto. Tu esposa necesita saber que eres un buen padre y una persona amable y generosa, tanto como desea que sepas tocar todos los lugares adecuados.

Hay demasiadas parejas que se conforman con algo de segunda categoría. El esposo está dispuesto a usar a su esposa para encontrar alivio biológico, y la esposa puede estar dispuesta a «conformar» a su esposo con tal de evitar el incesante fastidio (y, a veces, los ruegos demandantes). Aun así, eso no es lo que ninguno de los dos desea en verdad. Ninguna persona queda satisfecha cuando la relación sexual es algo que se pide con desesperación y que solo se da a regañadientes.

Entonces, ¡juégate el todo por el todo! Con alegría, pasa de la «relación sexual mermelada» a la intimidad gourmet. No te conformes con menos de lo que se propuso Dios. La relación sexual es una de las cosas más asombrosas que Dios haya pensado, pero una relación sexual así de buena no surge con naturalidad para ninguno de nosotros. Debemos estar dispuestos a practicar cómo ser mejores amantes; debemos pasar tiempo pensando en maneras de mantener la relación sexual fresca y divertida; hasta debemos estudiar a nuestro cónyuge para descubrir qué lo satisface sexualmente.

Tal vez alguno pregunte: «Pero doctor, ¿vale la pena el esfuerzo?» ¡¿Si vale la pena el esfuerzo?! Si pudieras ver el futuro y probar tan solo un bocado de lo que puede hacer una vida sexual satisfactoria por tu matrimonio, apuesto a que estarías dispuesto a invertir mucho más tiempo del que inviertes ahora. Me rogarías que te hable más sobre el tema.

Además de la relación sexual gourmet, existe lo que me gusta llamar relación sexual del «diseñador».

RELACIÓN SEXUAL DEL DISEÑADOR

—¿Todos los hombres piensan siempre en la relación sexual? —me preguntó una mujer con evidente exasperación luego de una charla que di acerca de las diferencias entre los hombres y las mujeres.

—Bueno, no *siempre* —dije, y noté el alivio que le cubrió el rostro hasta que añadí—, algunas veces pensamos en comida *y* relación sexual. De vez en cuando, pensamos en matar un ciervo y en abrir el juego con noventa en el campo de golf, pero con mucha frecuencia nuestras mentes vuelven a la relación sexual.

—¿No hay hombres que sean santos y que tengan mentes puras? —prosiguió.

Ya ves, ese es el problema aquí: Ella supone que cuando digo que la mayoría de los hombres piensan en la relación sexual gran parte del tiempo, quiero decir que tenemos pensamientos *sucios*. Algunas personas de fe piensan que Dios y la relación sexual tienen tanto en común como el fútbol y el patinaje artístico. Solo porque un hombre piense mucho en la relación sexual no quiere decir que tenga pensamientos impuros. Si imagina cómo se ve desnuda otra mujer que no sea su esposa, o lo buena que es en la cama, sí está contaminando su mente. No obstante, si se imagina lo bueno que sería frotarle aceite para masajes en el cuerpo a su esposa más tarde esa noche mientras se encuentra en camino a darle un masaje cuerpo a cuerpo, es tan puro como un hombre que trabaja en una misión sirviendo tazones de sopa a los vagabundos.

¿Quién es el dador de toda buena dádiva? Dios. La relación sexual es un regalo y un mandamiento de Dios. Cuando Dios nos dice «sean fructíferos y multiplíquense», no habla de manzanas ni de clonación. Habla de tener relaciones sexuales y de dar a luz bebés.

El escritor Stephen Schwambach escribe:

> Cualquiera que haya experimentado una maravillosa relación sexual, conoce por instinto la verdad: La relación sexual es demasiado buena como para que saliera de la nada. No se desarrolló como resultado de algún accidente cósmico. Algo tan exquisito se debe haber diseñado de manera amorosa, brillante y creativa.
>
> Si algún ateo se te acerca alguna vez y te exige que le des una prueba de la existencia de Dios, todo lo que tienes que responder son dos palabras: «Relación sexual». Dale un día para que lo piense. Si al final de ese día todavía no se ha convencido, ha revelado mucho más de su vida sexual, o de la falta de ella, de lo que hubiera deseado.
>
> Dios creó la relación sexual. ¿Eso no te dice mucho acerca de quién es Dios en realidad? Entre otras cosas, te dice que es ingenioso[1].

La «Relación Sexual del Diseñador» es la relación sexual tal como la pensó el Creador; la relación sexual que usa su manual como guía. Tanto los judíos como los cristianos practicantes creen que la relación sexual tal como la diseñó Dios es la que se encuentra solo dentro del matrimonio.

¿Por qué piensas que Dios reservó la relación sexual para el matrimonio? Creo que una de las razones (a la cual, lamentablemente, se le presta muy poca atención) es que la buena relación sexual no es fácil y es muy personal. Piénsalo: A un hombre se le da la tarea de enormes proporciones de tratar de interpretar cómo acomodar las velas de su esposa según los cambios del viento. Algunas veces, ella desea correr libre y suelta; otras, desea virar hacia delante y hacia atrás teniendo las cosas bajo control. Si el esposo va a ser el capitán de su corazón, debe aprender a interpretar los vientos, y para eso se requiere mucho tiempo y mucha experiencia *con la misma mujer*. Las experiencias con otras mujeres, más bien lo desviarán en lugar de ayudarlo porque cada mujer es única en su deseo y en su placer.

Piénsalo de esta manera: Si has tenido relaciones sexuales con nueve mujeres, ponte nueve relojes: cinco en un brazo y cuatro en el otro. Ahora, quiero preguntarte, ¿qué hora es? Se vuelve tan complicado tratar de promediar los nueve relojes que te encontrarías mucho mejor con uno solo, aunque el que tengas esté atrasado un par de minutos.

De la misma manera, a la esposa se le exige que comprenda a su esposo tan bien que sepa de una manera intuitiva cuándo necesita que ella inicie la relación sexual o cuándo necesita que le permita vencerla de una manera santa y profunda. A decir verdad, debe estudiar las necesidades sexuales y los deseos que su esposo manifiesta y los que no manifiesta con tanto empeño como estudiaba cualquier libro de texto antes de una prueba importante en la escuela o en la universidad. Al fin y al cabo, no se trata de un simple ejercicio académico. ¡Se trata de su matrimonio!

Sin embargo, la relación sexual del diseñador abarca algo más que familiaridad. También abarca el respeto. He escuchado a muchas mujeres decir algunas cosas muy hirientes e irrespetuosas acerca de los hombres en general y de sus esposos en particular. «Siempre está listo para tener relaciones sexuales con quien sea o como sea». «Piensa con la bragueta». Una mujer minimiza al hombre cuando dice que todo lo que le importa es la relación sexual; delata su ignorancia sobre la complejidad del alma del hombre y de la interconexión que existe entre nuestra espiritualidad y nuestro ser físico. Lo que no se da cuenta es que la relación sexual representa muchas cosas diferentes para un hombre. Unas cuantas son emocionales y espirituales y no tienen nada que ver con lo físico. Yo soy el tipo promedio que no tiene ocho amigos con los cuales hablar acerca de la vida, como tienen la mayoría de las mujeres. Todo lo que tengo es mi esposa, y si ella está demasiado ocupada con los niños y si una vez tras otra me mandan al refugio subterráneo, me digo: *A ella no le importa. No sabe lo que estoy pasando.*

Algunas veces, los hombres en realidad actuamos como niños pequeños. No digo que eso sea bueno ni admirable, pero somos así. Estás casada con un hombre de carne y hueso, no con un estoico ideal, y si se le niega la satisfacción sexual, se verá afectado en más maneras de lo que una mujer quizá entienda.

Una de las cosas más amorosas y santas que puedes hacer en el matrimonio es proporcionarle una actividad sexual satisfactoria a tu cónyuge. Por lo tanto, sin pedir disculpas, este será el libro más explícito que jamás haya escrito (razón por la cual, debo confesar, me ha resultado más difícil escribir que cualquier otro). Quiero enseñarte cómo ser un amante extravagante. Quiero que tu cónyuge se vaya a dormir con una sonrisa en el rostro y pensando: *¡Debo ser la persona más feliz de la tierra!*

Aun así, antes de que sigas leyendo, te haré algunas advertencias.

¡ADVERTENCIA!

No me avergüenza decir que la relación sexual es uno de mis temas favoritos. Es muy poco lo que no me gusta de la relación sexual entre un esposo y una esposa. Cada vez que alguien me pregunta: «Doctor Leman, ¿cuál es la mejor posición en la relación sexual?», siempre respondo: «¡*Cualquier* posición es buena si logra su objetivo!».

Fíjate que no dije que cualquier *experiencia sexual* es buena porque creo que cualquier experiencia sexual fuera del matrimonio es, a la larga, destructiva. Si no estás casado o casada o no estás recibiendo consejos prematrimoniales (y diré más acerca de esto último en un momento), este libro no es para ti. El consejo que doy acerca de explorar la creatividad en la sexualidad está dirigido a parejas comprometidas, no a quienes viven juntos o que duermen juntos fuera del matrimonio.

Si tienes relaciones sexuales fuera del matrimonio, en definitiva estás amenazando tu propia felicidad y tu satisfacción matrimonial. La investigación no puede ser más clara:

1. Un estudio nacional realizado con más de 1 800 parejas casadas indicó que la probabilidad de divorcio era dos veces más alta para las parejas que cohabitaron antes de casarse en comparación con las que no lo hicieron. Además, la convivencia anterior al matrimonio se relacionaba con niveles más bajos de interacción matrimonial subsiguiente y niveles más altos de desacuerdo matrimonial y de inestabilidad[2].
2. Un estudio de 3 884 mujeres canadienses indicó que las mujeres que cohabitaron antes del matrimonio tenían 50% más de posibilidades de divorciarse que las mujeres que no lo hicieron. De las que cohabitaron, se podía esperar que 35% se divorciara dentro de los quince años de matrimonio en comparación con 19% de las que no cohabitaron antes del matrimonio[3].
3. Un estudio de 4 300 mujeres suecas de entre veinte y cuarenta y cuatro años indicó que las que cohabitaron antes del matrimonio tenía tasas de divorcio que eran 80% superiores a las de las mujeres que no cohabitaron antes del matrimonio[4].
4. Un estudio que utilizó una muestra nacional representativa de 1 235 mujeres cuyas edades oscilaban entre los veinte y los treinta y siete años indicó que las mujeres casadas que cohabitaron antes del matrimonio eran 3,3 veces más propensas a tener relaciones sexuales con alguien que no fuera su esposo que las mujeres casadas que no cohabitaron antes del matrimonio. Las mujeres solteras que cohabitaban eran 1,7 veces más propensas a tener un segundo compañero sexual que las mujeres solteras que no vivían con sus compañeros[5].

Entonces, si vives con alguien fuera del matrimonio, te sugiero que abandones esa situación y comiences de nuevo. Todavía hay posibilidades de que los dos hagan que la relación resulte, pero si no pueden hacer que dé resultados fuera del matrimonio sin tener actividad sexual, las probabilidades indican que el matrimonio pronto se resquebrajará de todos modos.

Es probable que alguno esté pensando: *Este doctor Leman está chiflado... ¡es una reliquia de la época victoriana!* No es así. Antes de que cierres este libro y sigas adelante con la vida, te recordaré que el matrimonio promedio actual dura solo siete años. Esta es una sombra patética de lo que solía ser el matrimonio. Es evidente que lo que hacemos hoy en nuestra sociedad (relaciones sexuales en la primera o segunda cita) no da resultado. Es probable que ayude a los solteros a superar la frustración sexual a corto plazo, pero destruye los matrimonios significativos a largo plazo.

Tal vez, deberíamos probar una manera diferente.

Al segundo grupo al cual quiero hacerle una advertencia para que no se acerquen a este libro, luego de las personas que no están casadas, es a los que se sienten incómodos al hablar de la relación sexual de una manera directa. He hablado acerca de esto frente a algunos adultos que prácticamente intentaron escabullirse bajo tierra cuando les pedía a los participantes que comenzaran a enumerar palabras del argot para referirse a los genitales masculinos. (No me creerías si te cuento el silencio que se produjo cuando proseguí con: «Y ahora, ¿qué me dicen de los genitales femeninos?»).

Seré sincero contigo: Es probable que todos se sientan ofendidos al menos por una de las cosas que digo en este libro. Si no te gusta un punto en particular, no hay problema. Si no lo sacaste de una biblioteca, pagaste por este libro, así que arranca esa página, tírala y concéntrate en el resto. A mí no me molesta; pero la deuda que tengo contigo es la de ser directo y provocativo.

Algunos escuchan la palabra relación sexual y piensan: *¡Muy bien! Ya es hora. Dilo sin rodeos, Leman, y no te guardes ninguno de los detalles*. Esta gente es como mi amigo Moonhead, al que le gusta recordarme: «Leman, la relación sexual no es buena si no necesitas darte una ducha al terminar». Se ofenderían si solo divagara en clichés para tratar de no sonar provocativo.

Otros, casi no pueden tener en la boca las palabras *relación sexual* sin que se les tuerza el rostro. Lo comprendo. Hay pocas cosas que son más privadas y personales que la actividad sexual entre un esposo y su esposa. Esta gente piensa que es imposible mencionar siquiera los aspectos básicos de la anatomía y la actividad sexual sin caer en el mal gusto o la inmoralidad.

Quiero advertirles de entrada: Seré muy explícito y franco en este libro. Si las descripciones específicas de los actos sexuales te ofenden o si te parece que las discusiones acerca de la creatividad sexual fuera del matrimonio son de mal gusto, por favor, quiero que sepas que no es mi intención ofender. La iglesia está llena de gente de muchos entornos diferentes y los necesitamos a todos. Sin embargo, te animo a que aprecies a tu cónyuge lo suficiente como para arriesgarte a abrir la puerta para explorar nuevas maneras de aumentar tu intimidad sexual. Aunque algunas afirmaciones de este libro quizá te hagan sentir incómodo, sigue leyendo con una mente abierta: acepta el desafío de pensar de manera creativa acerca de este importante aspecto de tu matrimonio.

Por último, permíteme, como sicólogo, dar una palabra de advertencia a las parejas que se encuentren en la etapa de orientación prematrimonial y que usen este libro. Les recomiendo que reserven la segunda mitad para la luna de miel. Les resultará de ayuda leer los capítulos hasta el que habla de la primera noche que pasan juntos porque esa información les servirá muy bien en la luna de miel. También sacarás provecho de los capítulos titulados «Solo para hombres» y «Solo para mujeres».

Aunque, por favor, detente allí... y espera a leer el resto después que te hayas casado. Leer juntos descripciones explícitas de actividades sexuales cuando no pueden participar moralmente en esas actividades es una tentación que no necesitan traer a sus vidas en este momento. Confíen en esto que les digo: En general, las parejas no sufren tanto de falta de información como de falta de inocencia en el lecho matrimonial. Luego de casarse, pueden solucionar la falta de información; la falta de inocencia marcará la relación de ustedes para siempre. Dense el uno al otro el mejor regalo de bodas y la mejor luna de miel posible: cuerpos puros, amor puro e intenciones puras. Una vez que entiendan los puntos básicos, tendrán lo suficiente como para llegar hasta la boda, momento en el cual pueden darse un gran festín con la bendición de Dios y su buena voluntad. Entonces, lleven el libro a la luna de miel, pero estén dispuestos a esperar hasta entonces.

Si todavía te encuentras leyendo, ¡bienvenido a bordo! No veo la hora de seguir adelante.

2

Una cama atestada de gente

Tu lecho matrimonial es uno de los lugares más atestados sobre la faz del planeta. Está repleto de gente, a algunas de las cuales nunca has conocido, pero están todos allí y afectan tu intimidad sexual, inspeccionan por encima de tu hombro y le dan forma a la calidad de tu placer sexual.

No mires debajo de la almohada, pero toma conciencia de que tus padres andan merodeando justo por allí. Y si eso te parece malo, también será mejor que te acostumbres a tus suegros, que están escondidos debajo de la almohada de tu cónyuge.

¿Y a los pies de la cama? Ah, esos son tus hermanos y los hermanos de tu cónyuge. ¿Y debajo de la cama? ¡Ni siquiera me hagas empezar con eso!

¿De qué estoy hablando?

Vienes a tu matrimonio con más equipaje del que conoces. Este equipaje se ha formado en lo que llamo «el libro de reglas»: creencias inconscientes pero muy influyentes que tienes en cuanto a cómo se deben hacer las cosas (sobre todo en la cama). Gran parte de mi práctica de orientación está dedicada a ayudar a la gente a comprender este libro de reglas porque gobierna toda su vida, en especial, la sexualidad.

«Pero doctor Leman», quizá digas, «¡yo no sabía que tenía un libro de reglas!»

Pocos lo sabemos, pero todos nos enfurecemos cuando se quiebra una regla de ese libro. A la larga, un esposo pagará por los errores de su suegro, así como la esposa pagará un precio muy caro por los errores de su suegra. No te casas con una persona sin pasado. Te vas a la cama con una persona que ha recibido marcas indelebles por el orden en el que nació, por el estilo que tenían sus padres para criar a los hijos y por las experiencias de su niñez temprana. Es probable que esté desnuda cuando venga a la cama, pero de ninguna manera está sola.

Como he hablado extensamente acerca de los libros de reglas en otro libro, *The New Birth Order Book: Why You Are the Way You Are* [El libro del nuevo orden de nacimiento: Por qué eres de la manera que eres], en este me voy a limitar a hablar acerca de cómo nos afecta ese libro de reglas en la cama.

TU LIBRO DE REGLAS SEXUALES

A Celina le gusta que la relación sexual la sorprenda; desea espontaneidad, creatividad y variedad. Es muy susceptible al aburrimiento y quiere que su esposo la mantenga siempre en ascuas con respecto a lo que sigue. Uno de sus recuerdos sexuales favoritos es de cuando su esposo trajo a casa una botella de aceite para bebé y una lona impermeable para poner sobre las sábanas. Los dos se deslizaron uno contra el otro e hicieron un gran lío, pero fue algo espontáneo que generó muchas risas y Celina se divirtió como nunca.

Melisa detesta que la sorprendan. Desea saber qué le va a suceder al menos con veinticuatro horas de anticipación. Si ella y su esposo van a estar desnudos al mismo tiempo, debe haber una toalla debajo de los dos hasta que cada uno intercambie cualquier fluido corporal, no sea que esos mismos fluidos corporales toquen la sábana. Los dos deben haberse bañado como es debido y deben haberse cepillado los dientes dentro de los treinta minutos antes de comenzar la relación sexual. La idea de hacer un gran lío o de hacer mucho ruido la apaga en lugar de excitarla. Si su esposo trajera a casa una botella de aceite para bebé, diría: «¿Y qué piensas que vas a hacer con eso? ¡Me llevaría medio día limpiar el desastre! ¿Alguna vez has tratado de limpiar esa cosa?».

¿Por qué la diferencia?

Eduardo quiere que su esposa sea la agresora sexual. Le encanta que lo tire boca arriba y le salte encima; lo más emocionante que ha conocido es observar a su esposa tomar parte activa en la relación sexual y buscar de verdad la posición en la cual reciba la mayor estimulación. Y cuando se expresa para decir lo bien que se siente, casi no puede contener la excitación.

Andrés tiene que tener siempre el control; cualquier iniciativa de su esposa le parece un desafío a su propia masculinidad. Él es quien decide lo que hacen, cuándo lo hacen y cómo lo hacen, sin discusiones.

¿Por qué dos hombres o dos mujeres son tan diferentes?

Una de las grandes dificultades para escribir un libro como este es que no existen dos hombres ni dos mujeres iguales. Se pueden encontrar tantas diferencias entre dos hombres como las que se encuentran entre el género masculino y el femenino. Aunque podemos generalizar, todo estereotipo resultará ser falso en algún caso, de ahí que la comunicación individual sea tan crucial en un matrimonio. Puedo darte consejos sobre lo que le gusta a la mayoría de los hombres, pero ese mismo consejo quizá le quite la excitación a tu esposo. A decir verdad, no hay nada que sustituya a la lectura conjunta de este libro como matrimonio y a la discusión de los capítulos a medida que se va avanzando.

¿A qué se debe esta gran variedad de estilos para hacer el amor? Nueve de diez veces, se debe al libro de reglas de una persona. El libro de reglas de Celina dice: «La relación sexual se disfruta más cuando es divertida y espontánea; la vida es demasiado corta como para hacer cualquier cosa dos veces de la misma manera». El libro de reglas de Melisa dice: «La relación sexual debe estar regida por normas estrictas, si no, se va de las manos». El libro de reglas de Eduardo dice: «La relación sexual es más significativa cuando mi esposa me persigue y me demuestra que me desea», en tanto que el de Andrés dice: «La relación sexual es buena solo cuando yo tengo el control».

Estos libros de reglas están determinados por nuestras experiencias de la niñez, nuestra crianza y nuestro orden de nacimiento. Los libros de reglas dentro de las familias siempre tendrán algunas similitudes, pero también tendrán marcadas diferencias. En definitiva, tu libro de reglas es algo muy individual y gobierna casi todo lo que haces.

El problema con los libros de reglas es que, por lo general, son inconscientes. Es probable que Melisa no sea capaz de explicar por qué tiene que tener una toalla debajo, como Andrés tampoco puede decir por qué se vuelve loco si su esposa intenta tener el control; pero estas reglas inconscientes gobiernan cada acto sexual del cual han tomado parte.

Entendamos nuestro libro de reglas sexuales

Las influencias paternas

Para comenzar a descubrir estas reglas tácitas y muchas veces inconscientes, hazte algunas preguntas:

- ¿Qué es lo que más me molesta en la cama?
- ¿Qué es, en general, lo que más me satisface sexualmente?
- ¿Qué es lo que me hace perder todo interés en la relación sexual?

- ¿Qué es lo que me genera el mayor interés en la relación sexual?
- ¿Cuáles requerimientos o actos sexuales me producen más temor?

Ahora vuelve atrás y pregúntate el porqué de las respuestas a estas preguntas. ¿Por qué la idea de la relación sexual oral me disgusta siendo que tantos otros la encuentran excitante? ¿Por qué tener la luz encendida me enfría sexualmente siendo que a otros los excita? ¿Por qué necesito que mi cónyuge sea el qué siempre inicie la intimidad sexual?

Parte de la respuesta quizá esté relacionada con la manera en que te enseñaron a pensar en la sexualidad. A algunas personas, en particular provenientes de hogares muy religiosos, les enseñaron que la relación sexual es algo de lo cual es mejor no hablar nunca. «Es cierto, la relación sexual es necesaria para poblar el mundo, pero comprendamos que ni siquiera existe todo el resto del tiempo». Si una persona crece en este ambiente, es probable que nunca se sienta libre por completo para darse rienda suelta y disfrutar de la experiencia sexual por su propio bien.

Queremos hacernos estas preguntas y sacar a la luz la «influencia oculta» porque una vez que comprendemos esta influencia, somos capaces de decidir si es saludable o no. Logramos optar por quedarnos con ella o, si resulta un obstáculo en nuestro matrimonio, deshacernos de ella.

Entonces, hazte estas preguntas. ¿Eran afectuosos tus padres? ¿Tu madre era de esas mujeres que siempre le quitan con brusquedad las manos de encima al esposo cuando trata de mimarla? ¿Tu padre era exageradamente frío contigo y con tu madre? ¿Usaba sus manos solo para lastimar y nunca para acariciar? Y lo que es más importante: ¿Esta clase de paternidad ha deformado tu visión de la expresión sexual?

Tal vez tuviste el problema opuesto y tus padres te hicieron sentir repugnancia al ser libertinos. A lo mejor cuando eras una niña encontraste algún material pornográfico en el dormitorio de tu padre y al ver esas fotografías sentiste repulsión y pensaste: «Jamás voy a hacer algo así». Peor aun, a lo mejor abusaron de ti lo cual ha hecho que te resulte imposible confiar en algún hombre. Hasta una caricia parece una violación, aunque sepas que tu esposo te ama.

Es triste, pero muchos esposos ni siquiera saben que sus esposas fueron víctimas de abuso sexual. No puedo decirte la cantidad de veces que en mi práctica privada profesional he sido el primero en descubrirlo, la primera persona con la cual la mujer maltratada comentó su miseria. Me asombra que un hombre que ha estado casado diez o quince años no sepa cuánto dolor existe en el pasado de su esposa; piensa que es frígida y no se da cuenta de que ha estado paralizada por el dolor y la vergüenza, y él termina pagando por ello.

Lo irónico es que una mujer víctima de abuso, por lo general, corre al matrimonio específicamente como una excusa para decir que no a la relación sexual. Sabe que su esposo no la usará ni la maltratará, así que acepta con alegría la oferta del matrimonio pensando que, una vez que se encuentre a salvo dentro de los límites del matrimonio, le podrá decir adiós a la relación sexual. Lo triste en todo esto es que el hombre que ama de verdad a una mujer como esta es el que termina pagando los platos rotos. (Hablaremos más acerca de esto en un momento, pero si fuiste víctima de abuso en el pasado, te recomiendo que leas *Corazón herido*, del doctor Dan Allender, que pienso es el mejor libro que se encuentra en el mercado sobre este tema. Otro libro que toda mujer debería leer es *Intimate Issues* [Problemas íntimos] de Linda Dillow).

Sea cual sea el caso, sabe lo siguiente: tu madre y tu padre te formaron de manera profunda. Si el padre de una mujer abusa de ella, en el aspecto sexual o en cualquier otro, le costará mucho franquearse sexualmente a su esposo, aunque fuera promiscua sexual con muchos novios. Si por otra parte tuvo una relación muy saludable con su padre, es probable que tenga menos problemas para alcanzar un orgasmo y tendrá la tendencia a tener menos inhibiciones en la cama. Entregarse por completo a su esposo parecerá algo natural y seguro.

A un hombre que ha vivido con una madre dominante y controladora es probable que no le guste una esposa sexualmente agresiva. Un hombre que encontró un amor tierno en su madre y al cual se le enseñó a respetarla, por lo general no tendrá mucho problema en tener intimidad sexual con su esposa.

El orden de nacimiento

Tu libro de reglas también es producto de tu orden de nacimiento. Si estuvieras en mi oficina, comenzaría haciéndote preguntas acerca de tus hermanos. Si eres como Andrés, el hombre que necesita tener el control, estaría dispuesto a apostar que eres el primogénito o eres hijo único. Si piensas que la relación sexual y la diversión deberían ir juntas la mayor parte del tiempo, comienzo a adivinar que eres el último hijo. Si, por lo general, cedes a tu cónyuge pero rara vez (o nunca) inicias la relación sexual, no me sorprendería en absoluto saber que eres el hijo o la hija del medio.

En *The New Birth Order Book*, analizo de manera extensa el orden de nacimiento, así que aquí solo haré un resumen. Los que nacen en último lugar crecen con un tremendo y constante sentido del derecho. Como casi siempre reciben mimos y atención, no solo de papá y mamá sino también de los hermanos mayores, los que nacen en último lugar crecen y se convierten en «gente con personalidad». Son encantadores, a menudo son graciosos, muchas veces les gusta hacerse ver con franqueza y ser el alma de la fiesta. Sin embargo, también pueden ser manipuladores. Por lo general, a estos hijos les encantan las sorpresas y están mucho más dispuestos a correr riesgos que los demás hermanos.

En la cama, esto suele resultar en un deseo por la sorpresa, la espontaneidad y la diversión. Es bastante común que los que nacen en último lugar serán bastante cariñosos, pero les gustará que los mimen y los cuiden. Si tu cónyuge entra en esta categoría, ¡será mejor que le prestes bastante atención!

Los hijos del medio son más misteriosos. No tenemos tiempo para detenernos a explicar por qué es así, pero son los más difíciles de definir porque pueden dirigirse en cualquier dirección (lo más probable es que esa dirección sea justo la opuesta a la del hijo que los precede). Sin embargo, casi siempre a estos hijos les gusta la paz a toda costa. Son negociadores, mediadores y los que están dispuestos a ceder. Por lo regular, no son tan autoritarios como los primogénitos, pero también requieren menos «cuidado y alimentación» que el último hijo. Son más reservados y casi siempre son generosos frente a un error. Puede ser bastante difícil lograr que un hijo del medio te diga de verdad qué le gustaría en la cama.

Los primogénitos (al igual que los hijos únicos), son los presidentes de la clase, los que alcanzan grandes logros, los que les gusta tener el control y que están convencidos que saben cómo se debe hacer todo. Se les conoce por ser capaces y dignos de confianza, pero también son perfeccionistas con una exigente y agobiante lógica. El deseo que tienen de controlar los puede llevar a algunos a imponer el poder y a otros a ser complacientes. Si tienes relaciones sexuales con el primero, te sentirás como si tuvieras que saltar por los aros para que todo esté en orden, tal como esa persona lo define. Si estás casado con el segundo, este cónyuge se hará a un lado para asegurarse de que te sientas bien, pero este enfoque pronto puede parecer mecánico y forzado.

Existen toda clase de excepciones, pero en la mayoría de los casos se puede aprender bastante sobre ti mismo y tu cónyuge al considerar el orden de nacimiento, y de qué manera ese orden de nacimiento le ha dado forma a tus expectativas y a tu libro de reglas sexuales.

Los primeros recuerdos

El último aspecto que determina tu libro de reglas del cual hablaremos se refiere a los recuerdos de tu infancia[6]. Esos primeros sucesos (de cuando estabas en el tercer grado o antes) ayudaron a darle forma a tus expectativas sobre la vida y la manera en que se debían hacer las cosas. Aprendiste que el mundo es un lugar seguro... o un lugar peligroso. Desarrollaste la suposición de que la gente te tratará con amabilidad... o te traicionará y te amenazará. Debido a lo que te hicieron, aprendiste a hacer una serie de suposiciones que ahora das por sentadas, y ves a tu cónyuge a través de las lentes de esos recuerdos.

Aquí tenemos un ejemplo que viene al caso. Un padre le promete a su hijita que la llevará a tomar un helado cuando regrese de la ferretería. La hijita espera junto a la puerta durante dos horas. Al final, papá llega a casa pero huele a alcohol y arrastra las palabras. Por supuesto, olvidó por completo la promesa de llevarla a tomar un helado.

Veinte años después, su esposo le promete llevarla a cenar. Sufre una demora legítima al pinchársele un neumático en el camino de regreso a casa. Cuando al fin aparece cuarenta y cinco minutos más tarde, su esposa le arma un escándalo. Él no entiende por qué está tan molesta, pues no se da cuenta que ella no le grita solo a él: le grita a su padre ebrio.

La clave es reconocer tus tendencias basándote en tu historia pasada y así obtener una mejor comprensión de estas suposiciones tácitas. Hasta que no sepas cuáles son, no serás capaz de editarlas.

La edición de tu libro de reglas

Como orador que se encuentra de viaje la mayoría de los fines de semana, he tenido mi buena cantidad de equipaje y algo más que eso. Solía tener una maleta con docenas de etiquetas de equipaje. Ya sabes, las aerolíneas te piden que escribas tu nombre y dirección en un delgado cartoncito que se le adjunta a la maleta con una banda elástica. El problema es que la banda es tan delgada y frágil que, por lo general, no dura más de dos o tres vuelos y luego se parte en pedazos. Jamás quitaba las partes rotas; en cambio, le añadía una nueva etiqueta y listo. Entonces, después de un par de años, debo haber tenido cincuenta pedacitos de papel o más atados a la manija, lo que hacía que el equipaje pareciera en verdad raído y andrajoso.

Cuando miras la vida de la gente como lo hago yo, te das cuenta de que muchos son así. Sus «viajes» por la vida les han dejado marcas que no siempre son positivas. Sus viajes pasados los golpearon y abrumaron, y con el tiempo comienzan a verse andrajosos de verdad.

El problema para rastrear esos viajes viene cuando solo tienes pedacitos de información. Siempre me han maravillado los electricistas que pueden abrir aparatos electrónicos y revisar cables de cincuenta colores diferentes. ¿Yo? Lo único que identifico es el rojo y el negro, ¡y basta! El rojo significa positivo, el negro negativo, ¡y todo lo demás excede mis conocimientos!

No obstante, desenmarañar el pasado de una persona es como tratar de encontrar un desperfecto eléctrico en medio de cientos de cables: ¿De dónde vino *ese* miedo? ¿Qué fue lo que dejó *esa* cicatriz? ¿Qué creó *esa* expectativa?

Hay muchísima gente que tiene tantas relaciones rotas que les han dejado heridas en el tejido sicológico. Algunas veces, los cirujanos tienen que volver a abrir para quitar el tejido cicatrizado que se ha acumulado demasiado y, de alguna manera, los sicólogos deben hacer lo mismo. Si el tejido cicatrizado que tienes acumulado es en particular profundo, debes hablar con un profesional, pero aun así, creo que esta sección ayudará a señalarte el buen camino y a ponerte en marcha para hacerte las preguntas adecuadas.

La buena noticia es que *puedes* editar tu libro de reglas. La mala noticia es que puede resultar difícil y llevar gran cantidad de tiempo. Como acabo de afirmar, si has experimentado un trauma severo, abuso sexual, por ejemplo, necesitarás a un terapeuta profesional que te ayude a sobreponerte a estos primeros recuerdos y a la trágica influencia paterna negativa. Con todo, muchos de ustedes pueden mejorar a través de la toma de pequeñas decisiones.

En primer lugar, una vez que entiendes tu libro de reglas, recuerda que solo porque algo te parezca cómodo no significa que sea la norma. Un hombre espontáneo debe aprender que su esposa se puede sentir amenazada por su espontaneidad. A la inversa, las mujeres controladoras deben comprender que su falta de espontaneidad quizá le resulte aburrida a su esposo y puede arrojarlo directamente a los brazos de otra mujer. La manera en que ves la relación sexual es cómo la ves *tú*, pero no significa que sea la adecuada, ni la única forma de verla. No quiero decir que no exista ninguna clase de absolutos morales; sin lugar a dudas, creo que los hay. A pesar de todo, lo que digo es que la manera en que te sientes con respecto a la relación sexual dentro del contexto del matrimonio puede ser algo muy individual.

Aquí tenemos un secreto que discutiremos en detalles más adelante en el libro, pero es pertinente mencionarlo aquí: Los buenos amantes aprenden a conocer mejor a su amante de lo que se conocen a sí mismos. Debes dejar de ver la relación sexual a través de tu percepción personal y comenzar a verla a través de los ojos de tu cónyuge. Si puedes hacerlo, y en el proceso comprender su libro de reglas, casi todo lo que hablemos en el resto de este libro se ubicará en su lugar. Una relación sexual matrimonial grandiosa está relacionada con amar a otro *de la manera en que desea ser amado*.

En segundo lugar, toma la decisión de no permitir más que los defectos de tus padres afecten tu vida sexual matrimonial.

Piensa en tus inclinaciones y en las esferas que adoleces en el dormitorio y pregúntate: *¿Esto es en verdad lo que quiero darle a mi cónyuge o se merece algo más?* Entonces, de forma consciente comenzarás a practicar el rasgo preciso que esperas adquirir. La mujer que necesita tener una toalla debajo de su cuerpo debería tratar de experimentar una relación fugaz en la cocina, aunque sea una vez. El hombre que piensa que debe tener el control debería permitir que su esposa lo tuviera por una vez. Al hacer estas cosas, descubrirás con seguridad que el mundo no deja de dar vueltas porque «rompiste una regla». Tu madre no se levantará de la tumba para darte un sermón: «¿Por qué no pusiste una toalla?». El pastor de tu niñez no se aparecerá de pronto en la cocina ni te pedirá que le expliques por qué ustedes dos están probando *esa* posición sexual. En realidad, es probable que descubras que romper la regla puede conducirte a uno de los encuentros sexuales más satisfactorios que has tenido en mucho tiempo.

Esto es algo que debes iniciar. Tu cónyuge no puede reescribir tu libro de reglas, tienes que hacerlo tú. Debes ser tú el que lo descubra, lo evalúe y luego haga un plan para cambiarlo. Sé sincero pero firme contigo mismo. *Sé que esto me hace sentir incómoda, pero aun más que mi comodidad, valoro la felicidad de Felipe, así que aunque sea esta vez, veré si puedo ser un poco más aventurera.*

Por último, debes dejar de lado el pasado. La única manera que conozco para ayudar a alguien a que lo haga es volver a conectarse con el poder de Dios en su vida. Si pedimos perdón, Dios quitará la mancha de nuestro pecado y nos perdonará, dejándonos limpios y nuevos.

Esta es una realidad espiritual que he visto cobrar vida una vez tras otra. Por más que a mis colegas les guste menospreciar el cristianismo y la fe religiosa en general, he descubierto que es el método más poderoso para tratar con las heridas pasadas, con los pecados y con el tejido sicológico herido. No me interpretes mal. No soy cristiano porque el cristianismo *dé resultado*. Soy cristiano porque creo que el cristianismo es la verdad, pero el hecho de que también dé muy buenos resultados nos ha servido a mis clientes y a mí en gran manera.

Si en verdad deseas comenzar de nuevo, necesitas alinearte con los principios de Dios. Eso quiere decir, en primer lugar, que si viven juntos sin estar casados, deben hacer los arreglos para vivir separados. Comiencen a salir de nuevo, pero mantengan a la relación sexual fuera de la relación.

Esto es lo que se debe hacer desde el punto de vista moral, pero también es lo debido desde el punto de vista sicológico. A esta altura, casi todos han escuchado la frase «vírgenes recicladas», gente que en un tiempo practicó la promiscuidad sexual (o sexualmente activa, para nuestros amigos socialmente adecuado), pero que ahora han tomado la decisión de abstenerse hasta el matrimonio. Este es un modelo muy saludable a seguir para quienes han perdido su virginidad. Por su propio bien, estas parejas necesitan ver a Dios operando un cambio en sus vidas a fin de construir un cimiento más fuerte para su matrimonio. No solo necesitan experimentar el perdón de Dios, sino también el poder que nos proporciona para ayudarnos a resistir la tentación.

¿Por qué es tan importante? Te lo diré de esta manera: Las posibilidades de supervivencia de tu matrimonio se basan en tu nivel y el nivel de tu cónyuge de dominio propio. En cierta ocasión, aconsejé a una joven pareja que dejaran de tener relaciones sexuales hasta que se casaran, y el joven contestó con toda tranquilidad: «No sé si puedo arreglármelas durante tres o cuatro meses sin tener relaciones sexuales. Si Sheila y yo dejamos de tener relaciones, puedo sentirme tentado a buscar en otra parte».

Sin pestañar, me dirigí a la joven y le dije: «Si él no puede mantener sus manos alejadas de ti o de cualquier otra mujer durante tres meses porque no posee la disciplina, ¿qué esperanza queda para después que estén casados y él se encuentre ocupado en su negocio cinco días a la semana mientras tú estás en casa rodeada de pequeños?».

Las cosas que Dios nos pide que hagamos cuando estamos solteros son precisamente las que construirán en nosotros las cualidades de carácter que necesitamos como cónyuges. Si acortamos el proceso tomando un atajo, nos engañamos a nosotros mismos y entramos al matrimonio con una preparación inadecuada para vivir una relación feliz y duradera. Mientras más converso con las parejas, más me convenzo de que Dios sabía de lo que hablaba cuando prescribió que no hubiera nada de relación sexual antes del matrimonio y grandes cantidades de él luego de casarse.

Más allá de todo esto, existe de verdad un tremendo poder limpiador al saber que Dios te perdonó por lo que hiciste. Dicho esto, también debo recordarte con amabilidad que, si bien Dios quita la mancha, no siempre quita las consecuencias. Para muchos de ustedes, la realidad es que a pesar de que los perdonaron, deben parecerse al alcohólico cuyo credo es «de día en día». Dañaste tu alma al entregar tu cuerpo a muchos amantes, y eso quiere decir que necesitarás algo de terapia emocional, espiritual y relacional.

Como todas las cosas en la vida, necesitarás edificar sobre la base de pequeñas victorias. Si te vienen a la mente escenas retrospectivas de antiguos compañeros o compañeras con los que mantuviste relaciones sexuales, deberás aprender caso por caso a traer de nuevo tu atención a tu cónyuge (veremos más de esto en un momento). Acopias fuerza cuando aprendes a decir no cuando deseas decir sí. Mientras más lo haces, más fuerte te vuelves y más dominio propio obtienes.

Una vida disciplinada es una vida feliz porque cuando interiorizas límites, te proteges de las mismas cosas que te traerán más dolor a tu vida, a tu matrimonio y a tu lecho sexual.

Imagínate si te encuentras envuelto en la pasión con tu cónyuge y, de repente, algún otro aparece en tu mente y estropea lo que hubiera sido una sesión muy especial de amor sexual.

Esa es una vergüenza. Los antecedentes sexuales tienden a seguirnos. Algunas personas tienen tanto equipaje hecho jirones en lo que respecta a su ser sicológico y sexual, tantas pequeñas etiquetas que nunca se han quitado por completo, que resulta muy difícil no comparar a esta persona que tanto ama y respeta, con otra que estaba buenísima y con la cual se revolcó más de una noche años atrás.

Es lamentable, pero como esto se ha vuelto algo tan común en nuestra sociedad, hablemos un poco más sobre cómo tratar con tu pasado sexual.

TU PASADO SEXUAL: COMBATE LAS ESCENAS RETROSPECTIVAS

Me gustaría poder decir que si fuiste sexualmente activo no tienes por qué preocuparte; puedes volver a ser virgen de nuevo. No obstante, si lo dijera, estaría mintiendo. Dios te perdonará, tu cónyuge te puede aceptar, pero es mucho más saludable ser realista si tuviste experiencias sexuales previas. Una persona que es «virgen reciclada» trae al lecho matrimonial mucho más equipaje que alguien que es virgen de verdad. Dios nos dice que reservemos la relación sexual para después del matrimonio y existen consecuencias si nos pasamos de esa raya.

Para comenzar, puedes tener escenas retrospectivas. Los recuerdos sexuales son un fenómeno natural si tuviste otros amantes u otras amantes en tu vida. Es lamentable, pero estas escenas retrospectivas pueden interferir con una vida sexual matrimonial saludable. He tenido unos cuantos pacientes que me han confiado que las escenas retrospectivas eran un verdadero problema, en particular para quienes tuvieron una crianza estricta y no vivieron de acuerdo a ella. En el caso de las mujeres, a veces la culpa puede tornarse casi abrumadora. Están haciendo el amor con su esposo cuando, de repente, el ex novio Ricardo se les cruza por la mente. Como la relación sexual es una experiencia tan emotiva para las mujeres, la escena retrospectiva les roba el significado del momento.

Los hombres, por otra parte, tienden a comparar las reacciones físicas, y es más probable que sus escenas retrospectivas se basen en la comparación. ¿Y si una antigua novia sabía cómo tocarte de una manera satisfactoria en particular? ¿Y si tu esposa está preocupada pensando que nunca estará en condiciones de competir? Y cuando te pregunta sobre el asunto, puede decir que, hasta ahora, no se ha acercado a satisfacerte como solía hacerlo la otra mujer. El dolor de semejante comprensión produce una herida profunda. Los hombres que han tenido experiencias sexuales previas también pueden tener dificultades para valorar la conexión emocional de la relación sexual matrimonial ya que están concentrados de forma más específica en el placer físico.

No es fácil, pero debes comenzar de cero, y eso quiere decir que debes permitirle a tu cónyuge comenzar de cero también. Recuerda lo que hablamos en la sección anterior: Una vez que pides perdón, Dios te perdona. Comprendo que es fácil entenderlo, pero no siempre es igual de fácil aceptarlo en el nivel emocional. Si supiera cómo mantener alejados los pensamientos, no sería sicólogo, ¡sería un mago! Las cosas que deseamos reprimir y en las cuales no queremos pensar son, por lo general, las que bullen en nuestra mente durante los momentos más inadecuados.

Este es un pequeño truco: En cuanto te venga ese recuerdo, comienza a hablar con tu esposo, a decirle cuánto lo amas, cuánto deseas agradarlo, lo que significa para ti o lo excitada que estás. Si esto último no es verdad, toma sus manos y ayúdalo a satisfacerte de tal manera que todos tus pensamientos y palabras conscientes estén concentradas en él, en lugar de pensar en otro.

En otras palabras, tu tarea es volver a aprender cómo tener la mejor clase de relación sexual con tu cónyuge. Cada vez que cualquier recuerdo se entrometa en tu vida sexual actual, trata de hacer que esta vida sexual presente sea mucho más satisfactoria. Te libras de lo viejo al concentrarte en lo nuevo. Esta es una elección consciente: *No voy a darle vueltas a este recuerdo; en cambio, voy a soñar despierto pensando cómo hacer que mi cónyuge grite de placer.*

El buen resultado de esta técnica depende en parte de cuánto daño previo exista. Puedes pasarla bien sin cepillarte los dientes de vez en cuando, pero si descuidas tus dientes durante meses o años de manera indefinida, contraerás una enfermedad en las encías. Si ante el primer síntoma de la enfermedad decides de repente convertirte en el mejor usuario del hilo dental del vecindario y comienzas a cepillarte los dientes después de cada comida, podrás prevenir una mayor infección, pero todavía tendrás que recuperarte del daño anterior.

Es como el fumador que deja de fumar. Como ex fumador, sé que soy mucho más saludable ahora que no he encendido un cigarrillo durante más de treinta y cinco años. Sin embargo, aunque estoy más saludable por haberlo dejado, estaría mucho mejor si nunca hubiera fumado un solo cigarrillo.

¿LO CUENTO O NO?

Al tratar con el pasado sexual de una pareja, la primera pregunta que surge casi siempre en el consultorio de terapia es: «¿Cuánto de nuestro pasado debemos contar?».

Mi respuesta es: «Lo menos posible».

Tu cónyuge merece saber si se casa con alguien que es virgen; también tiene derecho a saber si dormiste solo con un novio o con una novia o si tu promiscuidad te llevó a la cama con múltiples compañías. Tiene el derecho a saberlo porque esto puede afectar su decisión de casarse contigo o no, con toda justificación.

Aun así, entrar en detalles trae más problemas que los que resuelve. Hablando en general, *no cuentes secretos sexuales del pasado*. Todo lo que esto hace es crear inseguridad; de repente, la conversación pasa de «Quiero saber todo acerca de ti» a algo mucho, mucho más desagradable: «¿A qué te refieres con eso de que lo hiciste tres veces en una noche?». «¡Pensé que la idea de la bañadera de agua caliente era nuestra!». Escucha, si Dios quisiera que entendiéramos lo que cada uno piensa, nos hubiera dado frentes de vidrio. Dejar que algunos recuerdos mueran en el pasado y se queden solo contigo es un regalo que le haces a tu cónyuge.

Un enfoque mucho más sano es la simple confesión: «Escucha, cariño, hay algunas cosas en mi pasado que desearía que no estuvieran allí», y dejarlo así. Contar detalles («No tuvimos relaciones, pero nos dejamos llevar un poco una noche y...») es buscarse problemas de forma abierta. Solo confiesa: «No te casas con alguien virgen. De verdad quisiera que lo hicieras, pero no es así».

Si tu pareja te presiona, úsame como excusa: «Un consejero que conozco sugiere que lo más saludable para los dos es darnos cuenta de que nos casamos con gente imperfecta con pasados imperfectos. Comencemos desde abajo y construyamos el mejor matrimonio posible, con el conocimiento de que a partir de ahora, la relación sexual es algo que compartiremos de forma exclusiva con el otro y quiero darte la mejor vida sexual posible».

Luego, te recomiendo que pases un tiempo considerable hablando sobre lo maravilloso que será cuando al fin estén casados. Más abajo reproduzco una carta que una joven le escribió a su prometido seis semanas antes de casarse. Él había tenido experiencias sexuales, pero ella no, y le parecía que estaba nervioso al pensar si le iba a responder sexualmente en el matrimonio, en especial porque ella era la que casi siempre frenaba los avances.

Lo maravilloso de esta carta es la manera en que la joven le ayuda a su futuro esposo a esperar para tener intimidad sexual, en tanto que al mismo tiempo le crea expectativa para el lecho matrimonial de ambos:

Querido futuro esposo:

¡Feliz aniversario! ¿Te das cuenta de que nos conocimos hace justo dos años? Debo confesar que nunca creí que conocería a un hombre con el cual me sentiría tan absolutamente cómoda como me siento contigo. Durante años luché con la idea de que algún día tendría que casarme porque eso es lo que hay que hacer. Nunca se lo dije a nadie, pero nunca lograba entender en realidad por qué alguien podía siquiera desear tener relaciones sexuales con un muchacho... hasta que te conocí. Ahora, ¡tengo que obligarme a mantener mis manos alejadas de tu cuerpo!

Revelaste y vuelto a despertar cada cualidad femenina que tenía enterrada en lo profundo de mi corazón. Me has hecho desear ser la mujer en la que me he convertido hoy. Cuando me miras con esa barbilla pícara, haces que mi corazón sonría y se acelere. Prácticamente me derrito de amor y de desearte tanto.

Dentro de seis semanas seré tu esposa. En estos días en los que todos tienen que «encontrarse a sí mismos», apenas puedo esperar a ser parte de ti. La idea de ser tu esposa me llena de entusiasmo y orgullo. Lo que hace que todo esto sea todavía más especial es que en realidad has hecho un gran esfuerzo por mantenernos puros. Creo que nunca te dije esto, pero es muy difícil para mí no desear tocarte por todas partes. Lo admitiré: algunas veces me encuentro soñando despierta con estar del todo desnuda, envuelta en tus brazos y completamente uno encima del otro.

Piénsalo, ¡solo tenemos que esperar seis semanas y ese sueño se volverá realidad! Solo para que lo sepas, no pienso frenar ningún avance, así que espero que estés listo.

Sin embargo, te agradezco desde lo profundo de mi corazón por ser tan disciplinado y amarme de la manera en que me amas para que podamos comenzar nuestro matrimonio de la manera más positiva y sana que sea posible. No puedo decirte cuánto significa para mí tu amor, y cómo has cambiado toda mi manera de ver la vida. Nunca me imaginé que iba a desear entregarme a un hombre en la forma en que deseo entregarme a ti (debes estar sonriendo en este mismo momento, mientras lees esta nota). Te amo de manera absoluta.

Tuya para siempre,

Ana

Qué carta tan maravillosa y qué gran ejemplo de cómo una mujer puede decirle a su futuro esposo que se está impacientando un poquito por cuánto desea explorar las delicias de la intimidad sexual, en tanto que, a la vez, refuerza lo importante que es esperar.

Algunos de los lectores casados quizá se hayan dado cuenta de que, debido a sus libros de reglas y a su pasado sexual, han privado a sus cónyuges de una parte de sí. No le has entregado tu cuerpo de la manera que esta mujer promete entregarse a su futuro esposo. Tal vez cediste, pero no lo deseaste. Sabes que no inviertes el tiempo ni la energía que merece tu cónyuge. Permites que tu intimidad sexual decline y, francamente, das por sentado que tu cónyuge te debe su compromiso y su fidelidad.

¿Puedo sugerirte que escribas una carta similar? Determina qué es lo que has estado reteniendo, pídele perdón a tu cónyuge y luego dile lo que esperas hacer. No permitas que tu pasado dicte tu futuro. Tu Creador desea que tengas una vida sexual apasionante y satisfactoria. Con su perdón y un poco de esfuerzo de tu parte para enfrentar de plano tu pasado, *puedes* cambiar tu libro de reglas. *Puedes* convertirte en la clase de amante que quieres ser y que sabes que merece tu cónyuge.

¿Qué esperas?

3

¡Terremoto, ruido y fragor!

Por qué vale la pena luchar por una buena vida sexual

Dime algo: ¿Qué sería de la película *Tiburón* sin esa música amenazadora? Bum, bum, bum, *tararí*... Se crea el suspenso. ¿Consideras que daría el mismo miedo?

No lo creo.

Imagínate *La Guerra de las Galaxias* sin una composición triunfal que suena mientras Luke Skywalker derrota a la Estrella de la Muerte y salva la galaxia. Me parece que no tendría ni remotamente la misma emoción, ¿no crees?

O imaginate a esos muchachos corriendo por las medallas de oro en *Carros de fuego*. Apuesto a que ver a la gente correr en cámara lenta sin música que le dé color a la escena no sería una buena receta para un Oscar.

Cada uno de estos éxitos de taquilla tenía un buen guión, buenos actores y un director muy competente, pero ninguno de ellos sería lo mismo sin la música. La música sola no bastaría, por supuesto, pero es un elemento vital y esencial para una película taquillera.

La relación sexual es lo mismo para el matrimonio. Tú puedes estar casado sin tener ninguna relación sexual. Puedes seguir conversando luego de la cena, puedes celebrar las fiestas y, si adoptan, pueden criar hijos. Se pueden hacer regalos por el aniversario, pueden tener conversaciones íntimas y hasta, en una emergencia, pueden compartir el cepillo de dientes o traer un rollo de papel higiénico que se necesita de manera urgente.

Aun así, seguirá faltando algo.

Una buena vida sexual le da color al matrimonio de pies a cabeza. La vida nos exige que hagamos muchas cosas monótonas. Algunas veces, mi esposa necesita que vaya a la tienda y busque un montón de artículos aburridos: lechuga, apio, bombillas, leche y otras cosas carentes de emoción. Sin embargo, otras veces, puedo ir a un negocio de lencería a comprar algo que no es en absoluto aburrido.

Otras veces, Sande necesita que descubra por qué los frenos chillan y toda clase de ruidos molestos cuando conduce el auto. Aunque en momentos mucho mejores, puedo descubrir qué es lo que hace chillar y gemir a mi esposa.

En algunas ocasiones, Sande desea que saque los adornos de Navidad (y luego, aunque no lo creas, espera que los guarde justo seis semanas después) o que saque la basura. Con todo, en momentos mucho mejores, puedo quitarle la ropa que lleva puesta. ¡Me encanta esa tarea!

Piensa en esto: noventa por ciento de la vida está lleno de asuntos aburridos, como cambiar pañales, limpiar cosas derramadas, pagar las cuentas, llenar el tanque con combustible. Y gran cantidad de hombres y mujeres tienen que trabajar muchas veces en trabajos terriblemente monótonos: reponer la comida en los supermercados, clavar clavos en el techo o sumar las mismas cifras. Hasta he conocido a abogados y dentistas de mucho talento que estaban aburridos por completo de sus profesiones, pero las obligaciones financieras insistían en que siguieran adelante.

En este mundo de obligaciones y responsabilidades, Dios ha dejado caer algo absolutamente fabuloso en nuestro regazo. Al final del día (¡y algunas veces al comienzo!), cuando hemos terminado nuestro trabajo y los niños están en la cama y nosotros en casa de regreso del trabajo, podemos tocarnos, besarnos y proporcionarnos placer el uno al otro de tal manera que el mundo parece estar a años luz de distancia. Nos transportamos a otro lugar y a otro tiempo, envueltos en una sensación gloriosa.

Una vida sexual satisfactoria es uno de los pegamentos más poderosos que puede tener una pareja. Los hijos son un «pegamento» poderoso, como lo son los valores comunes, una fe común y los sueños en común. No obstante, la relación sexual es, sin lugar a dudas, uno de los más fuertes.

La clase de relación sexual de la que hablo requiere un poco de esfuerzo y mucha previsión, pero los dividendos que paga justifican con creces los esfuerzos. Si tu esposo está satisfecho sexualmente, hará cualquier cosa por ti. Pondrá el pecho frente a una bala, perseguirá un tren y hará lo que sea con tal de estar seguro de que estés bien. Y escucha, hombre, si tu esposa sabe que ves la relación sexual como un regalo especial para ella, si puedes hacerle sentir cosas que nunca antes había sentido y si aprendes a convertirte en un amante desinteresado, sensible y competente, ronroneará como una gatita y se derretirá en tus brazos.

Un hombre sexualmente satisfecho será, por lo general, un mejor padre y un mejor empleado. Una mujer sexualmente satisfecha tendrá menos estrés y más gozo en su vida. La relación sexual es de vital importancia para un matrimonio saludable.

INSTRUMENTOS DIFERENTES

¿Alguna vez has escuchado a un niño pequeño tocar el piano? Es probable, todos hemos escuchado las detestables piezas musicales que aprenden los principiantes, pero la mayoría de las canciones que se tocan al principio solo van de nota en nota. Cuando el niño avanza más, aprende a tocar acordes; comienza a usar las dos manos, y el uso de las dos manos influye por completo en el resultado. La clase de música que puedes producir con dos manos es cien veces más hermosa que la que puedes crear con una sola.

Repito, el mismo principio se ajusta a la relación sexual. El hombre y la mujer son las dos manos de la relación sexual tal como la diseñó Dios. Ninguno de los dos es el mismo. Ninguna «mano» toca las mismas notas, pero cuando trabajan en equipo, pueden crear algunos de los sonidos más hermosos que se escucharan jamás.

Lo que deseo para ustedes como pareja es que sean dos personas satisfechas en lo sexual. Un cónyuge que tiene relaciones sexuales solo por obligación no satisfará a su pareja. Es verdad, habrá momentos en los que la relación sexual parezca una obligación, al menos al comienzo, pero si *siempre* parece una obligación, no es satisfactoria en el sentido en el que estoy hablando.

Como la relación sexual requiere cierto esfuerzo, te diré por qué *vale* la pena ese esfuerzo. Primero, les hablaré a las esposas. He aquí por qué se benefician al tener a un esposo sexualmente satisfecho.

Mujeres: ¿Por qué desean hacer feliz a su maridito?

1. Un esposo sexualmente satisfecho hará cualquier cosa por ti.

La relación sexual es una necesidad tan básica para los hombres que cuando esta esfera de su vida se cuida bien, sienten una inmensa gratitud y actúan en consecuencia. Un hombre sexualmente satisfecho es aquel que conduce hacia su trabajo pensando: *Soy muy feliz por haberme casado con esta mujer. ¡Debo ser el hombre más feliz de la tierra!* Y que luego conduce de regreso a su hogar pensando: *¿Qué cosa especial puedo hacer por mi esposa esta noche?* Si deseas esta clase de lealtad y reconocimiento, satisface las necesidades sexuales de tu esposo; ninguna otra necesidad genera una gratitud tan profunda. En lugar de molestarse ante el pedido de detenerse en un negocio o de mirar un grifo que gotea, un hombre satisfecho sexualmente saltará con entusiasmo. En lugar de ser frío y distante cuando le hablas, deseará escuchar lo que tienes que decirle.

Algunas esposas que lean esto quizá piensen: *Lo he intentado y no da resultados.* Esta respuesta me demuestra que no entiendes en absoluto lo que digo. No puedes «intentarlo» y nada más; esto se tiene que convertir en una forma de vida. Un buen encuentro sexual mantendrá agradecido a un hombre por algún tiempo; pero si lo rechazas las siguientes cinco veces que se te acerca, pensará en los cinco rechazos, no en aquella única noche especial.

Debido a la constitución química del hombre, la mayoría de nosotros considera la relación sexual como una necesidad, y cuando una mujer accede deseosa a satisfacer esa necesidad, nos sentimos muy agradecidos. Cuando la mujer utiliza la necesidad del hombre para manipularlo, este se resiente. Cuando utiliza la necesidad del hombre para castigarlo, muchas veces este se vuelve amargado.

Para la mayoría de los hombres, esta necesidad sexual es el requerimiento principal que buscan en sus esposas. Puedes ser la mejor cocinera, una gran madre y una conversadora fantástica, pero si no le prestas atención y no pones esfuerzo en tu relación amorosa, es probable que tu esposo se sienta desilusionado. Por el contrario, si le das a tu esposo una vida sexual emocionante, es probable que te sorprendas al ver lo poco que le importan las otras cosas que desea.

2. Satisfacer sexualmente al esposo es un mandamiento de la Escritura.

Una vez, tarde en la noche, Sande me pidió que le leyera la Biblia. «Por supuesto, mi amor», le dije, «me encanta hacerlo».

Se mostró un poco sorprendida ante mi disposición, pero bueno, ¿tengo la obligación de ser el líder espiritual o no? Deseaba asumir mi papel con seriedad.

Abrí la Biblia en 1 Corintios 7:3-5: «El hombre debe cumplir su deber conyugal con su esposa, e igualmente la mujer con su esposo. La mujer ya no tiene derecho sobre su propio cuerpo, sino su esposo. Tampoco el hombre tiene derecho sobre su propio cuerpo, sino su esposa. No se nieguen el uno al otro, a no ser de común acuerdo, y solo por un tiempo, para dedicarse a la oración».

Si te dices cristiana, y si te has comprometido a ser obediente a lo que la Biblia enseña, tendrás que aprender a cumplir con las obligaciones sexuales dentro del matrimonio. No pretendo ser un erudito de la Biblia, pero este pasaje es lo bastante claro como para ofrecerles la traducción Leman: Lo que Pablo nos quiere decir es que desea que lo hagamos. Y si deseamos hacer una pausa para orar, está bien. Y luego, lo que me encanta de este gran santo de la iglesia es que quiere que lo hagamos otra vez.

La traducción de C.K. Barrett es igual de fuerte. En lugar de la frase bastante educada «no se nieguen el uno al otro» que utiliza la Nueva Versión Internacional citada antes, Barrett traduce del griego: «No se *roben* el uno al otro»[7]. Queda claro, los hombres pueden robar a sus mujeres y lo mismo sucede a la inversa; la obligación recae sobre las dos partes. Aun así, lo esencial es que si le dices a tu esposo: «El negocio está cerrado», o incluso: «Puedes comprar de este estante, pero no de este otro», tu actitud no es de una cristiana.

Ahora bien, si le hablara a tu esposo, le recordaría uno de los grandes renglones bíblicos de todos los tiempos: «[El amor] no es egoísta» (1 Corintios 13:5). Cuando un hombre trata de usar 1 Corintios 7 para lograr que su esposa haga algo retorcido o que para ella es de mal gusto («Querida, tienes que tener relación sexual anal si yo lo deseo» o, «Tienes que tragar»), ¡por favor! Eso *no* es a lo que Pablo se refiere. De la misma manera en que Pablo nos dice que tenemos obligaciones sexuales dentro del matrimonio, en el mismo libro insiste en que el amor no es egoísta. En pocas palabras, no debes obligar, *jamás*.

El matrimonio es un ejercicio de sumisión mutua. Debemos ser realistas, por supuesto. No puedo negar que algunas veces, cuando mi cabeza cae sobre la almohada, piensa en la relación sexual y cuando la cabeza de Sande cae sobre la almohada, también piensa en la relación sexual, pero los dos nos despertamos a la mañana siguiente y nos damos cuenta de que no pasó nada. Así es, hay veces en que estás demasiado hecha polvo como para chillar; pero si eres la *única* que está demasiado hecha polvo, puedes estar dispuesta a chillar de todas maneras porque sabes que esto le agrada a tu esposo.

Lo que tanto me gusta de 1 Corintios 7 es que Pablo quita de raíz el argumento religioso (como si alguien pudiera usar a Dios para evitar la relación sexual) y le da vuelta al decirle a las parejas casadas: «Si en verdad aman a Dios, ¡tengan relaciones sexuales!».

Puedo ser muy directo con los cónyuges al hablar de esto. Si en verdad amas a tu cónyuge y este, dicho sin rodeos, desea en realidad tu cuerpo, eres egoísta si se lo niegas. Eso no quiere decir que nunca seamos egoístas porque todos lo somos de tanto en tanto, pero no puedes hacer que un matrimonio crezca sobre la base de una actitud egoísta que se prolonga durante mucho tiempo. Con el tiempo, tu egoísmo lo matará.

Una esposa que está en sintonía con las necesidades y deseos de su esposo, es capaz de ayudarlo en verdad a vivir una vida santa. Mientras escribía este libro, hablé con una pareja en la cual el esposo luchó durante muchos años con una adicción a la pornografía. Aunque la pornografía está relacionada con cuestiones más profundas como el aislamiento, la soledad y la incapacidad para conectarse con los demás en el ámbito emocional, por nombrar algunas, puede ser una lucha adicional para un hombre si a su esposa no le interesa la relación sexual o no está disponible. El momento más difícil para este hombre era durante la menstruación de su esposa porque no se encontraba disponible sexualmente. Luego de unos diez años, al fin ella se dio cuenta de que satisfacer a su esposo a través de la relación sexual oral o mediante un sencillo trabajo de las manos, obraba maravillas para ayudarlo a pasar ese momento difícil. Se dio cuenta de que la fidelidad es tarea de dos. Eso no significa que un esposo evada la culpa por el uso de la pornografía al señalar a su esposa que no coopera, todos tomamos nuestras propias decisiones, pero una esposa puede hacer que a su esposo le resulte mucho más fácil mantener una mente pura.

Aquí tenemos un escenario típico: Un esposo se despierta temprano en la mañana con la indisputable evidencia física de que el señor Feliz está más que listo para «danzar». Se da vuelta y allí está su esposa, dulcemente dormida. Echa una rápida mirada al reloj y se da cuenta de que son las 6:15 y que no se tienen que levantar hasta las 7:00. Cuanto más lo piensa, más fascinante se vuelve el pensamiento de una relación sexual. *¡Cuarenta y cinco minutos!*, se dice. *Vaya, ¡todo lo que puedo hacer en cuarenta y cinco minutos!*

Luego comienza a comunicarse de una manera que solo a un hombre puede ocurrírsele que es eficaz: alarga su dedo para alcanzar a su esposa al otro lado de la cama y comienza a tocarla, con la esperanza de que capte la insinuación. Cuando eso no da resultado, se puede volver más directo y asirle un pecho, con la absoluta expectativa, incluso luego de quince años de matrimonio, te recuerdo, que este apretón convertirá a su mujer en una gatita sexualmente feroz: «¡Ay, mi amor, estuve esperando toda la noche que me despertaras apretándome uno de los pechos!». O puede ser, y esta es mi favorita, que tenga frente a sí a una mujer que tiene los dos ojos cerrados, que ronca como un burro y le pregunta en voz alta: «Querido, ¿estás dormido?».

Cada hombre tiene su propio protocolo, pero lo más probable es que solo hagan falta tres o cuatro toquecitos molestos para que su esposa se encabrite como un caballo que tiene un abrojo debajo de la silla de montar y grite: «¿Qué crees que haces? ¡Todavía me quedan cuarenta y cinco minutos para dormir».

Algunas veces, la esposa no será tan enérgica. «Ni siquiera me he lavado los dientes. ¡Sin duda, no querrás besarme!»

Querida, ¡él quiere hacer mucho más que besarte!

Si el matrimonio es egoísta, el hombre escuchará toda clase de defensas: «Despertaremos a los niños»; «Estoy cansada»; «¿Eres alguna especie de adicto al sexo?»

Si el matrimonio no es egoísta pero no es satisfactorio, la esposa quizá acceda con algunas condiciones y con el mismo entusiasmo con el que lee la guía telefónica. Se convierte en un receptáculo sexual, pero eso es todo.

Si el matrimonio es satisfactorio, las dos partes considerarán el interés del otro. El hombre puede darse cuenta de que su mujer necesita dormir y, como la ama, la deja dormir (pero más tarde la perseguirá); o bien, la esposa puede decidir con sacrificio que entregar su cuerpo con alegría a su esposo es más importante que esos minutos extra de precioso sueño, teniendo en cuenta los beneficios que esto le aporta a su relación.

Algunos de estos interludios, aunque tal vez comiencen de manera incierta, pueden, en verdad, terminar siendo grandiosos, si hay tiempo suficiente como para que las cosas se encaminen. Sin embargo, en muchos matrimonios, cuando uno de los cónyuges se siente rechazado, se plantan semillas de amargura en la relación al punto que cuando más tarde aquel día la esposa le pide a su esposo que lleve a su madre al supermercado, él le dice:

—No, no puedo.

—¿Por qué no? Estás mirando el partido.

—Estoy ocupado.

—No pareces ocupado.

—No me importa lo que parezca, estoy ocupado. Si tu madre necesita ir de compras, ¿por qué no la llevas tú?

¿Qué sucede aquí?

Es una reacción tardía. Hay que admitir que es un golpe bajo, pero sucede a menudo. El esposo piensa: *Si ella me rechaza, yo la rechazo.*

Proverbios 13:12 nos dice: «La esperanza frustrada aflige al corazón». Dime, ¿cuál era la esperanza de tu matrimonio? ¿Cómo creías que iba a ser? ¿Qué te parece que esperaba tu cónyuge? Si esas esperanzas se descartan sin pensarlo, con el tiempo el corazón de un cónyuge se aflige. Lo he visto una y otra vez: Parejas jóvenes, felizmente casadas observan cómo poco a poco el afecto que en un tiempo los hacía felices queda enterrado por completo bajo continuas paladas de amargura y resentimiento. Se vuelven mezquinos en lugar de ser amables, buscan su propio bienestar en lugar de ser generosos. Y, para ser sincero, hacen que la vida del otro sea miserable.

Cuando las esperanzas de un hombre se derriban con regularidad, el enojo, la hostilidad y el resentimiento llenan esa casa con el paso del tiempo. Por cierto, muchos de nosotros tenemos esperanzas poco realistas que se deben desafiar; con toda franqueza, yo pensaba que tendría relaciones sexuales todas las noches de mi matrimonio, y no me llevó muchas noches darme cuenta de que eso no iba a suceder. Por eso es tan importante hablar acerca de tus expectativas y esperanzas con tu cónyuge antes del matrimonio, al comienzo de la vida matrimonial y a lo largo de toda ella. Es la única manera de que, como pareja, descubran qué necesidades no son realistas y cuáles son legítimas. Las esperanzas que son legítimas no se deberían arrojar a un lado; si se avinagran, afectarán cada aspecto de la relación.

3. Un esposo satisfecho sexualmente se sentirá bien consigo mismo. Gran parte de lo que somos como hombres está ligado a la manera en que nuestras esposas nos responden en lo sexual. Aunque algunas mujeres se sorprendan, como sicólogo creo que todo hombre sano desea ser el héroe de su esposa. Desea ser como el difunto y gran conductor Arthur Fiedler, que lleva a su esposa a un crescendo de éxtasis. A la vez que se deleita en que experimentes un orgasmo extático, también te mira y piensa: *Yo se lo ocasioné, muchas gracias.*

Tal vez no sea el tipo con más suerte en el trabajo, quizá no tenga el auto más veloz, a lo mejor esté perdiendo la poca pinta con la que comenzó, se le cae el cabello mientras le crece la barriga, pero si su Dulcinea lo ama lo suficiente como para dejarle algunos rasguños en la espalda de tanto en tanto en un arrebato de pasión, a pesar de todo se sentirá como el rey del mundo. ¿Por qué? Porque puede satisfacer a su esposa. No existe un hombre sobre este planeta que no desee saber que puede volver loca a su mujer en la cama.

A la inversa, si deseas mutilar a un hombre, el dormitorio es, con certeza, el mejor lugar para hacerlo. Dile que es un adicto al sexo, ridiculiza sus habilidades para hacer el amor, actúa como si no hubiera nada que pudiera hacer para excitarte; pero si lo haces, ten cuidado. Él encontrará la manera de devolverte el golpe. Así es, la encontrará. Créeme.

4. Un esposo satisfecho sexualmente asumirá su vida laboral con un vigor y un propósito que no tienen igual.

En el clima que vivimos en la actualidad de reducción de personal y de temor a perder el empleo, una vida sexual satisfactoria es como ponerle a tu esposo una batería recargable. Cada vez que tienen relaciones sexuales, y tu esposo sabe que lo deseas físicamente, se recarga su batería. Le hará frente una vez más al mundo, o a ese jefe insoportable, o a ese difícil desafío vocacional, o a ese mercado al parecer cerrado. Es probable que veinte empresas lo hayan rechazado, pero si el hombre tiene una esposa amorosa en su casa, se levantará al día siguiente y visitará a veinte más.

La relación sexual es energizante para un hombre. Le construye confianza en sí mismo y le crea una sensación general de bienestar. Reúne las fuerzas para perseverar en un trabajo que no le satisface porque está en sintonía con los que ama: existe un propósito para trabajar y una recompensa al final del día.

Los hombres obtienen gran parte de su satisfacción al proveer para sus familias. Por supuesto, en estos días y en esta era la gran mayoría de las mujeres también trabaja fuera del hogar, pero no me parece que a las mujeres les produzca la misma locura sicológica el traer a la casa el cheque de su sueldo como les sucede a la mayoría de los hombres. Es verdad, algunas mujeres lo sienten así, pero la mayoría ve su trabajo fuera de la casa como un esfuerzo necesario que deben realizar para ayudar a su familia.

5. Un hombre sexualmente satisfecho valora las cosas importantes de la vida.

Los hombres son una de estas dos cosas: hogareños o no hogareños. Los que no son hogareños pueden encontrar su satisfacción en trabajar largas horas o en ir a una taberna a beber con sus compañeros. Algunos hasta quizá se escapen a la iglesia. Con todo, ya sea que un hombre se vaya a la oficina, al bar o a la iglesia, si deja a su esposa y a sus hijos en la casa, no es un hombre hogareño.

Si un hombre es hogareño, es muy probable que lo sea porque la reina mantiene bastante feliz al rey. El lugar de un hombre está en su hogar. Hace muchos años, la gente decía que el lugar de una mujer estaba en su hogar. Las mujeres se ofendieron mucho, pero creo que los hombres pertenecen a su hogar tanto como las mujeres. El hombre puede tener muchos jefes fuera del hogar, pero dentro de este, tiene la oportunidad de proporcionar autoridad con gentileza y de recibir su debido respeto. Un buen hogar es el lugar que necesita todo hombre saludable.

Mis viajes me obligan muchas veces a estar lejos de mi hogar, pero yo soy muy hogareño. No veo la hora de llegar a casa, y cuando estoy lejos, llamo tantas veces por teléfono que a veces vuelvo loca a Sande. «Mira, Lemey», me dice, «tal vez tú andes por el camino, pero yo tengo algo de trabajo que hacer por aquí». El día soñado para mí es el que puedo quedarme en mi hogar, dando vueltas por allí sin nada qué hacer. Sencillamente me encanta estar allí. Ni siquiera se me cruza por la cabeza la idea de estar en alguna otra parte.

Si un hombre se encuentra centrado en algo fuera del hogar, siempre necesitará irse de la casa para recargar las baterías. Volverá a su casa de mala gana, y cuando esté allí, su mente estará en otra parte. Actuará como si le molestara estar en el hogar y responderá de manera brusca a las personas que lo «molestan» mientras está en la casa. Su esposa y sus hijos solo obtendrán las migajas, no las porciones principales.

Si un hombre es hogareño, en gran parte es porque en su casa se siente amado, deseado y aceptado tal como es, y si tiene una esposa que desea agradarlo, hará lo que sea para fortalecer el hogar porque ese es su mundo más importante. No lo pensará dos veces si debe sacrificar su prestigio en la oficina para estar en casa a la hora de cenar, no permitirá que un jefe lo intimide para que se pierda el partido de fútbol de su hijo ni para que llegue demasiado tarde a casa y no pueda arropar a sus hijos en la cama. Se asegurará de que la casa esté reparada porque para él, un hogar saludable es importante: más importante que cualquier otra cosa excepto, tal vez, su fe.

A lo mejor, algunas de las esposas leen esto y piensan: *¿Por qué mi esposo no es hogareño?* Sienten deseos de echarle la culpa, pero permítanme dar vuelta el tablero: ¿Lo buscas en el aspecto sexual? ¿Le das razones para creer que sus necesidades y deseos sexuales se satisfarán de una manera creativa y, algunas veces, espontánea? En otras palabras, ¿haces que tu hogar sea un lugar emocionante al que uno desee regresar?

Si lo haces, tu esposo deseará hacer la inversión de tiempo y energía para que te encuentres sexualmente satisfecha.

Hombres: hagan ronronear a su esposa

1. Es mejor observar.

Seamos realistas: nuestra naturaleza masculina caída nos tienta a convertirnos en mirones. Esa es la inclinación de nuestro género, por así decir. Los hombres son los que compran la inmensa mayoría de la pornografía. Es muy raro que las mujeres llamen a las líneas telefónicas pornográficas y paguen tres dólares el minuto solo por escuchar a un hombre que les diga cosas sucias. ¿Por qué?

A los hombres les gusta mirar.

Sin embargo, esta tendencia tiene un lado saludable. Nos hicieron para mirar a *una mujer en particular*, no a todas las mujeres en general. Nuestro Creador nos hizo de tal manera que nos emociona tanto ver cómo nuestra esposa llega al orgasmo, como llegar al orgasmo nosotros mismos. Es por eso que la pornografía o la prostitución nunca satisfarán el alma de un hombre. La mayoría de los hombres se sienten degradados y avergonzados después de una experiencia sexual solitaria; en el fondo, no solo deseamos que *nos* satisfagan, sino que deseamos satisfacer a nuestra esposa. La mejor satisfacción proviene de satisfacer a otro, no de ser satisfecho. Y eso es algo que la pornografía, la relación sexual telefónica, los bailes sensuales o la prostitución nunca pueden darte.

Si has caído en los bajos fondos de cualquier clase de pornografía, dedica todo ese tiempo, ese esfuerzo y ese gasto a crear una relación sexual satisfactoria con tu esposa. Aprende a disfrutar de la relación sexual al observar cómo tu esposa pasa el mejor momento de su vida.

«Pero doctor Leman», han protestado algunos hombres, «usted no entiende. Hablar de las necesidades sexuales de mi esposa es una contradicción: ¡no tiene ninguna!»

En un capítulo posterior, hablaremos del problema de la libido baja tanto en los hombres como en las mujeres, pero por ahora, solo te sugeriré una posibilidad: ¿Te has planteado la relación sexual como algo que mereces y deseas o como una manera muy maravillosa de satisfacer a tu esposa como ningún otro hombre puede hacerlo?

Es posible que a tu esposa no le interese la relación sexual de la manera en que tú quieres tenerla. Aun así, ¿estás seguro de que no quiere tener relaciones sexuales de una manera diferente? ¿Alguna vez has considerado el hecho de que si terminas de lavar los platos y llevas a los niños a la cama mientras ella se sumerge en una bañadera de agua caliente y luego le frotas alguna loción en los pies, le lees algo o conversas acerca de su día, eso es lo que la relación sexual significa para ella? Y, compañero, no digo que lo hagas solo una vez con la esperanza de que una noche entre mil enciendas sexualmente a tu esposa. Esto debe transformarse en un estilo de vida hasta que tu esposa se sienta lo bastante descansada y agradecida como para estar más dispuesta en el aspecto sexual.

Aprende a encontrar *tu* satisfacción en el orgasmo de tu esposa y cambiarás tu vida amorosa. En lugar de hacer de la relación sexual algo que tú demandas, trata de hacer que sea algo que ofreces. Para ofrecer algo que en verdad resulte atractivo, debes hacer que a tu esposa le parezca tentador. Descubre lo que la hace ronronear y ve tras eso.

2. ¿Quién gana en este matrimonio?

Algunas veces, cuando una pareja se sienta en mi oficina, explotan de inmediato en una pelea de gatos. Los dejo seguir adelante el tiempo necesario para exponer mi propuesta, luego les pregunto: «Díganme, ¿quién va ganando en este matrimonio?».

Otras veces me encuentro con una mirada confusa: *¿De qué habla este tipo?* Con todo, la mayoría de las veces las parejas saben a qué me refiero. Lo que en realidad les pregunto es: «¿Quién se impone a su rival?».

Luego prosigo: «Si alguien va ganando en este matrimonio, los dos pierden porque el matrimonio no es un deporte, es una relación».

El control causa estragos en el matrimonio y este es el punto en el que fallan la mayoría de los hombres. Como por lo general se espera que un hombre sea el agresor físico, es fácil que desarrolle una posición controladora en el matrimonio al ser dominante en el aspecto sexual, «probando» su masculinidad cada vez que tiene relaciones sexuales.

¿Sabes una cosa? Algunas veces, a la mujer le gusta que la «venzan», si esto tiene lugar dentro del marco de un matrimonio saludable, amoroso y comprometido. Aunque jamás he conocido a una mujer que desee que la relación sexual sea siempre así, ni siquiera la mayoría de las veces.

Si la relación sexual se convierte en un verdadero problema en el matrimonio, siempre existe alguna clase de lucha de poder para ver «quién manda». Y los hombres son muy adeptos a las maneras sutiles de ejercer el poder. En realidad, un hombre puede «controlar» a una mujer a la que nunca le pide tener relaciones. De una manera pasiva, siempre insiste en que la esposa inicie las relaciones sexuales, así nunca corre el riesgo de que lo rechacen. En realidad, este es un acto agresivo de «control pasivo». Ella debe acercársele de acuerdo con *sus* términos. Al comienzo, no parece ser una clase de control; en realidad, puede parecer una actitud muy pasiva; pero hay un *modus operandi* sicológico en juego: para que él tenga una relación sexual emocionalmente satisfactoria, debe llevarse a cabo de acuerdo con sus términos que determinan que ella sea la que comience.

Un modelo mucho más saludable es el de la sumisión mutua. Es probable que esta sea una de las cosas más difíciles de las que hablo en la oficina de orientación porque la sumisión mutua insiste en que mueras a ti mismo, y si hay algo a lo que los estadounidenses no quieren renunciar es a sí mismos. ¡Hasta tenemos una revista con el título *Self* [Ego]! No obstante, en el matrimonio se trata de poner las necesidades del otro por encima de las propias, y esto va mucho más allá del dormitorio. Se trata de hacer con gentileza las cosas mundanas de todos los días como parte de ser una pareja, desarrollando una amistad y preocupándose el uno por el otro.

Si «ganas» en tu matrimonio, perderás en la vida. Suelta el control. Usa tu autoridad para servir, proteger y dar placer. De eso se trata, mi amigo.

3. Persigue sexualmente a tu esposa fuera del dormitorio.

La buena relación sexual es una cuestión de todo el día[8]. No puedes tratar a tu esposa como si fuera una sirvienta y esperar que esté deseosa de dormir contigo a la noche. La respuesta sexual de tu esposa estará determinada por el grado de disposición que tengas para ayudarla con los platos sucios, la tarea de los niños o ese grifo que gotea toda la noche.

A algunos hombres les cuesta mucho entenderlo, en gran parte porque desplazan la relación sexual de toda otra parte de sus vidas. Pensamos que la relación sexual se basta a sí misma, pero para la mujer no es así. El contexto, la historia, el nivel corriente de cercanía emocional, todo afecta de modo directo en su deseo y el placer de las relaciones sexuales.

Es por eso que paso mucho tiempo tratando de ayudar a las mujeres para que sean más activas en el dormitorio y tratando de ayudar a los hombres a que sean más activos en cualquier otra parte. Si tan solo nos encontráramos a mitad del camino, la mayoría de los matrimonios andarían bien. Un buen amante se esfuerza tanto fuera del dormitorio como dentro de él.

EL ACTO MÁS ATERRADOR DEL MUNDO

La mayoría de los hombres no comprende, sicológicamente, lo vulnerable que quizá se sienta una mujer desnuda. El acto sexual mismo es un momento en el que invita a alguien a entrar en su cuerpo. No se puede llegar a un grado de intimidad mayor que ese.

Pregúntale a una mujer cómo se siente al tener que ir al ginecólogo. La mayoría de las mujeres con las que hablo detestan esta cita necesaria. Piensa en lo degradante que sería visitar un consultorio invariablemente frío y que luego te pidan que te desnudes. Te dan una bata finita con una vergonzosa cinta en la espalda, te dicen que pongas una pierna sobre un estribo y la otra sobre el que está al lado de manera que quedes con las piernas abiertas, con una que apunta hacia el nordeste y la otra hacia el noroeste, y ahora sientes que tus partes más privadas están en exhibición pública, mientras un hombre del todo vestido (o si tienes un poco más de suerte, una mujer) entra en la habitación. No existe mayor grado de vulnerabilidad.

Ah, sí, te cubren con una delgada sábana blanca. ¡Qué amables!

En muchos sentidos, el matrimonio puede parecer una visita al ginecólogo. En él se nos pide que nos quitemos todas las máscaras que usamos para protegernos de las heridas. Los hombres se preguntan con temor si sus esposas los ridiculizarán por sus requerimientos sexuales; las mujeres se preguntan si su cuerpo le resultará deseable a su esposo. El matrimonio y la sexualidad matrimonial requieren mucha confianza. Las mujeres a las cuales la vida las ha herido van a mantener las rodillas juntas en el sentido emocional.

Es por eso que el lecho matrimonial es, por lo general, un cuadro bastante preciso de todo lo demás que sucede en el matrimonio. El grado de vulnerabilidad que una pareja puede alcanzar el uno frente al otro, con el tiempo se manifiesta en el dormitorio, para bien o para mal. Si no se construye la confianza, el lecho matrimonial se volverá más frío. Cuando la confianza se maneja de manera amorosa, la pasión matrimonial suele calentarse. A la inversa, el éxito en el lecho matrimonial se manifiesta casi siempre en otros aspectos de la relación; el esposo y la esposa son más amables el uno con el otro y se tratan con gran respeto.

Cuando mejoras tu matrimonio, por lo general mejoras tu vida sexual. Cuando mejoras tu vida sexual, es común que mejores el resto de tu matrimonio. Los dos están íntimamente relacionados, así que hacer un esfuerzo en cualquier esfera es una muy buena inversión.

Esposas, ¿quieren que su esposo sea un mejor padre? ¿Quieren que pase más tiempo en casa? ¿Quieren que las escuche con mayor atención? Si es así, esfuércense para que se sienta sexualmente satisfecho.

Esposos, ¿desean una esposa que tenga menos estrés, que sea más agradecida y que les muestre más respeto? Entonces, aprendan qué es lo que les agrada en el aspecto sexual.

Todas las parejas se pueden beneficiar al mejorar su vida sexual. Es una tarea muy placentera y, en mi experiencia, hay pocas cosas que produzcan ventajas adicionales tan asombrosas.

4

Aprendamos a hacer música:

La primera noche y las que siguen

Confesión: Cuando me casé, era más bruto que un arado. No quiero que cometas en tu luna de miel los mismos errores que yo. Si ya estás casado, por favor, no dejes de leer ahora. Si te tomas el tiempo para seguir leyendo, es posible que descubras que regresar a los cimientos puede darte grandes dividendos incluso después de veinte o treinta años de matrimonio.

Para empezar, nunca tuve un padre que me llevara aparte y me dijera que debía llevar a Sande a un lugar romántico para comprometernos. No teníamos dinero, y es probable que no hubiera podido hacer frente a un bonito lugar romántico de todos modos. Así que le di a Sande su anillo de compromiso en un campo que se encontraba detrás de la casa de mis padres. Aceptó mi propuesta rodeada de malezas en lugar de rosas.

De paso, en un día de verano en Arizona, las serpientes son las dueñas del césped. «Cariño, ¿te casarías conmigo?»

«¡Por supuesto!»

Las serpientes se deslizaban y masticaban.

Cuando pienso en nuestra noche de bodas, el momento en que Sande y yo comenzamos a «hacerlo» por primera vez, deseo que la tierra me trague. Soy muy afortunado porque Sande no salió por la puerta del alojamiento para viajeros donde estábamos y me dijo que se las arreglaría para volver sola a su casa.

Sí, la primera noche la pasamos en un alojamiento para viajeros, pero era uno bonito: ¡me costó veinte dólares la noche, más impuestos!

Ya ves, nadie me dijo que llevara a Sande a un hotel lujoso. Nadie me dijo que no se pasa la primera noche de la vida de casados en Yuma, Arizona. ¿Sabes el calor que hace en una noche de agosto en Yuma, Arizona? Es tanto el calor que hace parecer que Buffalo, Nueva York en invierno es el infierno, así es la temperatura de ese lugar.

Y nadie me dijo que estaba mal ir los tres primeros días de nuestra luna de miel a ver los partidos de los Ángeles de California contra los Yankees de Nueva York. Era un fanático total de Mickey Mantle, ¡y venía a la costa oeste! Casado o no, ¿cómo puedes pasar semejante acontecimiento por alto? Además, ¿qué otra cosa podía ser mejor que béisbol durante el día y la relación sexual todas las noches?

Cuando pienso en nuestra luna de miel, quiero que la tierra me trague, pero Sande es muy dulce al respecto: «Ay, cariño, me encantó la luna de miel».

Sí, claro. Le encantaron los tres partidos de béisbol («¿Este es el entretiempo, mi amor?» «No, cariño, es el período de la séptima entrada»), le encantó quedarse en un hotel que estaba cómodamente ubicado cerca de las vías de un ferrocarril, y estoy seguro de que en particular agradeció la vista: un cartel de propaganda de cerveza con luces intermitentes que iluminaba el cielo de la noche («Pero cariño, me encantan las luces de neón. De verdad me gustan»).

Si tomas el periódico del domingo y lees los anuncios de las bodas, te enterarás de que las parejas se van a Maui, a Ecuador o hacen un crucero por el Caribe. Te desafío a que encuentres un solo anuncio que diga que se van a Yuma, Arizona, y a una serie de tres partidos entre los Ángeles y los Yankees.

Era tan bruto como un arado. No tenía la menor idea, pero de alguna manera Sande y yo sobrevivimos. Aunque las parejas de hoy en día tienden a mejorar sus planes con respecto al destino de la luna de miel, he descubierto que a muchos todavía les faltan algunos conocimientos básicos sobre cómo comenzar bien sus matrimonios, sobre todo en el aspecto sexual. Escucha una típica sesión de consejería prematrimonial:

Una joven pareja entra a mi oficina el día que acordamos para hablar sobre la relación sexual. Le entrego un violín al joven y le digo:

—Por favor, toca para mí.

Mira el violín, vuelve a mirarme y dice:

—No toco el violín.

—No es ciencia espacial. Está el arco y están las cuerdas. Frota el arco sobre las cuerdas. Quiero escuchar cómo lo tocas.

De mala gana, el joven toma el arco en la mano, lo hace correr hacia abajo y los tres nos estremecemos ante el terrible chirrido que sale con brusquedad del instrumento.

—Estuvo bien —digo.

—¿A qué se refiere con que estuvo bien? El sonido fue espantoso.

—Para un primer intento, estuvo bien. Hiciste ruido. El problema es que necesitamos hacer música.

Entonces le entrego el violín a la novia.

—Escuchemos cómo tocas tú.

Toma el instrumento de las manos de su prometido, frota el brazo hacia abajo y produce un sonido tan espantoso como el de su novio.

—Bien —les digo—. Los dos pueden hacer ruido. El objetivo es tocar música. En un par de semanas, los dos van a experimentar algo, y saben a qué me refiero. Después de la boda se registrarán en un hotel y, hasta quizás, se sientan un poco atrevidos. Después de todo, van a pasar toda la noche juntos. ¡En la cama! ¡Con la puerta cerrada! Aun así, la primera noche puede resultar en más ruido que música; sin embargo, eso no es motivo para desanimarse. Regresemos al violín. Si se aplican de verdad, es muy probable que con el tiempo puedan tomar el violín y hacer que la gente los aplauda cuando los escuchen tocar, pero no de buenas a primeras. Como el músico que recién comienza, van a necesitar entrenamiento y práctica.

»Esta es su tarea para la luna de miel: Aprendan todas las complejidades de los puntos fuertes, del cuerpo y de los deseos sexuales del otro. Hablen sobre la diversión durante el entrenamiento. Les va a encantar esta tarea. Algunas veces, se van a sentir incómodos y torpes. Es probable que hagan y digan algunas cosas tontas, pero si tienen en mente que su tarea es amar a este ser humano, todo saldrá bien. Experimentarán los ritmos y las complejidades del otro de maneras como nunca pensaron que era posible.

Si el hombre y la mujer no son vírgenes, de todos modos los desafío de la misma manera: «Aarón, debes entender que Maritza no es como todas las mujeres, y Maritza, Aarón no es como todos los hombres. Deben hacer borrón y cuenta nueva y descubrir qué mueve a este hombre en particular y qué hace ronronear a esta mujer en particular.

¿Cómo comienza una nueva pareja a hacer música juntos? Comienzan trabajando en equipo para comprender qué clase de sinfonía quieren tocar.

EL DEBUT

«Doctor Leman, no se imagina lo hermosas que serán las flores. No veo la hora de que pueda verlas. Y la torta… encontramos esta torta de limón *increíblemente* deliciosa. Se derrite en la boca. A todos les va a encantar. Con mi madre debemos haber probado tortas por lo menos en una docena de lugares diferentes. ¡Es posible que haya engordado dos o tres kilos en el proceso!

»Todavía estamos buscando al fotógrafo. He encontrado a dos que podrían andar bien, pero no estoy segura de que sean los adecuados, así que seguimos buscando...».

Cuando hablas con las futuras novias, por lo general escuchas hablar mucho sobre los arreglos de la boda. Algunas no pueden pensar en ninguna otra cosa. Se compran cinco revistas, que pesan por los menos cinco kilos cada una, y pasan horas buscando el vestido adecuado, el peinado perfecto y qué está de moda para las damas de honor.

Aunque, es triste, pues son pocas las que pasan la misma cantidad de tiempo hablando con su futuro esposo sobre las expectativas sexuales, que el que le dedican a las flores para la boda. Te diré algo: Tres semanas después de la boda, podrás contar con los dedos de una mano la cantidad de gente que puede recordar qué clase de flores tenías en tu boda; pero el asunto de las expectativas sexuales le dará forma a tu hogar y satisfacción a tu matrimonio en los años por venir.

Cuando Sande y yo nos casamos, mis expectativas eran tan altas como puedas imaginar. Me había guardado para ella y ahora le iba a dar todo lo que tenía, ¡varias veces al día! Lo sorprendente es que Sande no tenía estas mismas expectativas. Pensaba que, en realidad, podíamos dormir la mayor parte de la noche. ¡Imagínate!

Por favor, por favor, *por favor*, siéntate con tu futuro cónyuge unas pocas semanas antes de la boda y sean muy específicos con respecto a las expectativas, incluyendo la primera noche. Se podría ahorrar mucho dolor y desilusión si las parejas sencillamente hablaran sobre lo que quieren y lo que no quieren. Seamos realistas: Si no pueden hablar acerca de la relación sexual, ¿cuánta intimidad tiene la relación de ustedes?

Relación sexual: ASAP (ver nota en la página 92)*

A la hora de hablar de la relación sexual en la luna de miel, o incluso, a decir verdad, cuando hablo con los hombres en general, me gusta hablar de la relación sexual ASAP. La mayoría de la gente piensa que ASAP quiere decir «cuanto antes mejor», pero en este caso, quiere decir relación sexual «cuánto más lenta, mejor». El flamante novio debe tener esta consigna grabada a fuego en su mente si desea darle a su esposa una noche especial.

Para empezar, hombres, si salen desnudos del baño del hotel y con una presentación abierta, a una mujer que nunca jamás ha visto un pene erecto le puede resultar contraproducente y hasta horroroso. Ni siquiera se puede esperar que esto excite a una mujer como al parecer piensan algunos jóvenes. Es triste, pero esta táctica es muy común (no me creerías si te digo la cantidad de novios que adoptan este enfoque en la primera noche). Al parecer, todos leen el mismo libro, ¡y está equivocado!

Les digo a los hombres que procedan tres veces más despacio y diez veces con mayor suavidad que la que les parece necesaria. «Si esperaste hasta ahora», les digo, «otros treinta minutos para preparar la escena no te matarán».

Mujeres, para combatir este apuro excesivo, no tengan temor de ser muy específicas con su cónyuge con relación a las expectativas que tienen para esa primera noche: «Me gustaría que saliéramos a cenar y luego me gustaría darme un baño caliente para relajarme. Cuando salga del baño, me gustaría que tuvieras puestos unos pantalones cortos de seda y una bata. Dediquemos algún tiempo a besarnos, luego podemos comenzar a desvestirnos el uno al otro...».

No te detengas allí. En particular si son vírgenes (y de verdad espero que lo sean), este no es el momento ni el lugar para probar todas las posiciones y prácticas sexuales para un hombre y una mujer. Dile a tu futuro cónyuge qué te gustaría hacer, y sean tan específicos como con lo que, según tu parecer, sería ir demasiado rápido en la primera noche.

De esta manera, se lograrán dos objetivos. En primer lugar, evitarán malos entendidos que lamentablemente son comunes entre las parejas y que suelen llevarlos a un comienzo con discusiones en el aspecto sexual. Y en segundo lugar, le ayudará al futuro esposo a dominar sus expectativas y a tener una visión más realista de lo que será la noche de bodas, lo cual evitará una posible desilusión.

Por ejemplo, aunque los jóvenes están, por lo general, tan deseosos de exhibir su propia desnudez como de ver el cuerpo de sus esposas, es posible que la esposa prefiera entrar en la habitación por primera vez con una luz muy tenue o, incluso, a oscuras. Tal vez acceda a la luz de las velas, pero puede sentir algo de timidez aun de esa manera.

Para ayudar a las parejas a que manejen esta situación, le doy a cada uno una hoja de papel y les pido que escriban sus expectativas para la noche de bodas. Si las escriben con anticipación, no las pueden cambiar mientras escuchan a su futuro cónyuge expresar las suyas, y en general, es una verdadera manera de abrirles los ojos a los futuros esposos para que vean cuán diferentes son.

Aquí es donde sacamos a relucir los libros de reglas de los que hablamos en el capítulo dos. El muchacho dice:

—Me imagino esperándola cuando salga del baño con un precioso y corto, y *en verdad* quiero decir corto, camisón, y debajo una pequeña tanga de piel de leopardo.

—¡Una *tanga*! —exclama la joven.

—Hum, todavía es su turno para hablar —señalo con amabilidad.

—Como sea, la abrazaré y la acariciaré y ella me besará y nos acostaremos en la cama y...

—¡¿Quieres que me ponga una *tanga de leopardo*?!

La relación sexual *ASAP* se puede comparar con esos famosos pavos que traen un dispositivo que avisa cuando están cocidos. Me gusta decirles a los muchachos:

—Las mujeres se parecen un poco a esos pavos; tienen esta cosa en el medio que salta cuando el pavo al fin está listo para servir. ¡Algunas veces me gustaría que las mujeres tuvieran el mismo dispositivo! Aun así, ¿sabes una cosa? Funcionan de la misma manera. Tienes que hacer muchas cosas antes de que la perilla que está en el pavo salte hacia arriba. La temperatura debe ser la adecuada. El momento debe ser perfecto. El horno debe estar preparado como es debido. Tu esposa también tendrá muchos requerimientos para alcanzar la satisfacción sexual. Tú puedes satisfacerte en cualquier momento, en cualquier lugar. Los hombres podemos pasar de estar congelados a los trescientos grados en la misma cantidad de tiempo que le lleva a la mujer quitarse el camisón. Para un hombre joven, la dificultad para alcanzar un orgasmo nunca representa un problema; pero para tu flamante esposa no será así. Necesita el ambiente adecuado. Necesita la temperatura conveniente.

El novio necesita, por lo general, darse cuenta de que la relación sexual es mucho más que órganos genitales.

—¿Sabes cómo puedes excitar de verdad a tu flamante esposa?

—¿Cómo?

Espera que yo le hable acerca de una caricia especial, de una posición secreta o de algo por el estilo. En cambio le digo:

—Mírala a los ojos antes de que se vaya a dar una ducha y dile: "Estoy tan agradecido que, con la ayuda de Dios, me haya podido guardar para ti. Solo deseo estar contigo. Eres la única a la cual le voy a hacer el amor, siempre".

Eso hará que cualquier muchacha que ame al Señor se ponga a llorar. Y al muchacho le mostrará que la relación sexual para una mujer involucra palabras y emociones, y otras cosas además del manoseo físico. Cuando hablen de la primera noche, mantengan sus expectativas en un nivel realista. Tienen décadas para explorarse sexualmente: la primera noche tendrá uno solo (¡o dos, tres o cuatro!) de miles de encuentros sexuales. Será especial, sin lugar a dudas, pero lo que tenga de especial provendrá de lo que significa que dos personas se conviertan en una, no de una técnica sexual en particular.

Para ser sincero, la mayoría de las personas calificarían su noche de bodas con un cinco, en el mejor de los casos, y muchas veces es una calificación muy caritativa. Es una experiencia de aprendizaje. Recuerda, para hacer buena música se necesita tiempo.

Preguntas importantes

A medida que se acerca el día de tu boda, te sentirás más cerca de tu amor que nunca, y la tentación sexual puede alcanzar su pico máximo. Una manera muy práctica de tratar con esta situación es hablar de la relación sexual en lugar de practicarla. Por supuesto, deberán tener cuidado del lugar que escojan: hablar de este tema en un dormitorio puede llevar a más que simples palabras, pero procuren estar en público; disfruten de un postre especial en un bonito restaurante y háganse algunas de estas preguntas:

1. ¿Cuáles son algunos de los temas difíciles que surgieron durante el noviazgo de los que necesiten hablar? (¿Hay alguna herida sin resolver o el enojo de uno de los dos que siempre trata de abrir el sobre?)
2. ¿Cuáles son algunos de los temores que tienes al pensar en el matrimonio? *(¿Seguirá pensando que luzco bien cuando me acabo de despertar en la mañana? ¿Y si tengo mal aliento? ¿Y si ella usa el baño después que acabo de depositar una buena parte de la cena de la noche anterior y el olor la tumba?)*
3. ¿Cuáles son algunos de los temores que tienen con relación a desarrollar una vida sexual activa? *(¿Y si ella no tiene un orgasmo? ¿Y si no sé como satisfacerlo?)*

4. ¿Utilizarán algún método anticonceptivo? Si lo hacen, ¿de qué tipo?

Estas preguntas les ayudarán a comenzar y sin duda se les ocurrirán muchas otras. A algunas parejas les resulta muy difícil no bajarse los pantalones justo antes de la boda porque se sienten muy cerca el uno del otro. Si me permites, te diré un secretito: hablar de temas como los expuestos más arriba puede ser más íntimo que tener relaciones sexuales y no los hará sentir culpables luego. Tener relaciones antes del matrimonio dañará su relación; hablar sobre la relación sexual la fortalecerá. Lo que he descubierto es que cuanto antes comienza una pareja a tener relaciones sexuales, menos habla del asunto, y el resultado es que con el paso del tiempo los dos terminan más insatisfechos.

Espero que tomes la mejor decisión.

Antes de la primera noche

Para ella

Mujeres, necesitarán un examen médico completo al menos tres meses antes de la boda. Lo que estoy a punto de decir tal vez les resulte duro a algunas de ustedes, pero quiero darte una tarea. Mientras estés en la entrevista con el médico, menciónale la luna de miel y pídele que te examine de forma específica los genitales. Si eres virgen, tu médico deberá tener en cuenta tu himen y tal vez tus músculos vaginales. Si cualquiera de ellos puede producirte dolor durante la relación sexual, tu médico te puede aconsejar algunos ejercicios preparatorios que te ayuden a preparar tu cuerpo. Hoy en día, hasta existen dilatadores graduales de la vagina que puedes usar tú misma para estirarla con suavidad antes de la noche de bodas.

Sé que esto puede sonar vergonzoso, pero créeme, es mucho mejor pasar por esta situación vergonzosa con tu médico que desilusionarte a ti misma y desilusionar a tu esposo en la luna de miel porque la relación sexual no significa otra cosa para ti que no sea dolor. Con los avances médicos de hoy, no existe razón para no prepararse para la actividad sexual. El pene erecto de tu esposo tendrá de cuatro a cinco centímetros de circunferencia. Eso es mucho más que la circunferencia de un tampón, y si no preparas tu vagina para esta actividad, sentirás más molestia que placer.

Una joven me confesó que, por no haber hecho nada para prepararse para la noche de bodas, la primera vez le resultó bastante dolorosa. Cuando su esposo la miró y se dio cuenta de que estaba haciendo una mueca, le preguntó: «¿Qué sucede?» Ella respondió: «Quítamelo de adentro cuanto antes».

No deseas esto para tu primera experiencia, ¿no es cierto?

Piénsalo de esta manera: Nunca has pensado en participar de un maratón sin entrenar con antelación, ¿no es así? Nunca esperarías montar una bicicleta y recorrer sesenta kilómetros si nunca antes te subiste a una bicicleta; en cambio, trabajas los músculos de las piernas y la resistencia hasta que te sientes segura de que podrás pedalear durante ciento sesenta kilómetros.

Si eres virgen, o si has estado sexualmente inactiva durante un largo período, tus músculos vaginales van a recibir una sesión de ejercicios muy importante en el futuro cercano. Necesitas prepararlos.

Además de preparar tu cuerpo, querrás juntar algunos artículos. Es probable que no tenga necesidad de decirte que a los hombres les encanta la lencería. Consiente a tu esposo. Si el presupuesto te lo permite, elige varios conjuntos con los que puedas sorprenderlo a lo largo de la luna de miel.

En segundo lugar, como tu cuerpo no está acostumbrado a la actividad sexual, o sin duda no a una actividad sexual tan prolongada y frecuente, planea llevar un lubricante vaginal. Tal vez no lo necesites, y no hay razón para sentir vergüenza si debes usarlo, pero si lo necesitas y no lo tienes, la penetración puede resultar dificultosa y dolorosa para ambos (aunque un poco de saliva siempre es útil). A tu esposo le puede resultar muy embarazoso comprar alguna jalea o vaselina líquida, por lo tanto, casi siempre le recomiendo a la esposa que lo haga con antelación. Por supuesto, si van a usar preservativos, no deben usar vaselina ni otra jalea a base de petróleo ya que rompe el látex.

También debes preparar tu mente y espíritu. Hasta cierto punto, el temor es comprensible y normal. No sabes cómo será la relación sexual y estás a punto de aprender algo que será muy diferente a todo lo que hayas conocido. Es muy probable que no llegues al orgasmo la primera vez, pero te sentirás cariñosa y cerca de tu esposo. Si pasas demasiado tiempo pensando en si harás esto o aquello, no lo harás bien.

Me gusta recomendarles a las parejas que lean Cantares. ¡Vaya si es erótico! A las parejas religiosas les puede hacer mucho bien ver cómo Dios no solo aprueba sino que celebra de forma activa la sexualidad matrimonial.

Solo relájate y recuerda que la relación sexual entre el esposo y la esposa es algo muy natural. Como pareja casada, no hay lugar para la culpa y con un esposo comprometido no hay razón para temer. Estás en un lugar seguro, realizando un acto maravilloso que lo diseñó un Creador muy habilidoso. El pene y la vagina están hechos a medida el uno para el otro.

Para tu esposo será muy importante si le puedes decir: «Ah, eso estuvo bueno. Me gusta». Si tienes algún impulso o deseas más de algo, díselo. Por el contrario, si ha sido demasiado brusco, dile con amabilidad: «Más suave, con más dulzura». Debes darte cuenta de que tienes a un toro entre las manos y que tú eres como porcelana fina; es probable que le lleve algún tiempo aprender a moverse.

No te sorprendas ni te enojes si tu esposo llega con demasiada rapidez al clímax. Es normal para un hombre virgen o que no tiene experiencia sexual (y hasta para uno que no ha tenido relaciones sexuales durante mucho tiempo). Con el tiempo, tu esposo aprenderá a controlarse hasta que tú hayas quedado satisfecha, pero como todas las cosas, el control de la eyaculación es una habilidad que debe aprenderse. Sé considerada; si lo haces sentir tenso al respecto, lo único que conseguirás es que se empeore en el futuro.

Si lees la sección dedicada a los hombres, verás que los insto a que, sobre todo en la primera noche, vayan despacio, sean pacientes y se concentren en ser tiernos y amables. Quiero darte el consejo opuesto. El mejor regalo que le puedes dar a tu esposo es una compañera entusiasta en el aspecto sexual. Deja de lado esas inhibiciones. Haz el mejor esfuerzo para aceptar tu cuerpo y entrégaselo sin reservas a tu esposo. Por sobre todas las cosas, disfruta del momento y asegúrate de que tu flamante esposo vea y escuche tu disfrute. Ayúdalo a que te satisfaga.

Para él

Antes que todo, si pasaste por alto la sección «Para ella», por favor, vuelve atrás y léela. Hay muchas cosas allí que te ayudarán a ser más sensible y comprensivo en tu noche de bodas y a lo largo de la luna de miel. Debes saber que la mayoría de las mujeres que no tienen experiencia sexual tendrán alguna clase de dolor cuando comiencen a tener relaciones sexuales. Tu cuerpo no funciona de esa manera, pero dicho de manera directa, a tu cuerpo no le insertan algo repetidas veces. Durante la luna de miel necesitas toda la sensibilidad del mundo; dale un descanso a tu esposa en este sentido al ir poco a poco y ser un amante sensible. Es probable que al segundo día esté muy dolorida por la repetición. No te ofendas; sin duda desea de verdad hacer el amor, pero también es posible que sienta mucho dolor. No es su culpa.

Así que aquí tenemos algo que le puede servir de ayuda al hombre. Aunque no creo que un hombre necesite ninguna experiencia previa con las relaciones sexuales antes del matrimonio, lo que sí le ayudará en el lecho matrimonial es aprender a controlar la eyaculación antes de la luna de miel. Como pienso que la relación sexual prematrimonial no es saludable y es inmoral, la única manera que tiene un hombre para aprender a controlar la eyaculación es a través de la estimulación propia. Así como la mujer prepara su vagina para recibirte en la noche de bodas, tú puedes preparar tu cuerpo para que dure más y así puedes satisfacerla.

Más adelante en este libro hablamos acerca de la eyaculación precoz. Sigue los ejercicios que se mencionan allí un mes o dos antes de la boda. Mantén tus pensamientos puros; debes verlos más como ejercicios físicos, como flexiones de brazos, que como cualquier otra cosa. Es de suma importancia que aprendas cómo reacciona tu cuerpo y cómo evitar el «punto sin retorno». Si puedes familiarizarte con esa sensación, estarás en condiciones de replegarte y aprenderás a controlar la eyaculación.

También puedes considerar la posibilidad de la estimulación propia la mañana o la noche antes de la boda. Una vez más, sé que algunas personas no estarán de acuerdo conmigo en este punto, pero fisiológicamente, si un hombre no ha eyaculado durante mucho tiempo, le resultará difícil no eyacular casi de inmediato al recibir estímulo, en especial si se trata de su primera experiencia sexual. Suponiendo que desees que la primera relación sexual con tu esposa sea memorable *de un modo positivo*, la capacidad para controlarse es un regalo bien recibido.

No olvides comenzar a fortalecer tus músculos pubococcígeos (llamados músculos PC en forma abreviada). Utiliza los ejercicios que se mencionan en otra parte de este libro (en el capítulo 6), ya que te ayudarán en el control de la eyaculación.

Si decides utilizar un preservativo (los lubricados serían los mejores) como forma de control de la natalidad, tal vez quieras practicar cómo ponerte uno antes de que llegue la noche de bodas. Tu esposa, si es virgen, no tendrá ninguna práctica con esto, y tampoco tendrá forma de practicar. Por lo tanto, para la primera noche en particular, es tu obligación saber qué hacer. Y como algunas mujeres quizá prefieran que haya poca luz o que la luz esté apagada en el primer encuentro, estarás en condiciones de ahorrarle a tu esposa la vergüenza de tener que encender la luz mientras tratas de imaginarte cómo se pone esa cosa.

Espero que captes la motivación que se encuentra detrás de estas instrucciones: Debes concentrarte en hacer que la primera noche sea la experiencia más amorosa y comprensiva que tu flamante esposa conociera jamás. Tienes la capacidad de asustarla y disgustarla o de amarla y satisfacerla con ternura. Esta es la única oportunidad que tienes de crear una primera impresión sexual positiva. Sé la clase de amante que pone en primer lugar a su esposa, que piensa en ella y que se anticipa a sus necesidades.

Esto quiere decir que debes poner las necesidades emocionales de tu esposa por encima de tus propias necesidades físicas. Aquí tienes algunos consejos prácticos: No te sorprendas, en realidad, espera que sea así, si tu esposa desea hablar sobre la boda y revivir toda la experiencia antes de que muestre el más ligero interés en desnudarse en la noche de bodas. Las jóvenes sueñan con su boda; tu esposa querrá deleitarse en ella, hablar sobre esto y procesar la experiencia compartiéndola contigo.

Es probable que tú te estés preguntando cómo se verá *dentro* de esa ropa que deseas quitar, pero ella se está preguntando qué pensaste cuando la niña que arrojaba pétalos y llevaba los anillos se golpeó contra ustedes. Y, ¿no fue gracioso lo que dijo el tío Alberto durante el brindis? Ah, ¿y viste la expresión en el rostro de Elaine cuando vio lo grande que era nuestra torta?

Esto forma parte de la relación sexual, hombres. Recuerden, la relación sexual *ASAP* no es «cuanto antes mejor», sino «cuanto más lento, mejor». Muestra interés emocional en tu esposa. Controla tus apetitos el tiempo suficiente como para involucrarte emocionalmente con ella. Esto forma, desde todo punto de vista, parte del juego sexual. Tómalo como tal.

Es probable que tu esposa necesite y desee diez veces más cantidad de juego previo que lo que tú necesitas, en especial durante la primera noche. Una buena idea es llevar algún aceite para masajes que ayude a este propósito. Es relajante y es una manera divertida de descubrir el cuerpo de tu flamante esposa. Los toques, el calor y la cercanía física comenzarán a hacerla entrar en calor, en tanto que tú disfrutas de la vista que tienes delante (has esperado para esto; ¡disfrútalo!). Aun así, considera con cuidado el tipo de loción que uses; las membranas de una mujer son muy sensibles, así que ten especial cuidado en la zona alrededor de los genitales. Lo último que quieres hacer es provocarle picazón o ardor en los genitales justo cuando planeas hacerle una visita.

Si no has tenido intimidad con tu amante, con solo mirarle los pechos o el trasero desnudo puede ser suficiente para que te excites de inmediato. El solo hecho de subirte sobre su espalda desnuda y sentir sus nalgas debajo de tus genitales mientras comienzas el masaje puede hacer que algunos amantes inexpertos lleguen al clímax, por lo tanto, tómate tu tiempo, ten cuidado, y trata de mantenerte concentrado en ella. La buena noticia es que si eres joven y tienes un «accidente» al comienzo, es probable que puedas tener otra erección sin que pase mucho tiempo, así que no te preocupes demasiado. Toma una toalla, limpia y sigue proporcionándole placer a tu esposa. ¡El señor Feliz te dirá cuándo sonríe de nuevo!

Para los dos

Hablando desde el punto de vista sexual, hay pocas maneras *peores* de comenzar un matrimonio que con una boda. No me entiendas mal, necesitas casarte. Sin embargo, muchas veces el acto de casarse es tan agotador que la pareja llega tambaleante a la suite nupcial la noche de bodas, bien pasada la medianoche y les quedan solo seis horas antes de tener que levantarse para tomar el vuelo que sale por la mañana.

No se hagan este daño. Planeen la boda para ustedes. La tía Ana y el tío Alberto tratarán de presionarlos para que elijan un día y una hora que les resulte conveniente a ellos, pero ustedes deben pensar en ustedes mismos.

Escojan una hora lo bastante temprano para la boda de modo que no tengan que estar hasta la medianoche (a menos que los dos sean lechuzas nocturnas y en realidad esto no les importe). Traten de dormir lo más que puedan la noche anterior a la boda. Planeen el día de tal manera que no sea agotador, que no estén hambrientos e irritables por correr de un lado al otro.

Sé que es difícil comer el día de la boda, pero por favor, traten de tomar un desayuno saludable y un almuerzo abundante. Los recién casados por lo general cometen el error de no cenar nada, a no ser por algún pedazo de torta que les obligan a comer a instancias de algún fotógrafo impaciente.

Los dos habrán pensado mucho y durante largo tiempo en esta primera vez. En realidad, es justo decir que pasarán más tiempo pensando en cómo será la relación sexual en la noche de bodas que lo que pensarán en cualquier otra experiencia sexual en sus vidas. Eso es del todo normal; pero recuerden, ahora son una pareja. Deben pensar en «nosotros», no en «yo».

Esto quiere decir que el que se canse con mayor facilidad o el que sea más conservador es el que debe establecer la agenda sexual. La primera noche en especial, debería ser una noche que los dos aprecien y disfruten. No es momento para exigir el cumplimiento de interminables fantasías adolescentes. Tienen toda la vida por delante, por lo tanto, valoren este momento. Sazónenlo con ternura, aceptación, elogios, paciencia y amabilidad.

Muchos consejeros (y yo soy uno de ellos) recomiendan que las parejas de recién casados se den un baño juntos la primera noche. Si permites que tu esposa entre primero al agua, se sentirá cubierta, aunque esté desnuda. El agua tibia aliviará las tensiones y aflojará esos músculos doloridos por estar parada todo el día con unos zapatos que son demasiado apretados. Una vela encendida proporcionará un ambiente maravilloso, y no hay nada como un cuerpo limpio para despertar después tu interés sexual.

Por último, llegará el momento en que los dos estén en la habitación del hotel, despiertos, excitados y listos para consumar completamente su matrimonio. Es lamentable, pero aquí es donde terminan muchos libros y dejan a las parejas sin la información que más desean. Lo que estoy a punto de contar es directo y específico; por supuesto, no tienes que seguirlo al pie de la letra, pero para quienes quieran esas instrucciones claras, aquí vamos:

Después de un prolongado período de juego amoroso, la esposa debe invitar a su esposo a penetrar la vagina cuando se sienta lista. El joven esposo no tendrá la experiencia suficiente como para saber cuándo sucede esto, por lo tanto, debe esperar a que la esposa le dé la entrada. Además, decirle a un hombre: «Estoy lista, por favor penétrame ahora», es casi lo más maravilloso y erótico que pueda escuchar. (Con el tiempo, puedes descubrir algunas maneras aun más creativas para expresar lo mismo).

A pesar de que el pene y la vagina están hechos a la medida, hacer que se conecten no siempre es tan sencillo como suena, al menos, no la primera vez. Con suavidad toma el pene de tu esposo y guíalo hasta la entrada de tu cuerpo. Luego descansen un momento, los dos necesitarán un breve receso. La esposa necesita permitir que sus músculos se acostumbren a tener al pene dentro de la vagina, y el hombre puede usar un respiro para evitar la eyaculación inmediata. Simplemente disfruten del hecho de que, a partir de este momento, el matrimonio ha quedado consumado por completo. Bésense con suavidad, y cuando les parezca que los dos están listos, comiencen a moverse poco a poco.

Hombres, deben ser suaves en extremo aquí. «Penétrame» no quiere decir que deban alcanzar una velocidad de unos ciento veinte kilómetros por hora, realizando una carrera para alcanzar en forma exclusiva el éxtasis sexual. Están conduciendo en un callejón sin salida; deben tomarse su tiempo, tener cuidado y conducir con lentitud. La primera inserción se logra mejor en etapas: solo la punta del pene al principio; luego, si se siente bien, la esposa puede hacer una señal para que el esposo poco a poco lo empuje más adentro.

Hombres, no empujen hasta el final hasta que no los inviten a hacerlo. Es probable que tu esposa sienta un poco de distensión o, incluso, de dolor. Síguela. Si es virgen, es probable que el himen se deba romper. Para algunas mujeres, esto no será traumático en absoluto; una puntada de dolor que se va tan pronto como vino. Unas pocas mujeres pueden experimentar mucho dolor y hasta sangrado, al punto tal que deberán detenerse allí. Prepárate mentalmente para esta posibilidad.

Además, no te sorprendas si los dos no parecen «encajar» de inmediato. Se necesita práctica para encontrar el ángulo adecuado. Dedíquense a jugar y a divertirse con cualquier desacierto. A través de la prueba y el error, encontrarán el mejor ángulo.

Si parece que el pene no encaja, puede ser que los músculos vaginales de la mujer no se hayan estirado lo suficiente. Además, es posible que su ansiedad contraiga de forma inconsciente los músculos. Intenta relajarte. Disfruta de este momento, lo has esperado.

Una vez que el esposo está adentro, debería seguir observando a su esposa antes de hacer el siguiente movimiento. Tal vez quiera quedarse allí acostada y acostumbrarse a la sensación de tener el pene dentro. El esposo no debería convertirse de inmediato en un carnero que comience a dar de topetazos; permite que tu esposa te dirija.

No esperes que tu esposa llegue al clímax sencillamente gracias a tu frotación. A menos que frotes de tal manera que el clítoris reciba estimulación directa, no es probable que tu esposa llegue al orgasmo. Utiliza la mano para acariciar con suavidad el clítoris o, cuando hayas eyaculado y te hayas retirado, continúa estimulando a tu esposa hasta que llegue al clímax o hasta que dé señales de que lo ha alcanzado. Muchas esposas, en realidad la mayoría, no llegan al clímax la primera vez que tienen relaciones sexuales. Es probable que les lleve algún tiempo aprender a cómo ayudar que la esposa alcance el orgasmo. Esto no es un «fracaso» a menos que lo llames así. El objetivo de ustedes es disfrutar del cuerpo del otro. Algunas parejas, ni siquiera intentan el coito en la primera noche, así que no permitas que las expectativas irreales los priven del gozo de esta primera vez tan especial.

Grandes expectativas

Muchas parejas, después de la luna de miel, confiesan que de alguna manera la relación sexual fue un poco decepcionante para ellos. Les habían dicho lo grandioso que se suponía que fuera la relación sexual y, a pesar de que la disfrutaron, no les pareció un viaje de ida y vuelta a la luna.

Debo decir dos cosas al respecto. En primer lugar, lo mejorarán cada vez más, y en segundo lugar, tienes razón al decir que nuestra sociedad ha presentado un sexo rimbombante de muchas maneras. Llegará el día en que a la hora de elegir entre el lomo de cerdo y la relación sexual, casi todos los hombres en una ocasión o dos considerarán de verdad el lomo de cerdo.

En algunos sentidos, es probable que sean unos amantes malísimos, pero aprenderán como locos, ¿y puedes pensar en otra manera mejor de entrenamiento? La relación sexual es una experiencia maravillosa y emocionante, pero es solo parte de tu nueva relación. Es una parte importante, sí, pero solo una parte.

~ Nota ~

* **Nota de la traductora:** *ASAP* es una sigla de uso muy común entre los angloparlantes, incluso en el lenguaje oral. Responde a la frase *As Soon As Possible* [Cuanto antes, mejor]. El autor juega con el uso de la misma dándole el giro *As Slow As Possible* [Cuanto más lento, mejor]. Se dejó la sigla en inglés a fin de agilizar su lectura debido a la presencia de vocales, pero debe tenerse en cuenta este doble uso que le da el autor.

5

Una conexión muy especial:

Las posiciones sexuales

Tengo un matrimonio de amigos que sin duda están del lado de los pesos completos. Con todo, si piensas que la gente pesada ha renunciado a la relación sexual, no has conocido a mis amigos.

Es más, una noche decidieron volverse un poco aventureros e intentar algunas de estas «nuevas» posiciones sexuales. No se ofrecieron a decirme cuál fue la posición y yo no pregunté, pero debe haber sido un poco complicada porque cuando estaban en la mitad del acto, los dos terminaron cayéndose de la cama.

Ahora bien, imagínate que eres un adolescente que lee en silencio un libro o habla por teléfono cuando, de repente, a las once de la noche escuchas que unos doscientos kilos retumban y hacen estruendo en la casa. Irías a ver qué sucede, ¿no es cierto?

Es lamentable, pero esta resultó ser la única ocasión en que mis amigos se olvidaron de cerrar con llave la puerta de su dormitorio. Los adolescentes, alarmados, irrumpieron en la habitación y allí estaban mamá y papá en toda la gloria, como cuando llegaron al mundo, tratando mansamente de desenredarse mientras escondían de la vista pública las partes más sensibles de sus cuerpos.

Con la precaución de cerrar primero la puerta con llave, pienso que es una buena idea que las parejas que han estado casadas durante el tiempo suficiente como para tener hijos adolescentes sigan haciendo experimentos de vez en cuando; pero a la vez me preocupa que nuestra cultura trate de sustituir la intimidad con la técnica. En busca de la próxima experiencia sexual grandiosa, algunas personas parecen perder el rumbo para inventar alguna postura ridícula de los cuerpos o algún nuevo método que les produzca un nuevo placer, cuando lo que en realidad necesitan es trabajar en su relación.

La gente ha tenido relaciones sexuales durante varios miles de años, así que cualquier posición que encuentres no será nueva. Quizá lo sea para ti, pero te garantizo que ya la probó otra persona.

Lo cierto es que la mayoría de nosotros nos limitamos a unas pocas posiciones básicas. Así como la mayoría de los lanzadores de las Ligas Mayores tienen una manera favorita de lanzar la pelota, o tal vez dos o tres que redondeen su repertorio, así la mayoría de las parejas se habitúan a una cómoda rutina. En parte se debe a que descubrimos lo que nos da mejor resultado, teniendo en cuenta la forma de nuestros cuerpos y las preferencias personales. Otro aspecto es que algunas veces un cónyuge puede requerir algo del otro que este no consideraría ni en un millón de años. «¿Quieres que ponga *eso dónde*? ¡Ni lo sueñes, amigo!»

A decir verdad, mientras escribía este libro, le mencioné a mi esposa una de las posiciones que leerás. Sande se encontraba leyendo un libro, con un par de esos lentes bifocales para abuelas, y sencillamente levantó la mirada, enarcó las cejas y me miró como diciendo: *Ni se te ocurra*.

Recuérdalo siempre. La mejor posición no sustituye una relación saludable. A lo largo de todo este libro, voy a volver una y otra vez a esta misma verdad: La relación sexual tiene que ver con la calidad de toda tu vida amorosa, no con la complicada postura de los cuerpos.

EL HOMBRE ARRIBA

Esta es la clásica posición «misionera». La mujer se encuentra boca arriba y el hombre se acuesta sobre ella. Menciono esta posición en primer lugar porque en la mayoría de los matrimonios esta es la que se adopta la mayor parte del tiempo. Es comprensible: el esposo y la esposa están cara a cara, el esposo tiene la libertad de entrar y salir a voluntad, y la posición no requiere la flexibilidad de un gimnasta. Según el peso del hombre, deberá tener la sensibilidad de usar los hombros para no dejar caer el peso de su cuerpo sobre el de su esposa, pero salvo por esto, es una muy buena posición para hacer el amor.

Es lamentable, pero aunque esta posición ofrece el maravilloso beneficio del contacto cara a cara, no proporciona la mejor estimulación para la mujer porque no llega a involucrar al clítoris, a menos que se hagan algunos ajustes. Sin embargo, mucho de los ajustes requieren que la esposa sea bastante flexible.

Intenta poner una o dos almohadas debajo de la parte de abajo de la espalda de tu esposa. El objetivo es elevarle la pelvis para que entre en contacto con el cuerpo del esposo cuando la penetra. Otra manera de hacerlo (aunque esta es la que requiere cierto grado de flexibilidad) es hacer que la mujer ponga los pies sobre los hombros del esposo o bien envuelva las piernas alrededor del cuello. Como todos los cuerpos son diferentes, tendrás que hacer ajustes menores hasta que encuentres el punto exacto, pero cuando lo encuentres, créeme, tu esposa se dará cuenta y no querrá que te detengas.

El hombre también puede ayudar. En lugar de ver esta posición como una cuestión de «entrada y salida», debería considerarla un «rock and roll». Si la mujer eleva la pelvis mientras el hombre realiza un trazo hacia abajo, creando así el efecto de mecerse, el clítoris puede recibir mucha estimulación.

Si puedes lograr que esta posición te dé resultado, es un buen camino de «manos libres» hacia el orgasmo de la esposa.

Variaciones:

1. La mujer puede levantar las rodillas, lo cual permite una penetración más profunda.
2. La esposa puede poner las piernas alrededor de los hombros del esposo.
3. La esposa puede envolver las piernas alrededor del torso del esposo para traerlo más cerca de sí.
4. El esposo también puede experimentar con la ubicación de las piernas para buscar una sensación diferente. Algunas veces, puede poner una pierna afuera de la pierna de su esposa, con la otra adentro; o poner las dos piernas afuera de las de su esposa. Cada variación crea una sensación diferente, así que puedes sentirte en libertad para experimentar.
5. En lugar de que el hombre se acueste sobre su esposa, se puede arrodillar entre sus piernas mientras ella está acostada y le envuelve las piernas con los muslos. El esposo mantiene la espalda erguida (de manera que su cuerpo quede perpendicular al de ella), y puede tratar de encontrar el ángulo adecuado para estimular el clítoris de la esposa.
6. Mientras el esposo está arriba, la mujer puede asir los huesos de la cadera de él (o las nalgas, si prefieres), y mecerlas de un lado al otro. En general, al hombre le gusta que la mujer tome la iniciativa de obtener lo que desea, y la sensación de que lo introduzcan más profundamente es un corolario muy agradable. En el caso de la mujer, con suavidad tomas control de la velocidad, la dirección, el tiempo y la profundidad de sus penetraciones. ¡Los dos ganan con este movimiento!

LA MUJER ARRIBA

Esta me encanta, como creo que les sucede a la mayoría de los hombres. Lo lindo de tener a la esposa arriba, por lo menos para el hombre, es que obtiene una vista maravillosa. Y como los ojos son una parte tan importante para él al hacer el amor, esta es la coronación. Lo agradable para la mujer es que puede controlar muchas cosas desde arriba. Determina la velocidad y el ángulo de los movimientos de penetración y también la profundidad. Esta posición también la anima a ser más agresiva. Como la esposa está «a la vista», esta posición requiere que la mujer tenga confianza en sí misma y no esté acomplejada con su cuerpo, de lo contrario se sentirá en exhibición. Sin embargo, para las esposas que disfrutan de esta posición, quizá sea un verdadero regalo para el esposo ya que su vista recibe estimulación. La otra ventaja es que las dos manos del hombre están libres por completo y esto proporciona muchas opciones placenteras. Si tiene problemas en la espalda o le duelen las rodillas (como les sucede a muchos hombres), esta puede ser la manera más fácil y cómoda de hacer el amor para él.

Otro beneficio de esta posición es que supone que la esposa toma parte con entusiasmo y esto a los hombres les gusta más que cualquier otra cosa. Una esposa que disfruta de la relación sexual y que participa de forma evidente de ella es una de las experiencias más emocionantes que un esposo pueda tener.

Para que el clítoris entre más en acción en esta posición, piensa en los ángulos. La esposa puede inclinarse hacia atrás (usando, tal vez, las rodillas de su esposo como apoyo, si él las levanta), o inclinarse hacia delante. Si pruebas estos ángulos, al final encontrarás el lugar exacto en el que la esposa dice: «Ah, sí...» y entonces estás en camino.

En esta posición, no solo las manos del hombre están libres sino también las de la mujer. En particular, si se inclina hacia atrás, puede poner una mano detrás de sí y acariciar con suavidad los testículos o el perineo (esa extensión de piel tan sensible que se encuentra entre los testículos y el ano del hombre) de su esposo.

Variaciones:

1. La mujer puede darse vuelta y quedar mirando los pies del esposo. Esposas, créanme, a algunos hombres les gustará mucho esta vista, aunque les parezca que quedan demasiado expuestas.
2. La esposa se puede recostar hacia delante en lugar de estar sentada; esto proporciona muchos de los beneficios de esta posición sin hacerle parecer que está «en exhibición».
3. El esposo puede levantar las rodillas para proporcionarle a su mujer algo sobre lo cual recostarse.
4. Si la esposa está tendida boca abajo, puede utilizar las pantorrillas o los pies de su esposo como puntos sobre los cuales hacer «palanca» en su frotación hacia delante.

LADO A LADO

Luego de treinta y cinco años de matrimonio y de hacer el amor de manera activa, pienso que sé de qué estoy hablando cuando digo que el acto más íntimo y erótico entre un esposo y una esposa es besarse. Dos amantes pueden participar de este acto tan sensual durante largo tiempo. Por cierto, conozco a una joven pareja que, antes de casarse, pasaron *siete horas* besándose sin prisa arriba de un bote un sábado por la tarde. Nunca llegaron a las caricias íntimas ni a nada más profundo, sencillamente disfrutaron de una maravillosa jornada de besos.

La mayoría de las parejas casadas nunca experimentarán algo así porque luego de uno o dos *minutos* de besarse, papi está demasiado ansioso por insertar la lengüeta A en la ranura B. La posición lado a lado puede llevar a los amantes casados de vuelta a esta maravillosa construcción de intimidad física porque no hay nada más hermoso que un beso dulce y apasionado.

Por supuesto, hay dos maneras de estar lado a lado. La que anima a los besos es aquella en la que los dos se encuentran cara a cara. La otra posición es en la que el esposo penetra a la mujer por atrás. A esta se la llama por lo general «la cuchara».

La cuchara suele ofrecer la forma más suave para el coito, y con frecuencia se prescribe durante el embarazo, alguna enfermedad o sencillamente cuando hay excesivo cansancio. Sin embargo, no es la mejor posición para los hombres cuyo largo del pene es un problema.

Variaciones:

1. Si el esposo levanta la pierna de arriba y flexiona la rodilla, la esposa puede envolver su pierna superior sobre el cuerpo del esposo a la par que inserta la pierna inferior entre las dos piernas del esposo. Esto coloca al pene justo donde debe estar con relación a la vagina.
2. La variación «tijera» no es propiamente la de lado a lado, pero está cerca. El esposo se acuesta sobre su costado en tanto que la esposa yace de espalda. Ella levanta la pierna más cerca de su esposo en el aire y el esposo coloca la pierna de arriba entre las piernas de su esposa. Su pierna de abajo se encuentra debajo del trasero de ella. En tanto que esta no es la mejor posición para una frotación activa, le permite al esposo usar la mano para estimular el clítoris, o usar su pene para frotarlo contra el clítoris. También puede deslizar el pene dentro de la vagina. Esta puede ser una variación muy placentera durante un embarazo, cuando el vientre de la mujer está agrandado y sobresale.

SENTADOS

Me gusta cualquier posición, pero hay algo agradable en que una mujer se siente sobre el varón: en una silla, en la cama, en un escritorio, o en algún escondite solitario sobre una roca al aire libre.

Esta posición es, por lo general, una «de paso» y no la final. Es decir, una pareja puede comenzar a hacer el amor en esta posición y luego cambiar a otra que permita una frotación más vigorosa antes de que cada cónyuge llegue al clímax.

Una de las cosas agradables de esta posición es que puedes usarla para juguetear un poco más. Por ejemplo, el esposo puede usar solo la punta del pene para masajear el clítoris de la esposa, o ella puede, en son de broma, tomar en su mano el pene del esposo y ponerlo apenas dentro de su vagina para luego sacarlo y volver a hacerlo penetrar.

Otra cosa maravillosa de hacer el amor de esta manera es que ambos cónyuges tienen completo acceso al otro y los dos tienen los brazos libres. Como están el uno frente al otro, es una posición muy íntima en el aspecto emocional. Los dos tienen las manos libres para acariciarse el rostro, para frotarse el cuello e incluso para proporcionarle al otro un masaje suave en la espalda.

Esto nos puede llevar de nuevo a la importancia de besarse; si están sentados el uno frente al otro, se encuentran en la posición perfecta para toda clase de juegos placenteros.

Como esta tiende a ser una forma más lenta de expresión sexual, es probable que no sea la adecuada para esas noches en que los dos simplemente quieren «hacerlo». Es mejor para las noches en que uno desea entrar en calor poco a poco y tomarse su tiempo.

Variaciones:

1. En vez de que la esposa se siente sobre el esposo, los dos pueden sentarse frente a frente con almohadas firmes detrás de ellos. Inclinados hacia atrás (más o menos como lo harían si estuvieran en el borde de una piscina) sigan moviéndose el uno hacia el otro hasta que los genitales se conecten. No lo

hagas más complicado de lo que es; solo deja que tus piernas vayan hacia donde estén más cómodas.

2. La esposa puede sentarse sobre el esposo dándole la espalda. Así, puede determinar la velocidad y la profundidad de la frotación.
3. Esta es una buena posición para adoptar cuando están «fuera de su casa». Como hacer el amor al aire libre puede traer ciertos problemas logísticos (insectos, piedrecitas y palitos que se te pegan en las espaldas), la posición sentados permite que el esposo sea el más afectado por estas incomodidades en tanto que la esposa consigue un agradable y suave asiento. También te permite hacer el amor con solo bajarte los pantalones en lugar de quitártelos por completo (pero es de esperar que encuentren un lugar en el que no haya posibilidades de que los descubran).

EL HOMBRE ARRODILLADO DETRÁS DE LA MUJER

De esta se habla mucho en el consultorio de consejería, por la siguiente razón: Es una posición que a la mayoría de los hombres les gustaría probar, pero al mismo tiempo, algunas veces hace que la mujer se sienta un poco incómoda. Desde el punto de vista de un sicólogo, a los hombres les gusta tanto porque hay algo en la psiquis de un hombre que hace que le resulte muy erótico penetrar a la mujer desde atrás. Es probable que sea uno de los impulsos más animales que tengan los hombres de tanto en tanto, y seamos sinceros: algunas veces, existe un impulso «animal» detrás de la relación sexual.

Hombres, el porqué algunas mujeres se sienten incómodas con esta posición es que pueden temer que pierdas el deseo al mirarles directamente el trasero; a ti te puede encantar esta visión, pero es posible que a tu esposa le cueste bastante creerlo. A las mujeres tampoco las entusiasma mucho esta posición porque no pueden verte en absoluto. Tú tienes una vista completa y sin inhibiciones (y la sensualidad de la espalda de una mujer capta muy poco la atención en nuestra cultura tan obsesionada con los pechos), pero tu esposa mira la pared del dormitorio. Como la relación sexual es una experiencia tan emotiva para ella, esta puede ser, de todas las posiciones, la menos satisfactoria desde el punto de vista emocional.

Ahora que se comprenden un poquito mejor, tal vez puedan utilizar esta posición cuando una «rápida» está a la orden, o cuando la esposa desea darle a su esposo un trato especial. Hay veces en que un tipo se despierta más caliente que un volcán, pero la pareja debe levantarse en diez o quince minutos. Una esposa amorosa puede decir:

—Cariño, no tengo tiempo para una sesión larga de relación sexual, aunque me encantaría, pero te diré algo. Tienes diez minutos; elige la posición.

—Me veo como un parador corto.

—¡No hablo de esa clase de posición, tontito!

—Pero tengo un brazo derecho fuerte...

—Sí claro, muy bien, veamos qué otra cosa puedes usar...

En esta ocasión, la esposa puede estar dispuesta a acomodarse para una posición que en otro momento no escogería porque, seamos realistas, accede a la relación sexual para complacer a su esposo más que por cualquier otra cosa. Si alguna esposa se sorprende ante la idea de que una mujer haga esto por su esposo, espero que comience a ver cuánto puede amar a su hombre al enviarlo a trabajar con esta necesidad satisfecha en lugar de dejarlo salir de la casa tratando de mantener sus pensamientos lujuriosos a raya. Puedes rechazar a tu esposo y olvidarte de la relación sexual por diez horas, pero recuerda lo siguiente: Tu esposo rechazado no se olvidará solo porque tú lo hagas.

EL ARTE DE HACER EL AMOR

Algunos libros siguen adelante con otras posiciones salvajes y exóticas, pero me parece que no hay demasiadas esposas que tengan el tamaño o la flexibilidad de Olga Korbut ni de Mary Lou Retton. Las posiciones que hemos mencionado pueden aplicarse en más de noventa por ciento de las parejas que hacen el amor. Si te parece que has inventado alguna otra, siéntete en libertad de enviarme la descripción y voy a correr a buscar a mi esposa (pero que quede entre nosotros: ¡no creo que me haga caso!).

Cuando hablas de posiciones, hablas acerca de ciencia: la alineación de esta parte del cuerpo con aquella otra, y para ser sincero, prefiero pensar en la relación sexual como un arte. No es la posición en sí, sino lo que haces con ella lo que trae como resultado una relación sexual satisfactoria.

Para elevar un poco la temperatura, para jugar y divertirse, trata de usar las partes de tu cuerpo de manera creativa mientras te encuentras en una de las posiciones. Por ejemplo, usa un dedo del pie en lugar de la mano o coloca la lengua en alguna otra parte que no sea la boca de tu cónyuge. Puedes imaginar lo rápido que se pueden mover las cosas a partir de allí.

Utiliza las posiciones para crear el clima o para satisfacer un deseo en particular. Por ejemplo, si alguno de los dos está cansado o no se siente bien, esa persona tiene que estar abajo para permitir que el que se encuentra arriba haga la mayor parte de la tarea. Es lo más justo.

Si la esposa está preocupada por el generoso tamaño del esposo, o si de tanto en tanto la lastima la circunferencia del pene, la mejor posición para ella será, por lo general, estar arriba, ya que allí puede controlar la profundidad y la velocidad de la penetración. (En tales circunstancias, también pueden probar con la «cuchara», razón por la cual muchas mujeres embarazadas la eligen cuando pierden movilidad y todavía desean complacer a su esposo). Es probable que para estas parejas la peor posición sea la del esposo penetrando desde atrás. Si papito se deja llevar por la emoción, es probable que ni se dé cuenta de que su esposa siente dolor. Si a tu enorme esposo le gusta esta posición en particular, debes ser sincera, expresarle tus preocupaciones y recordarle que sea suave.

Al crear el ambiente y el tono de su sesión amorosa, pronto aprenderán que ciertas posiciones tienden a acentuar ciertas emociones. Si deseas relajarte, prueba una posición en la cual todo concuerde: tu rostro con el de ella, tus manos con las de ella, tus piernas con las de ella. Tómenselo con calma y disfruten del poder de alinearse uno junto al otro.

Si te encuentras en ese estado animal en el cual lo único que deseas es «hacerlo», tener al esposo detrás puede ser emocionante. Si desean lograr algo en particular, prueben la posición sentados (¡o incluso parados!). Si la esposa se siente juguetona, tal vez disfrute trepando encima de su hombre y tomando el control.

Por sobre todas las cosas, tengan la libertad dentro de su dormitorio matrimonial de hacer lo que les plazca. Todo esto nos lleva de nuevo al comienzo cuando hablamos de que el hombre debe interpretar los «vientos» de su esposa. A la mayoría de los hombres no nos importa dónde, cuándo ni cómo quiera tener relaciones la esposa; si está dispuesta, ¡nosotros también! (Un hombre al que entrevisté me contó: «Para un hombre, ¡hasta una mala relación sexual es buena!»). Sin embargo, para muchas mujeres, todo el «aura» de la experiencia debe estar en armonía. Según cuál sea su estado de ánimo, una, dos o tres posiciones pueden ser desagradables; otras pueden ser absolutos callejones sin salida que ahogan todo el deseo de inmediato.

Recuerden también, esposas, que ser complacientes con respecto a cualquier posición en particular es solo una parte del arte de hacer el amor. Lo que haces en esa posición importará más que la posición en sí. Es probable que todas las veces tu esposo adopte la posición misionera si así aúllas, gimes y gritas, en lugar de buscar las posiciones más atléticas que se puedan imaginar si tú dices: «Apúrate y sácalo de una vez», o cosas peores como: «Bájame el camisón cuando hayas terminado».

Deseo animar a las esposas a que sean «animadoras» cuando hagan el amor. No hablo de alguna fantasía adolescente en la que de verdad te vistas como una animadora y traigas pompones a la cama (aunque, ahora que lo mencionas...). A lo que me refiero es a la manera en que animas a tu hombre durante el proceso de la relación sexual.

Lo que más le agrada a un hombre es que la mujer diga cosas o actúe de una manera que le muestre que participa de verdad en la acción: Que le clave las uñas en la espalda, que le pida más o que le diga algo así como: «Quiero que me penetres más profundamente», que le pase la lengua por la oreja o que jadee como un perrito; cualquier cosa que hagas para decirle a tu esposo que estás participando, ¡hazlo!

Si tu esposo sabe que te estás excitando, en la mayoría de los casos deseará ayudarte a que termines. Grábate esto: Será capaz de olvidarse de sí mismo para llevarte al orgasmo. Cavará un poco más profundo, reunirá las últimas reservas de fuerza. ¡Desea escuchar ese orgasmo corriendo por tu cuerpo!

6

El gran «O»

Muchas mujeres se sorprenden cuando les digo que un gran porcentaje de hombres sienten celos de sus orgasmos. Aunque al comienzo las mujeres tienen más dificultad que los hombres para alcanzar un orgasmo (en particular la primera vez), una vez que lo consiguen, desde la perspectiva de los muchachos, parece que el mundo explota.

Considera la famosa escena de la película *Cuando Harry encontró a Sally*, en la que Meg Ryan finge un orgasmo en una tienda de fiambres de Nueva York, para deleite de todos (en especial de la mujer que con candidez dice: «Tendré lo que ella tiene»). Si te encontrabas caminando en una habitación contigua y escuchabas lo que sucedía, ¡te hubieras sentido tentado a llamar a la policía!

No me entiendas mal: a los hombres nos encantan nuestros orgasmos. Esos pocos segundos intensos bien valen el esfuerzo que nos costó llegar hasta allí; pero cuando miramos a nuestras esposas, las vemos ascender poco a poco y luego parecen montar sobre una ola tras otra de placer. Más aun, cuando al fin llegan al orgasmo, ¡pueden seguir y seguir! La mayoría de nosotros, los hombres, al menos los que tenemos más de treinta años, quedamos listos y acabados durante al menos media hora (y hasta un día o dos). Sin embargo, las mujeres tienen la capacidad sicológica de ser como el conejo de *Energizer*: Siguen y siguen y siguen...

Desde el punto de vista fisiológico, lo único que limita el número potencial de orgasmos de una mujer en cualquier encuentro sexual es la mujer misma. A algunas les parece que con uno es suficiente. Otras se cansan y carecen de la resistencia para buscar algo tan intenso. Aun así, el cuerpo de una mujer puede seguir de una manera en la que el del hombre no puede.

Entre las mujeres, los orgasmos múltiples varían. Algunas parecen cabalgar sobre una ola de orgasmos en los que uno sigue al otro, en un fenómeno que, por lo general, se llama «orgasmos sexuales extendidos». Otras llegan al orgasmo y luego pasan por un período refractario o de descanso antes de sentirse listas para tener otro.

Las mujeres también tienen más control sobre sus orgasmos. En tanto que los hombres son capaces de controlar sus eyaculaciones antes de llegar a cierto punto, sicológicamente, llega el momento en que al fin cruza una línea luego de lo cual no puede controlar si el orgasmo va a tener lugar o no (es por eso que los hombres deben aprender lo que se siente *antes* de llegar a ese punto sin retorno). Una vez que los hombres alcanzan cierto punto, el orgasmo se produce sí o sí.

Las mujeres, por otra parte, pueden detenerse prácticamente en cualquier punto. Una mujer puede encontrarse cabalgando sobre las olas del éxtasis, segundos después de haber caído en el océano del orgasmo, pero entonces escuchan al bebé que llora o les parece que escuchan que el vecino está parado junto a la ventana y, de repente, está tan lejos del orgasmo como lo está Australia del Polo Norte. (Mi esposa Sande se adhiere personalmente a la regla del kilómetro. En su mente se encuentra lista para tener relaciones sexuales siempre y cuando no haya nadie a un kilómetro de distancia de la cama sobre la cual se va a mantener esa relación sexual).

Otra diferencia entre los orgasmos del hombre y la mujer se basa en la experiencia sexual previa. Supongamos que el esposo ha estado afuera durante dos semanas en un prolongado viaje de trabajo. El cuerpo de la mujer puede entrar en una especie de hibernación cuando no se encuentra sexualmente activa. Si ha pasado algún tiempo desde su última experiencia sexual, con frecuencia, necesitará más tiempo y no menos para entrar en calor.

Con el hombre, por otra parte, sucede todo lo contrario. Si no ha tenido relaciones sexuales durante dos semanas, es probable que se deje llevar por un gatillo, la célebre «trigésimo segunda maravilla». Su cuerpo se acelera a cientos de revoluciones por minuto *antes de que su esposa siquiera lo toque*. El solo *pensamiento* de regresar a casa podría ser suficiente para provocar una erección, en tanto que la esposa quizá necesite que la «despierten» y la traigan con un poco más de lentitud. Si el hombre no ha tenido un orgasmo en un largo período, le resultará más difícil mantener el control de la eyaculación. Es probable que no necesite ninguna clase de juego amoroso previo, mientras que su esposa, por otro lado, necesitará un largo juego previo.

Los conflictos potenciales son evidentes.

LLEGUEMOS ALLÍ

Es probable que yo tenga una visión parcial, ya que la mayoría de las personas que vienen a verme tienen problemas lo bastante serios como para pagarle a alguien para hablar sobre ellos. No obstante, con esta visión parcial, he descubierto que uno de los problemas sexuales más comunes en el matrimonio es la dificultad de las mujeres para alcanzar el orgasmo.

El caso más común es el que conversé con Jessica y David. Jessica confesó que, aun después de diez años de matrimonio, le resultaba difícil alcanzar el orgasmo. «He tenido algunos pequeños», dijo, «pero eso es todo».

Lo que intenté hacerle ver a esta pareja es la importancia que tiene un vigoroso orgasmo femenino para las dos partes. «Jessica», le dije, «lo primero que debes entender es que, por la manera en que Dios te diseñó, tienes la capacidad de tener un orgasmo tal que David se quede boquiabierto. Serás como un tigre liberado de la jaula y debes procurar alcanzar ese punto».

Algunas mujeres esperan que el orgasmo les llegue de la nada, sin ninguna clase de esfuerzo de su parte, pero en la mayoría de los casos no es así. Con los hombres sucede justo lo contrario. Dudo que exista un hombre sobre la tierra que no haya alcanzado un orgasmo al menos una vez en su vida. Aunque sea célibe y virgen, ha tenido una emisión nocturna (o una docena). Además, no es difícil decir si un hombre ha llegado al orgasmo. Los síntomas físicos, de los cuales la eyaculación es el principal, son bastante evidentes.

En la mayoría de los matrimonios, la principal preocupación del hombre en cuanto a llegar al orgasmo es conseguirlo antes de que su esposa haya quedado satisfecha. Por lo regular, llegar al orgasmo no es el problema, sino prolongarlo.

Por otra parte, muchas mujeres jamás han tenido un orgasmo. Otras no están seguras si lo tuvieron. La intensidad y calidad del orgasmo varía de una mujer a otra, y muchas veces es difícil decir si ha tenido lugar.

La mejor manera que tiene una mujer para saber si ha llegado al orgasmo es si se siente frustrada y «reprimida» después de la relación sexual o si está relajada y satisfecha. El orgasmo trae un punto de alivio en el cual la tensión acumulada estalla y luego se disipa. Un escritor lo ha llamado «estornudo pélvico»[9]. Creo que es una descripción grandiosa porque todos hemos experimentado lo que se siente cuando se prepara un buen estornudo: parece que todo el cuerpo cruje hasta que, al final, estornudas y te sientes aliviado. A eso se parece un orgasmo. Las caricias sexuales proporcionan placer, pero también crean una tensión sensible que exige una liberación.

Si tienes dificultad para alcanzar un orgasmo, aquí tienes algunas sugerencias.

1. Busca el objetivo adecuado.

Permíteme ser directo: Si todo el objetivo de tu actividad sexual es tener un orgasmo, te encuentras en el camino equivocado. Existen muchos grados diferentes de placer en la relación sexual. Para algunos de nosotros, ráscame la espalda y soy feliz; frótame los pies con una loción y estoy satisfecha. Si te vuelves demasiado limitada y tienes la obligación de tener un orgasmo o, más limitada todavía, tener un orgasmo en el mismo momento que tu esposo, esta actitud empeorará las cosas.

El objetivo de la sexualidad es expresar la unidad y la intimidad con tu compañero. Es una respuesta amorosa hacia alguien con el cual estás comprometida para toda la vida. Para los que tenemos hijos o para quienes los desean, es una manera de construir una familia.

La relación sexual es tan profunda y significativa en tantos niveles que le quitamos valor cuando la reducimos a: «Bueno, ¿tuviste un orgasmo o no?». Un lenguaje semejante pertenece a la mansión de *Playboy*, no al dormitorio matrimonial.

Incluso cuando una mujer ha aprendido a tener orgasmos, es probable que no tenga uno todas las veces que tiene relaciones sexuales. Son muy pocas las mujeres que experimentan un orgasmo en cada encuentro sexual. Si eso te sucede a ti, eres muy afortunada, pero también te encuentras dentro de una pequeña minoría. Algunas veces, una mujer solo le proporcionará placer a su esposo (otras, el esposo puede proporcionarle placer a la esposa sin tener él un orgasmo). La relación sexual matrimonial presenta toda clase de situaciones en las cuales el orgasmo no es posible o en las cuales se pasa por alto por un sinnúmero de razones.

2. Tener un orgasmo es algo que se aprende.

Será mejor que siga siendo directo: lo que veo es que muchas mujeres son perezosas al tratarse de esta esfera de sus vidas. Suponen que es responsabilidad de su esposo darles un orgasmo, o piensan que aparecerá de una manera mística, alguna noche, debajo de las sábanas. Lo lamento, querida, a menos que tengas mucha suerte, eso no va a suceder. En un porcentaje muy pequeño de mujeres, los orgasmos se producen sin demasiado esfuerzo. En la mayoría, se necesita un poco de experiencia para llegar con regularidad al orgasmo. En unas pocas, se necesita mucho esfuerzo y descubrimiento.

Piénsalo de esta manera: Si tejes, ¿la primera vez que tomaste en tus manos un par de agujas de tejer pudiste realizar un intrincado diseño? ¡Sin duda que no! Si juegas al golf, ¿la primera vez que tomaste en tus manos un palo de golf pudiste tirar la pelota a doscientas yardas? Apuesto a que no.

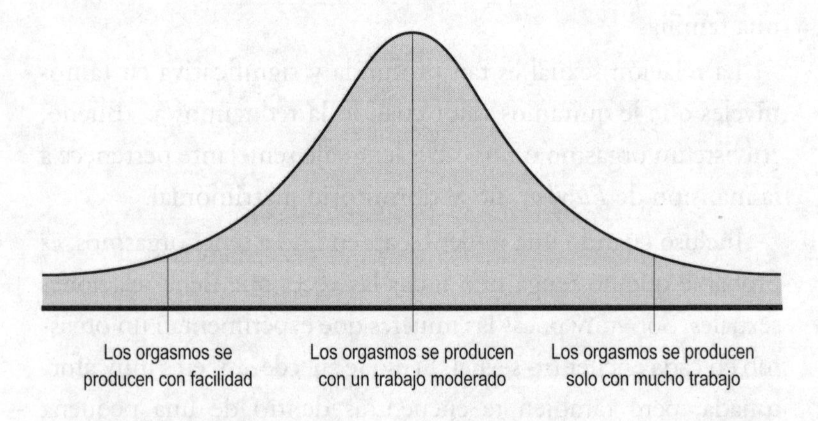

¿Por qué tiene que ser diferente en la relación sexual? Se necesita tiempo, experiencia, conocimiento y práctica para sobresalir como buena amante.

En primer lugar, si tienes problemas para alcanzar el orgasmo, no hagas lo que sugieren la mayoría de las revistas para mujeres: No imagines a otro amante ni a alguno anterior; no utilices pornografía ni películas prohibidas para menores ni cualquier otra cosa que degrade tu relación y sentido de intimidad con tu esposo.

En cambio, pon manos a la obra para conocerte a ti misma lo suficiente como para que seas capaz de ayudar a tu esposo a descubrir lo que te excita. Aunque tu esposo haya tenido experiencias sexuales antes del matrimonio, tu cuerpo es único y requiere un enfoque único. Ayúdalo a encontrar este pasadizo.

En otras palabras, tienes que hacer algo de exploración: debes aprender qué es lo que te mueve.

3. Toma conciencia de tu propia respuesta sexual personal. Date un largo baño caliente. Enciende algunas velas, mímate y, sí, comienza a tocarte. Descubre qué es lo que te gusta. No pongas al orgasmo como un objetivo aquí, pero sí descubre qué te despierta el placer o el deseo. No tengas temor de explorar tus genitales. Descubre cómo le gusta a tu clítoris que lo froten. Algunas mujeres necesitan un toque muy indirecto en el que se acaricien los labios o se alcance el clítoris desde arriba en lugar de hacerlo directamente sobre él; otras prefieren el contacto directo una vez que su excitación alcanza cierto nivel[10].

Tal vez tengas que hacerlo varias veces antes de comenzar a descubrir los caminos de tu cuerpo hacia el placer sexual. Tómate el tiempo y date mucha libertad de acción. Esto no es una carrera y nadie te cuelga un calendario sobre la cama.

Algunas de mis lectoras se deben estar poniendo coloradas al pensar: *Doctor Leman, ¿me está pidiendo que me masturbe?*

Algunas veces detesto esa palabra debido a las connotaciones que se asocian a ella. Cuando el esposo o la esposa se estimulan a sí mismos para llegar al orgasmo y evaden la intimidad con su cónyuge o lo hacen para participar en pornografía o algo por el estilo, actúan, desde mi punto de vista, de una manera egoísta y destructiva. Sin embargo, cuando la esposa está aprendiendo a responder sexualmente a su esposo de tal manera que los dos puedan disfrutar de una experiencia sexual más rica y profunda, se preocupa por una mayor intimidad, no una menor, tal como un esposo que trata de aprender a controlar la eyaculación o que se encuentra en un largo viaje de negocios y, de vez en cuando, puede usar la estimulación propia para fortalecer su matrimonio en lugar de debilitarlo.

Por lo tanto, sí, hay veces en las que la masturbación está mal, es adictiva y debe evitarse. Hay otras veces en las que familiarizarte con tu cuerpo es un acto despojado de egoísmo mientras te entrenas para convertirte en un mejor amante o una mejor amante para tu cónyuge. Tú sabes si lo que haces es egoísta y te aleja de tu esposo o esposa, o si te prepara para atraerte más cerca de tu cónyuge.

Hay muchas mujeres cuyas madres se referían a la vagina como «eso de abajo», como si no tuvieran una o como si solo tuvieran un agujero gigante que no se debía mencionar. Si llegas al matrimonio con esa clase de equipaje, por supuesto te vas a sentir incómoda con las caricias sexuales. Aun así, piénsalo de esta manera: No es pecaminoso tocarte el tobillo si estás preocupada porque te parece que te lo torciste; no está mal disfrutar de la placentera sensación de cepillarte el cabello. Si puedes tocar cualquier otra parte de tu cuerpo, ¿por qué no tocar las partes más sensibles?

Cuando una mujer se prepara para tener un bebé, por lo general, practica la respiración para que, cuando llegue el momento, esté en condiciones de enfrentar el desafío. ¿Por qué tiene que ser diferente cuando se trata de la relación sexual? Estás aprendiendo a prepararte para esto al aprender a tener un orgasmo.

Entonces, así es, ¡deja que tus dedos recorran las Páginas Amarillas! Habla contigo y di que esto es bueno y adecuado. Tu

Creador te diseñó para dar y recibir placer sexual; la vergüenza es conformarse con algo inferior a eso. Deseas ser una buena amante para tu esposo y la mejor manera de serlo es aprender a disfrutar en verdad de la relación sexual, lo que significa aprender a tener un orgasmo. Ese es un regalo maravilloso, el mejor regalo que le puedes dar a un hombre, entonces, no importa cuánto tiempo te lleve buscarlo para traerlo a casa, ¡hazlo!

Otra opción es pedirle a tu cónyuge que experimente contigo en una sesión de caricias «sin coito». Él puede dejar que sus dedos hagan el recorrido y los dos pueden probar qué es lo que les agrada.

4. Practica los ejercicios de Kegel.

Lo que se ha conocido como «los ejercicios de Kegel» (en honor al doctor Arnold Kegel) son de ayuda tanto para los hombres como para las mujeres para realzar el acto sexual. Los ejercicios están diseñados para ayudar a las mujeres a ser más orgásmicas, y a ayudarles a los hombres a demorar su orgasmo.

Los ejercicios de Kegel hacen trabajar los músculos pubococcígeos (PC, en forma abreviada), los mismos que detienen el flujo de la orina. Lo primero que tienes que hacer es localizar tus músculos PC. La manera más fácil de hacerlo es introducir con suavidad un dedo en la vagina y tratar de «apretarlos». Esos músculos que aprietas son los pubococcígeos. (Si prefieres no descubrirlos de esta manera, utiliza esta otra forma: mientras estás sentada en el inodoro, intenta detener el flujo de orina).

Los músculos PC bien desarrollados son de ayuda para muchos motivos. No solo poseen el beneficio adicional de disminuir la incontinencia, sino que pueden agregar muchas cosas a tu vida sexual. En el caso de las mujeres, estos músculos se pueden usar para contraerlos alrededor del pene, lo cual le dará a tu esposo una sensación más apretada. Estas contracciones se convierten en una especie de masaje sobre el pene, un gusto especial que le das a tu hombre. También te ayudarán como parte de tus esfuerzos por tener más y mejores orgasmos.

Una vez que has localizado los músculos, comienza a contraerlos y mantenerlos así durante unos segundos, diez veces para comenzar, y aumenta de forma paulatina a partir de allí. Una vez que te acostumbres más a realizar estas contracciones, puedes hacer estos ejercicios mientras vas en el auto, mientras hablas por teléfono o en cualquier momento y frente a cualquier persona que conozcas. Te convendría entrar en una rutina, para acordarte de realizarlos; por ejemplo, puedes realizarlos durante un viaje que realices todos los días o mientras miras un programa de televisión.

5. Acepta la responsabilidad.

Hay demasiadas mujeres que no aceptan la responsabilidad de sus propios orgasmos. Deben ser participantes activas, no solo receptoras de los avances de sus esposos. Si deseas frustrar a un hombre, no le digas nada. Déjalo que siga tirando dardos en la oscuridad con la esperanza de tener suerte.

Sin querer parecer condenatoria ni acusadora, habla con tu esposo todo lo posible y anímalo en el proceso. Dile lo que te gusta. Si te parece que se acerca, pero que todavía no da en la clave, tómale con suavidad la mano y dile: «Justo allí, ah sí, cariño, ahora lo lograste...». ¿Sabes cuántas grandes sinfonías se crean con el dedo índice del esposo? Entonces, aquí está el desafío: Cada mujer es diferente, así que ayuda a tu esposo a descubrir tus puntos favoritos.

6. Recuerda que la relación sexual es más una relación que una técnica.

Si tienes dificultad para responder sexualmente, es probable que el problema no sea si te tocan en el lugar indicado o si tu esposo tiene las habilidades necesarias para hacer el amor, o cualquier otra cosa que suceda debajo de las sábanas. Es probable que te encuentres frente a algunas cuestiones no resueltas: tal vez el abuso sexual en el pasado, quizá una conversación hiriente que tuvo lugar hace poco, cuarenta y ocho horas atrás, que te impide entregarte a tu esposo para el placer.

La conversación no necesariamente tiene que haber sido con tu esposo. Tal vez te molestaste con tu suegra; a lo mejor alguien criticó la capacidad de tus padres para criar hijos o hizo alguna otra cosa que te hace sentir incompetente. Eres una persona completa y compleja, una unidad. Algunas veces la relación sexual saca a relucir nuestra naturaleza sin tratar y las heridas se pueden manifestar por la manera en que respondemos sexualmente.

Es posible que tu dormitorio no sea un lugar lo bastante seguro para ti; tal vez te preocupa que los niños entren o escuchen tu reacción. A lo mejor, el solo hecho de escuchar la descarga de agua del inodoro es suficiente para dejarte helada.

Si este es el caso, piensa en irte a otro lado de vez en cuando. Derrocha en el alquiler de la habitación de un hotel donde nadie que te importe pueda escuchar ni ver lo que está sucediendo, y donde sepas que nadie entrará por la puerta.

En otras palabras, mira a tu relación desde un punto de vista holístico. Tu matrimonio es mucho más que alcanzar o no orgasmos.

Esto señala una diferencia fundamental entre los hombres y las mujeres. Muchos hombres piensan en la relación sexual como en una gran goma de borrar. Para ellos, si se les rompe el auto, todo lo que necesitan es tener relaciones sexuales y todo andará mejor (aunque el auto siga sin funcionar). ¿Tienes una pelea con tu esposa? Si tienes relaciones sexuales todo andará bien (aunque nunca hablen de los problemas). Por lo general, los hombres no necesitan hablar si su esposa está enojada porque no cortaron el césped. Para la mente masculina: «si tenemos relaciones sexuales, todo tiene que andar bien».

La mujer no funciona de esa manera. Para ella, los problemas borran la relación sexual; no es la relación sexual lo que borra los problemas. Si está molesta con su esposo, es probable que se cierre en el aspecto sexual: «¿A qué te refieres con que el problema está solucionado? ¡Ni siquiera hemos hablado del asunto!». Si está preocupada porque no hay suficiente dinero para pagar la hipoteca que vence dentro de tres días, puede perder todo deseo sexual.

Si tienes problemas para llegar al orgasmo, revisa toda la relación y luego revisa toda tu vida. ¿Hay otros problemas que te mantienen distraída?

7. Hombres, brinden su apoyo.

Muchachos: en gran parte, la clave es lentitud, tranquilidad y suavidad. (Por supuesto, llega el momento en que tu esposa no está interesada en la suavidad. De repente, se transforma en Jane la salvaje, y desea todo el ímpetu que pueda reunir su Tarzán). Aunque, en general, deben crear un ambiente relajado para la esposa al no concentrarse demasiado en el orgasmo: ¿Fue eso, querida? ¿Tuviste uno?». Eh, amigo, si tenemos que preguntar, ¡es que no lo tuvo! Ayúdala a que se sienta mejor, pero no la presiones.

También servirá de ayuda si tu esposa sabe que disfrutas del proceso. Si piensa que estás aburrido o impaciente, es probable que se cierre. Si actúas de manera aburrida e impaciente, francamente, te comportas de manera cruel. He visto a hombres que pasan horas tratando de hacer que el motor del auto ronronee como un gatito, y sin embargo, parece que les molesta que su esposa necesite treinta o cuarenta minutos de juego amoroso para excitarse de manera adecuada. Deberías tener la siguiente actitud: *todo lo que sea necesario.*

Además, tú eres el que se beneficia al ayudar a tu esposa a que disfrute sexualmente. Ya lo he dicho antes y lo digo de nuevo: La mejor parte de la relación sexual para mí es saber que le estoy proporcionando placer a mi esposa. Algunas veces, ¡pienso que disfruto más de sus orgasmos que ella misma! La dedicación de tiempo y esfuerzo para ayudar a que tu esposa llegue allí, bien vale el esfuerzo.

Deberás familiarizarte con el lenguaje de amor de tu esposa para saber qué la ayudará a responder sexualmente. Si las palabras de afirmación la hacen seguir adelante, dile frases dulces pero provocativas: «Mi amor, eres increíblemente sexy. Estás tan mojada. ¡Qué respuesta la de tu cuerpo!». Tal vez a algunas mujeres no les gusten esa clase de oraciones; otras las paladearán. Debes conocer a tu esposa y para eso debes ser más comunicativo.

Ahora que hemos hablado acerca de ayudarles a las mujeres a que aceleren, hablemos de cómo ayudarles a los hombres a que disminuyan la marcha.

LA DEMORA DEL ORGASMO (EYACULACIÓN PRECOZ)

Una vez, al comienzo de nuestro matrimonio, Sande me produjo tanta excitación como nunca antes lo había hecho. Se veía demasiado buena para ser de verdad y recuerdo que pensé: *¿Qué habré hecho en mi vida para merecer esta mujer tan hermosa?* El hecho de que ella estaba excitada, de que me deseaba, era algo que me volvía loco como jamás hubiera imaginado. Estaba listo para darle mi amor durante toda la noche. Hice planes para pasar horas de juego placentero, cabalgando por las alturas del éxtasis hasta que la luz de la aurora nos obligara a detenernos.

Y así fue cómo comenzaron los treinta segundos más intensos de mi vida.

Está bien, tal vez fueron ciento veinte segundos, pero así y todo, me detuve un par de horas antes de la medianoche, para mi total consternación.

Esto les sucede a casi todos los hombres, tarde o temprano. Eyacular antes de lo que uno desea es uno de los problemas más comunes entre los hombres (junto con la impotencia).

Es importante que las mujeres lo entiendan (por lo tanto, si tu esposa se saltó esta sección y te entregó el libro, devuélveselo). La ignorancia básica de la fisiología de la excitación y del orgasmo en el hombre y en la mujer puede llevar a muchas acusaciones. Como las mujeres son capaces de controlar sus orgasmos, y como pueden detenerse prácticamente en cualquier punto del proceso, algunas veces suponen que lo mismo sucede con el hombre. Cuando una mujer le pide a su esposo que espere, y él lo intenta, pero la ansiedad produce todo lo contrario, bueno, algunas veces, ella lo toma como algo personal, como si el esposo fuera egoísta a propósito.

En ciertos casos, supongo que algunos hombres son egoístas, pero lo más común es que la eyaculación precoz esté relacionada con la falta de habilidad para controlar la eyaculación que con el egoísmo. Una vez que un hombre llega al «punto sin retorno», el orgasmo tendrá lugar en cuestión de segundos y no hay nada que logre hacer para detenerlo.

Casi todos los hombres se enfrentan a este problema en un momento u otro. En particular, si no ha tenido relaciones sexuales durante algún tiempo, a un hombre puede resultarle difícil mantener el control de la eyaculación. No obstante, la incapacidad persistente y constante para controlar el orgasmo (lo que quiere decir que no puedes decidir cuándo te permites tener el orgasmo y casi todas las veces llegas a él antes de lo que deseas) es un problema que, en la mayoría de los casos, se puede curar.

¿Qué es el orgasmo prematuro? Masters y Johnson descubrieron que el hombre promedio eyaculará después de dos minutos de movimientos vigorosos luego de la penetración. La mayoría de los hombres pueden demorarlo al cambiar el ritmo y la profundidad de los movimientos, pero si después de todo terminas eyaculando dentro de los dos minutos, eso no es prematuro, está dentro del promedio. ¡El problema es que muy pocas mujeres se sentirán lo bastante estimuladas después de ciento veinte segundos de movimiento! (Lo cual es otro buen argumento para ayudar a las mujeres a que lleguen al orgasmo durante el juego amoroso; la vasta mayoría de las mujeres alcanza el orgasmo a través de la estimulación del clítoris, no de los movimientos durante la penetración).

Pienso que el mejor indicador del orgasmo prematuro es el siguiente: ¿Estás en condiciones de escoger cuándo deseas tener el orgasmo o, por lo general, terminas llegando al clímax antes de lo que querías? Si en forma habitual llegas al clímax a los pocos segundos de penetrar a tu esposa, eres propenso a la eyaculación precoz.

Mujeres, por favor, tengan sensibilidad en este punto. Sé que ni siquiera pueden imaginar cómo se puede gritar, aullar y acabar en un orgasmo en cuanto su esposo acaba de penetrarlas, pero no es tan poco común que un hombre, algunas veces, eyacule inmediatamente después de la penetración. Así como el hombre debe tener paciencia con la mujer que, al parecer, no llega nunca al orgasmo, la mujer también debe tener paciencia con el hombre que termina demasiado rápido.

Los terapeutas han desarrollado tres métodos para aprender a aumentar el control de la eyaculación (¡y ni uno solo es placentero!). Si hiciéramos una votación entre los hombres del país, esta es una sección que todos los muchachos pedirían que quitemos. Es lamentable, pero algunos hombres tienen una actitud que dice: *¿Y? Lo eché a perder. ¡Jugaste tanto conmigo que no lo pude detener! ¿Qué tiene de malo?*

No tiene nada de malo si sucede de vez en cuando. Si sucede la mayoría de las veces, se *convierte* en algo malo.

Los hombres que tienen esta actitud indolente son tan egoístas como las mujeres que no hacen nada para ser más orgásmicas. No uses tu matrimonio y el compromiso de tu esposa como una excusa para convertirte en un amante perezoso; utilízalo como una motivación para convertirte en un experto en la cama.

A modo precursor de las terapias siguientes, comienza a ejercitar los músculos PC con los ejercicios de Kegel. Para encontrar estos músculos, aprieta lo que sea para detener el flujo de la orina. Esos son los músculos que deseas trabajar, y al hacerlo, mejorarás el control de la eyaculación.

Dos o tres veces al día contrae los músculos PC entre diez y veinte veces. No uses los músculos abdominales (el error más común al hacer el ejercicio), en cambio, asegúrate de contraer los músculos de la pelvis. Después de algunas contracciones, suéltalos un buen rato, durante unos tres segundos.

Estos ejercicios son sencillos y se pueden hacer en el auto, mientras miras televisión o mientras te encuentras sentado en el escritorio (y nadie se dará cuenta). El tiempo que se necesita también es mínimo, menos de cinco minutos al día. Debes tener en mente que es probable que tengas que hacer estos ejercicios durante dos semanas o más antes de notar algún cambio.

1. Detente-comienza.

El primer método para trabajar con respecto a la eyaculación precoz se llama el método detente-comienza. Por allí andan dando vueltas muchas descripciones de este método, pero la explicación completa, paso a paso, se encuentra en el libro del doctor Bernie Zilbergeld *The New Male Sexuality* [La nueva sexualidad masculina]. Aunque no estoy de acuerdo con todo lo que el doctor Zilbergeld enseña con respecto a la sexualidad, su trabajo en cuanto a este método es muy exhaustivo y fácil de seguir. Lo que yo te doy es una forma muy abreviada; si esta versión abreviada no te da resultado, tal vez desees consultar el libro del doctor Zilbergeld.

El esposo comienza con el método detente-comienza con el conocimiento de que pasará por varias etapas. Comenzará varias prácticas por su propia cuenta y las desarrollará hasta llegar al verdadero juego amoroso con su esposa. El objetivo es lograr quince minutos de estimulación sin eyaculación.

El esposo debe comenzar por sí mismo estimulándose hasta estar excitado, concentrándose en ser cada vez más consciente de los mecanismos de su cuerpo. No utilices pornografía ni fantasías inadecuadas durante este tiempo; lo único que conseguirás al llenar tu mente con estas contaminaciones será dañar tu matrimonio. El objetivo es ser un mejor amante de tu esposa.

Todos los hombres tienen el «punto sin retorno» cuando los músculos que rodean el pene comienzan a moverse y la eyaculación es segura. El objetivo es estimularte, pero detenerte antes del punto sin retorno. En cuanto comiences a sentir que te acercas demasiado, detén la estimulación y espera que la sensación desaparezca. Luego comienza de nuevo.

Los hombres jóvenes necesitan detenerse durante más tiempo que los mayores, pero una vez más, tu objetivo es recibir quince minutos de estimulación sin tener la necesidad de eyacular. Si no puedes detenerte a tiempo, anota esta vez en la cuenta de la experiencia e inténtalo de nuevo uno o dos días después.

Estos ejercicios se pueden realizar tres veces a la semana. Una vez que logras cierto grado de control, es decir, cuando puedes soportar una estimulación casi constante (pero variada en intensidad) durante al menos quince minutos, entonces puedes comenzar a incorporar el «comienza-detente» al juego amoroso con tu esposa. Necesitarás su comprensión y cooperación.

Cuando te sientas excitado y tu esposa esté lista, penétrala poco a poco, pero dile que se quede acostada inmóvil. Espera hasta que te sientas cómodo dentro de la vagina y no sientas la obligación de llegar al clímax. Luego, con lentitud, comienza a moverlo hacia dentro y hacia fuera. Si sientes la necesidad de eyacular, detén el movimiento. Es probable que esto no sea una experiencia placentera para tu esposa; ella tendrá que ser una compañera dócil y dispuesta que tenga en mente el momento en el que hayas obtenido un mejor control (con el cual ella se beneficiará inmensamente). Esto se debe ver más como una «práctica» que como un verdadero coito.

Una vez más deberás permanecer dentro de la vagina de tu esposa durante quince minutos sin eyacular. Tal vez necesites varias veces hasta que puedas durar todo este tiempo, pero sigue ejercitándote. Con el tiempo, llegarás a comprender mejor qué es lo que te lleva de inmediato al clímax, y también a variar los movimientos en la penetración que te permitan contenerte para durar todo lo que quieras.

Los dos métodos siguientes se pueden usar junto con el de detente-comienza.

2. La técnica del apretón.

El segundo ejercicio es la técnica del *apretón*, que se puede usar junto con el método detente-comienza. Cuando el esposo siente que la eyaculación puede llegar pronto, saca el pene de adentro de la vagina de la esposa y ella se lo agarra con el pulgar, el índice y el dedo medio. El pulgar debe estar debajo del eje del pene, y los otros dos dedos deben colocarse justo debajo del capuchón del mismo (si a ella le resulta más cómodo tener el dedo pulgar sobre la parte de arriba y los otros dedos sobre la parte de abajo, también está bien). Entonces, debe apretarle con suavidad pero firmeza (y constancia) durante varios segundos. En la mayoría de los casos, esto detendrá al hombre para que no progrese hasta el punto inevitable de la eyaculación. Luego, la pareja puede comenzar a tener relaciones otra vez y repetir el apretón si es necesario.

Los casos en que este método fracasa son, por lo general, en los que el hombre espera demasiado para pedirle a su esposa que aplique la técnica del apretón. Volvemos a la importancia de que el hombre aprenda a comprender su cuerpo y su respuesta sexual.

3. Tirar del escroto.

Existen variados informes en cuanto al éxito de este método, pero es más fácil de aplicar que la técnica del apretón, y algunas parejas han descubierto que es igual de exitoso. Cuando el esposo siente que se puede estar preparando un orgasmo (pero antes de llegar a lo inevitable de la eyaculación), le puede pedir a su esposa que intervenga. Ella se estira y con suavidad (*mucha* suavidad) toma el escroto en la mano. Sin apretarle los testículos (lo cual sería doloroso), tira el escroto hacia abajo, lo aleja de su cuerpo y lo mantiene allí durante unos pocos segundos. Una vez que la excitación del hombre ha menguado, la pareja puede comenzar a dedicarse de nuevo al coito.

HAGAMOS EL ESFUERZO

Experimenta y descubre cuál método (o métodos) te dan más resultado, pero recuerda: No hay razón para conformarse con menos de lo mejor. Las mujeres pueden aprender a tener orgasmos y los hombres pueden aprender a demorar los suyos. Es probable que requiera un poquito de esfuerzo, pero la tasa de éxito es muy alta.

Como los hombres son propensos a la eyaculación prematura, me gustaría decirles que el pene es lo último que deberían usar para hacer el amor. ¿Por qué hacer el amor con el pene siendo que hay tantas cosas para usar?

«¿Qué quiere decir, doctor Leman?»

Bueno, tienes los labios, la lengua, los pies, las manos, los dedos, las rodillas y los hombros, tu aliento, tus dientes y muchas otras partes si, sencillamente, te pones un poco creativo. Cuando desenfundas de inmediato la calibre 45, te estás buscando problemas porque, una vez que la pones en funcionamiento, es como un camión de dieciocho ruedas cuesta abajo, sin nada a la vista que lo detenga.

Cuando utilizas todo lo que tienes para agradar a tu esposa e incluso la ayudas a llegar al orgasmo antes de la penetración, es probable que a ella no le importe la rapidez con que termines. No obstante, cuando te concentras solo en tu pene y este no responde como esperas, tu esposa va a quedar muy insatisfecha y con todo el derecho.

Como último intento desesperado para una noche especial, algunos de ustedes, muchachos, pueden considerar la estimulación propia por la mañana del día de la gran «cita». Si constantemente tienes problema de volverte demasiado juguetón con demasiada rapidez, algo tan básico como la masturbación por la mañana antes de la noche que vas a pasar con tu esposa te puede ayudar. No debes usar la masturbación como un sustituto de la relación sexual con tu esposa, eso es alienante y destructivo. Aunque si la usas como preparación para complacer mejor a tu esposa, pienso que es aceptable y algunas veces es sabio.

Las esposas que desean ayudar a sus esposos en este aspecto, también pueden volverse creativas. Si de manera habitual te sientes frustrada por la rapidez con que tu esposo termina, planea una gran noche, pero la mañana de esa noche, despiértalo cinco minutos antes con un rápido «trabajo de las manos». Luego, prepara el ambiente diciendo: «Esto es solo un adelanto de lo que va a suceder esta noche, muchachito». ¡No son demasiados los hombres que se quejarán si su esposa desea que tengan dos orgasmos en un día! Al preparar a tu esposo con esa primera sesión, lo puedes ayudar a durar más tiempo y, en definitiva, más tarde esa noche, te verás mejor complacida. Y la tarea rápida con las manos, en realidad, no requiere demasiado esfuerzo.

CANTAR JUNTOS

Hice esta afirmación al comienzo de este capítulo y la repetiré al final: La mayoría de los hombres sienten mucho más placer al observar a sus esposas llegar al orgasmo que experimentándolo ellos mismos. Por lo regular, el orgasmo de un hombre palidece en comparación con el que experimenta su esposa.

Es por eso que no me preocupa demasiado ni me esfuerzo mucho por aquello a lo que algunos se refieren como orgasmos simultáneos. Es verdad que algunas veces sucede, y puede ser divertido para los dos estar en el éxtasis sexual justo al mismo tiempo; pero incluso cuando sucede, francamente, siento que me lo pierdo. Estoy tan enfrascado en lo que experimento en ese momento que no puedo llegar a ver todo lo que Sande está disfrutando, y como estoy tan en sintonía con ella, eso me parece una verdadera pérdida.

Mi consejo es que no se preocupen demasiado por alcanzar los orgasmos de manera simultánea. Complázcanse el uno al otro de la manera en que saben que complacerá a la otra persona y disfruten a plenitud del orgasmo de los dos.

Aun así, hombres, recuerden: ¡Los buenos muchachos terminan al final! No necesitamos mucho tiempo. Con diez o quince segundos nos alcanza. De modo que un verdadero amante se ocupará primero de su esposa y si piensa que ella lo desea, se ofrecerá a darle un par de orgasmos extra para empezar ganando por goleada. Hacer el amor de esta manera es como el mariscal de campo que interpreta a la defensa: debes reaccionar de manera inmediata frente a lo que ves. Si ella se encuentra disfrutando de un intenso placer y desea que penetres pero tú no quieres, se va a enojar. Por el contrario, si está disfrutando de la manera en que le frotas el clítoris y está próxima al clímax, pero tú dejas de hacerlo y la penetras, puede quedarse muy frustrada y sentirse mal contigo por esto.

No encontrarás la clave para estas situaciones en un libro porque tu esposa es absolutamente única en sus deseos sexuales y en su placer. Además, cambia con el tiempo. Tu esposa no es la misma el martes que el sábado. Y tu esposa un sábado de enero no es igual a la de un sábado de junio. Sé creativo, flexible y aprende a convertirte en un experto en hacer que tu esposa se sienta bien durante toda la relación.

Muy bien, ¡borra esa sonrisa de tu rostro y pon manos a la obra! (¿Qué me dices de esta tarea que te doy?)

7

Delicias orales

Por alguna razón, los presentadores de programas de entrevistas están siempre ansiosos por tener a un sicólogo que intervenga en su frecuencia. Un día, me encontraba mirando uno de estos programas en el cual participaban tres compañeros cristianos «expertos». Es de lamentar, pero uno de estos invitados parecía más deseoso de hablar sobre lo que una pareja *no puede* o *no debe* hacer que de la gran libertad y del gran gozo que Dios creó para cada pareja cristiana. Denunció abiertamente la relación sexual oral (incluso entre parejas casadas). Por supuesto, no tenía un versículo bíblico que lo apoyara, pero por la forma en que prosiguió, daba la impresión de que miraba al anticristo en la cara.

Mi buen amigo Charlie Shedd, al cual he admirado por años, se inclinó hacia delante y dijo: «¡No lo critique hasta que no lo haya probado!».

El rostro de la «autoridad» se puso blanco y no pude dejar de reírme. ¡Bien hecho, Charlie!

Si Dios me diera una varita mágica que pudiera agitar sobre las parejas de todo el país, me gustaría una que les otorgara al instante dominio propio y restricción a las parejas solteras (*¡Fipiti-floda!* ¡Los cierres quedan cerrados hasta el día de la boda!), y que a la vez les diera una gran libertad y un deseo de exploración a las parejas casadas (vaya, vaya, vaya... ¡miren lo que tenemos aquí!). De verdad pienso que los compañeros casados necesitan la actitud de la que hablaba mi dermatólogo. Tuve algunas «amenazas» en el departamento de cáncer de piel, así que el médico nos dio una tarea a Sande y a mí. «Cada seis meses, deben explorar el uno el cuerpo del otro, de pies a cabeza». Se refería a buscar lunares que cambiaran de color y cosas por el estilo, pero luego añadió guiñándonos el ojo: «Pueden hacer que esto sea divertido de verdad, ¿no es cierto?».

¡Puedes apostar a que podemos!

En el pasado, la relación sexual oral se ha visto siempre con desdén. Por cierto, muchos estados todavía tienen leyes que prohíben esta clase de actividad. Desde mi punto de vista, estos son complejos pasados de moda. Considera, en cambio, la hermosa y casi imprudente poesía que presenta la Biblia en Cantares. Es verdad, es poesía, pero muestra a una pareja que se entregan por completo el uno al otro:

> «Dulce a mi paladar es su fruto» (2:3)[11].
>
> «Que venga mi amado a su jardín y pruebe sus frutos exquisitos» (4:16).
>
> «He entrado ya en mi jardín, hermana y novia mía, y en él recojo mirra y bálsamo; allí me sacio del panal y de su miel. Allí me embriago de vino y leche; ¡todo esto me pertenece! ¡Coman y beban, amigos, y embriáguense de amor!» (5:1).

> «Mi amado ha bajado a su jardín, a los lechos de bálsamo, para retozar en los jardines y recoger azucenas. Yo soy de mi amado, y mi amado es mío; él apacienta su rebaño entre azucenas» (6:2 3).

> «Tu ombligo es una copa redonda, rebosante de buen vino» (7:2).

> «Te daría a beber vino con especias, y el néctar de mis granadas» (8:2).

Muchos maestros creen que algunas de estas páginas se relacionan de forma directa con la relación sexual oral: estimulación de los genitales del otro con la boca. Aunque no sea así, sin lugar a dudas hablan de un abandono y una libertad amorosa para expresar la pasión de maneras creativas y emocionantes. Por cierto, la Biblia no dice nada sobre si la relación sexual oral en el matrimonio es inmoral (lo cual le dice a la mayoría de los eruditos bíblicos que no debe haber problemas). El razonamiento es el siguiente: Si Dios hubiera estado tan preocupado al respecto, con seguridad lo hubiera prohibido.

Piénsalo: si besar a alguien en los labios está bien (y no conozco a nadie que lo objete sobre una base moral), ¿por qué el beso en cualquier otra parte puede ser «inmoral»? ¿Quiere decir entonces que un hombre no puede besarle los pechos a la mujer, ni los dedos de los pies, ni la parte de atrás de las rodillas, ni otras partes del cuerpo que en algunas personas se sabe que son sensibles a la estimulación oral? ¿Dónde se traza la línea arbitraria?

Con seguridad no es una cuestión de higiene. Para decirlo con más franqueza, cuando una mujer le besa el pene recién lavado a un hombre, la boca de ella tiene muchos más gérmenes que el pene de él. Si en verdad te preocupa la higiene, ¡olvídate de los besos en la boca y ve directo a la relación sexual oral!

Dicho esto, ninguno debería sentirse obligado a hacer algo que le resulte desagradable ni inmoral, pero muy pocos líderes cristianos hoy en día sugerirían que, desde el punto de vista bíblico, la relación sexual oral tiene algo de malo. Además, la parte desagradable se puede vencer casi siempre si los dos en la pareja practican una buena higiene antes de irse a la cama.

Aun así, como sicólogo, soy muy consciente de que la vieja guardia tiende a ver la relación sexual oral como «tabú». Basándome en mi propia investigación y en la práctica de consejería de unos treinta años, casi todas las parejas jóvenes (entre veinte y treinta años, ya sea que estén casados o no) practican la relación sexual oral con la misma frecuencia que tienen relaciones, pues es «más seguro», en tanto que las parejas mayores (de cuarenta para arriba) tienden a practicarlo con mucha menos frecuencia, si es que lo hacen alguna vez.

Lo irónico en todo esto es que cuanto mayor es un hombre, más estimulación necesita. La relación sexual oral puede suplir esta deficiencia a la perfección. Otra gran ventaja de la relación sexual oral para las parejas mayores es que puede reducir un poco la presión en cuanto a la capacidad del hombre de conseguir o mantener una erección. Si el hombre sabe que puede satisfacer a su cónyuge sin tener en cuenta su propia erección, es mucho menos probable que se preocupe por lograrla (lo cual, irónicamente, hace que sea más posible que la logre).

Si la relación sexual oral es algo que no has probado en el pasado, debes considerar la posibilidad de añadirlo al menú de esta noche.

HABLEMOS DEL MENÚ

Si te gustaría probar la relación sexual oral, pero no estás seguro de que tu cónyuge también quiera probarlo, tienes dos opciones. En la primera, puedes sacar el tema en una conversación amable y amorosa: «Cariño, en realidad me gustaría probar algo nuevo que te traería placer. ¿Qué te parece si comienzo a besarte por todas partes?»

Una vez que tu cónyuge recibe esta clase de caricia, también puede sentirse más inclinado a proporcionarla.

La otra opción, aunque debes tener cuidado con esta, es progresar poco a poco hacia la relación sexual oral en medio del acaloramiento de la pasión. Comienza a besarle los pechos a tu esposa, baja al estómago y luego, tal vez, deslízate por las piernas, dirigiéndote con lentitud hacia arriba otra vez, hacia el interior de sus muslos. Fíjate cómo responde. ¿Da la impresión de que desea que sigas adelante o comienza a ponerse incómoda?

No te apresures, y si tu esposa vacila, *detente enseguida*. La belleza de la sexualidad matrimonial es que se tiene toda la vida para crecer, explorar y disfrutar el uno del otro. No hay apuro para experimentar ninguna actividad. También es posible que uno de los dos nunca esté bien dispuesto a dar o recibir relación sexual oral. Tampoco hay problema si es así. Existen muchas otras maneras en las que una pareja puede disfrutar de la intimidad sexual en tanto que experimenta una variedad de actividades sexuales.

Para las mujeres que desean ofrecerle algo especial a sus esposos, hablemos de cómo hacer que sonría el «señor Feliz».

PARA QUE EL SEÑOR FELIZ ESTÉ FELIZ DE VERDAD

Al señor Feliz le gusta que lo besen. No hay nada que le ponga una sonrisa en la cara como las caricias orales de una esposa amorosa. Cada hombre tiene sus preferencias individuales, pero en general, aquí tenemos algunas guías.

La provocación está bien, durante unos diez segundos. Lamerlo o frotarlo con la lengua suavemente puede ser muy excitante, pero en poco tiempo el hombre deseará algo mucho más directo.

Deseará que cubras todo su pene con la boca. Muchos hombres dicen que cuanto más profundo, mejor.

Esto no quiere decir que una vez que lo tienes en la boca no puedes salir a tomar aire. Siéntete en libertad para retirarte, lamerlo un poco más, sóplalo con suavidad y haz todo lo que se te ocurra, pero no esperes demasiado para regresar.

Esto es algo que muchas mujeres no entienden: La parte de abajo del pene es más sensible que la de arriba. Si le das una larga lamida de lujo allí durante la fase de provocación, tu esposo se aferrará a la almohada y se retorcerá de placer.

Si eres nueva en esto, es probable que la primera pregunta que quieras hacer sea: «¿Y mis dientes?». La respuesta breve es: «¡Sí, los dientes duelen!». Deberás curvar los labios sobre ellos y ser suave, en especial si tienes ortodoncia.

La segunda pregunta que me hacen con regularidad es: «¿Lo hago bien?». Escucha, ¡aquí no hay ningún juez olímpico mirándote! «Le hubiera dado un 10, pero los dientes no estaban curvados, así que le doy una calificación de 9,5». No se trata de hacerlo bien o no, sino de que tu esposo disfrute del proceso. Para encontrar la respuesta a esta pregunta deberás preguntárselo a *él*, ¡no a mí! No te lo tomes a pecho si al comienzo te dice: «Un poco más suave, un poco más suave, un poco más fuerte...». Nadie nace con las habilidades para ser un buen amante, así que no tienes que avergonzarte si necesitas cierta práctica.

La tercera pregunta siempre tiene que ver con el orgasmo. Para algunas mujeres, la idea de tragarse el semen que se eyacula es de muy mal gusto. El semen del hombre no tiene nada que sea inherentemente insalubre, y la cantidad que se expulsa durante una eyaculación es bastante pequeña, pero si la idea de sentirle el gusto te resulta repulsiva, quita la boca antes de que tu esposo llegue al orgasmo. Con el tiempo, estarás en condiciones de saber cuándo va a suceder al sentir las contracciones del pene. Un esposo que se preocupa por ti, también te puede avisar si sabe que esto no te gusta. Aunque puedes retirar la boca, sigue estimulándolo con la mano; sin lugar a dudas, para tu esposo será un chasco si detienes toda clase de estimulación justo en el momento que más disfrutará.

Algunas veces, un hombre disfruta de verdad si existe contacto visual con su esposa mientras lo besa. Recuerda, los hombres tienen la tendencia a ser más visuales. Si no te importa tener una luz tenue en el ambiente, o incluso algunas velas encendidas, tu esposo disfrutará de la vista tanto como de lo que siente. Es probable que para esto sea necesario que recojas el cabello hacia atrás a fin de que no actúe como una cortina.

Aunque por lo general nos referimos a esto como «relación sexual oral» por no tener una frase mejor, no quiere decir que solo la lengua deba participar. En realidad, puedes aumentar muchísimo el placer de tu cónyuge al hacer entrar en juego tus manos y tus dedos. Si se te cansa la boca, puedes tomarte un breve descanso acariciando a tu esposo con la mano. O puedes usar la boca y las manos a la vez, acariciando a tu esposo en sus lugares más íntimos mientras le das besos por todas partes.

Algunas mujeres a las que he aconsejado se han sorprendido al ver que aprendieron a disfrutar de vedad la práctica de proporcionar relación sexual oral. Ya no es una obligación, sino un verdadero placer. Cuando una mujer muestra su propio disfrute en provocarle placer al esposo, le está dando un regalo con una intensidad fuera de lo común. No hay nada que excite más a tu hombre que saber que estás excitada, en particular mientras haces algo para excitarlo a él.

PARA QUE TU ESPOSA MUERDA LA ALMOHADA

A algunos hombres les puede sorprender que cuando las mujeres se masturban, casi todas se estimulan el clítoris; son muy pocas las que se insertan algo en la vagina.

¿Qué nos muestra esto? Nos revela que la parte más estimulante de los genitales femeninos se encuentra afuera. No me entiendan mal: las mujeres disfrutan de la sensación de tener el pene de su esposo adentro, pero a la hora de la estimulación sexual, prefieren que las froten o acaricien en lugar de que las penetren.

Piénsalo: No existe manera más suave ni delicada de estimular a tu esposa que con la lengua. Si en verdad prefiere que la acaricien, ¿qué instrumento mejor que la lengua posees?

¡No se me ocurre ninguno!

A pesar de todo, algunas mujeres se muestran tan dubitativas en dejar que su esposo practique la relación sexual oral con ellas como en practicarlo ellas con ellos. «Puedo entender que no quiera hacérmelo a mí», me han dicho algunos esposos, «¿pero por qué no quiere recibirlo?»

Debes tener en mente que no existe un acto físico más íntimo que puedas realizar con tu esposa que la relación sexual oral. Los políticos del pasado que trataron de sugerir que la relación sexual oral no es «relación sexual» de verdad no engañaron a nadie; todos sabemos que no es así. La mujer se encuentra de la manera más vulnerable en la que puede estar y quizá piense: *¿Esto le resultará desagradable? ¿Y si huelo mal o no soy agradable al paladar? ¿Lo detestará por completo?* Al estar llenas de estos pensamientos, a algunas mujeres les resulta difícil acostarse, abandonarse y disfrutar de la experiencia.

En realidad, la *mayoría* de las mujeres con las que hablo confiesan que al comienzo de sus matrimonios no deseaban que su esposo practicara la relación sexual oral con ellas, y cuando sucedía, se sentían tan acomplejadas que no era una experiencia que disfrutaran en particular. Una vez que se libraron de este obstáculo sicológico, a estas mismas mujeres les encantaba la relación sexual oral: cuanto más tiempo, mejor. Sin embargo, es un verdadero obstáculo para muchas.

Es por eso, y aquí hablo de nuevo como sicólogo, que este es un caso en que el placer del esposo importa tanto como el de la esposa. Cuando ahuyentas estos temores al darle confianza, de manera verbal o de cualquier otra, le transmites que es algo de lo cual disfrutas.

Por el bien de ambos, pídele a tu esposa que se dé un baño o una ducha antes de venir a la cama. Si se siente limpia, tendrá menos complejos. Te gustará tomarte tu tiempo, al ir desde primera base hasta la caja de bateo. Aunque no te importa que tu esposa te despierte y te ponga directamente un bocado en la boca, a ella casi siempre le gustará que te abras camino hasta allí.

Bésala detrás de las orejas, baja poco a poco por el cuello, detente algún tiempo alrededor de los pechos, no olvides ese punto encantador dentro del hombro, y luego, de manera provocativa pasa por alto la parte de medio y dedícate a descender por las piernas. Ese punto detrás de las rodillas puede volver loca a una mujer si sabes lamerlo como se debe. Esos lugares suaves pueden cobrar vida durante una sesión de amor sin prisa. A medida que cambias de dirección, puedes descubrir que hay algo al besar con suavidad la parte interna de los muslos de una mujer que hace que se deslice hacia abajo. Si lo haces bien, mientras subes con lentitud hacia el norte, prácticamente (o tal vez, si tienes suerte, de manera literal) tu esposa te rogará que la beses en el lugar adecuado. Cuando consigas que lo desee de verdad y le proporciones esos besos suaves y sensuales, puedes pasarle una almohada para que comience a morderla por temor a despertar a los niños.

Aquí tienes una posición agradable en particular para esto: Mirando hacia sus pies, desliza la mano derecha debajo de tu esposa (por abajo de las nalgas). Tus dedos están justo allí, esperando a realizar una pequeña danza sobre sus genitales, y tu boca tiene acceso completo a sus regiones más placenteras; los bordes del clítoris y los pliegues de los labios están todos a tu disposición para que tus dedos y tu lengua trabajen juntos.

Hombres, todo es cuestión de crear el ambiente y de tomarse el tiempo para llegar. Si preparas a tu esposa, se olvidará dónde está y se perderá en el lugar al que la llevas. Te sorprenderás ante algunas de las cosas que puede decir y hacer una esposa que enseña en la escuela dominical en medio del ardor de semejante pasión. Cuando está excitada, toda la zona estará sensible. No pases nada por alto y varía los movimientos de tu lengua. Puedes alternar las lamidas con una suave presión (¡de tus *labios, no de los dientes*!) y con besos. Por sobre todas las cosas, recuerda este credo: *Con suavidad, hombres, con suavidad.* La queja más común que se recibe en este departamento es que el hombre es demasiado violento y termina lastimando a su esposa, en lugar de complacerla. Esto se produce en especial al sentir que la esposa entra en calor y se deja llevar. Tu lengua debe ser insistente, pero suave. Escucha las reacciones de tu esposa. Es probable que la ponga nerviosa decir «¡Ay!», por no herir tus sentimientos, por lo tanto, busca pistas no verbales.

De paso, no te quedes cruzado de brazos. Deja que tus dedos toquen todo lo que esté al alcance de tu lengua. La estimulación combinaba puede convertir a tu esposa en una contorsionista. Estira los brazos y acaríciale los pechos o estimula el clítoris con los dedos mientras pasas la lengua más abajo. O, bésale con suavidad el clítoris con la boca mientras le penetras la vagina con uno o dos dedos alcanzando, tal vez, «su» punto.

Una vez establecidos los posibles placeres de la relación sexual oral, deseo añadir que los hombres y las mujeres nunca, *jamás*, deberían obligar a su cónyuge a hacer algo que no deseen. Recuerda este versículo: «[El amor] no es egoísta». Si a tu cónyuge, sea cual sea la razón, le resulta desagradable, de mal gusto o inmoral la idea de la relación sexual oral, está mal de tu parte hacerlo sentir culpable o presionarlo sin cesar para que «ceda».

ALGUNOS GUSTOS DE LA RELACIÓN SEXUAL ORAL

Si ya estás bien versado en el arte de la relación sexual oral, aquí tienes algunos «gustos» especiales que quizá se te escaparon:

- Intenta comer alguna pastilla de menta antes de besar a tu cónyuge o deja que se te deshaga en la boca alguna gota para la tos mientras te ocupas del asunto. El «mentol» de tu lengua transferirá una sensación muy placentera.
- Otra buena idea es poner una taza de té caliente cerca de la cama. Cada tanto, toma un sorbo. No solo hace que el otro tenga mejor sabor, sino que esa calidez extra en la lengua lo volverá o la volverá loco o loca.
- Tararea con la boca cerrada mientras complaces a tu pareja.
- Esposas, recuerden que los esposos son muy visuales. Si le permiten ver lo que están haciendo, y tal vez hasta se recojan el cabello, él les estará muy agradecido. ¡El contacto visual de vez en cuando es un poderoso afrodisíaco!

¡No veo la hora de ver la correspondencia que recibo acerca de este capítulo!

8

Solo para hombres

En los dos capítulos siguientes, deseo dirigirme a cada cónyuge en forma individual. Aun así, me gustaría animar a las mujeres para que lean el capítulo dirigido a los hombres y a los hombres a que lean el capítulo dirigido a las mujeres, ya que si los leen juntos, les pueden dar mucho para hablar. Los temas que tocaré son los que surgen con mayor frecuencia cuando en el consultorio se habla de relación sexual.

JUEGO LIMPIO

Muchachos, una de las cosas que escucho con mayor frecuencia de las mujeres es que llegan a la cama con olor a calcetines sudados del gimnasio y luego quieren que su esposa se les acerque e intime con casi todas las partes de su cuerpo.

No me parece lo debido.

Años atrás, hicimos un programa de radio acerca de la higiene. Prefiero no conocer el tema del programa con anticipación porque me gusta abordarlo desde una perspectiva fresca, tal como lo hace la persona que escucha. No me gusta que el programa parezca arreglado o artificial.

Entonces, tal como es mi costumbre, antes de salir al aire le pregunté al productor de qué íbamos a hablar.

—La higiene y la relación sexual —me dijo.

—No, hablo en serio —dije.

—La higiene y la relación sexual —repitió.

—¿Hablas en serio?

—Claro que sí.

—Bueno, déjame grabarlo antes de que se demuestre que esta quizá fuera la idea más tonta que se nos haya ocurrido.

No hubiera podido estar más equivocado. Los teléfonos comenzaron a sonar en cuanto se explicó el tema, y siguieron entrando llamadas todo el tiempo a lo largo de toda la hora. Recibimos una respuesta tremenda porque los esposos sucios, que no se bañan, no se cepillan los dientes ni se preparan antes de ir a la cama, le quitan de verdad las ganas a una mujer, y al fin, estas mujeres tenían la oportunidad de hablar al respecto.

Déjame decirlo de la siguiente manera: a las diez de la noche, tu barba sin afeitar parece una lija de grano grueso. Toda esa tensión que sentiste en la oficina se convirtió en sudor que corrió por tu piel tiñéndote las axilas y que hizo que los pies huelan a una montaña de abono. Y aunque tienes suficiente poder para llevar a una mujer al éxtasis y hacerla volver en sí con un solo dedo de tu mano, si nunca usas una lima y suavizas esas uñas, es posible que la hagas chillar por una razón muy diferente.

Rachel Herz, profesora de sicología experimental en la Universidad de Brown, publicó un estudio en el cual les hizo una serie de preguntas a trescientos treinta y dos estudiantes universitarios sobre lo que les atraía del sexo opuesto. Las estudiantes dijeron sin cesar que el olor las atraía hacia un hombre aun más que los impulsos visuales[12].

En otras palabras, aunque parezca que «te han sacado brillo», no llegarás muy lejos si hueles como una rata muerta.

Entonces, aprende a usar el jabón. Date una ducha antes de meterte de un salto en la cama si es que tuviste un día ajetreado o estresante, o si deseas que tu esposa se acerque de manera particular (sabes a qué me refiero). Si haces que la experiencia de tu esposa sea más placentera, ella será más complaciente.

Y recuerda: Tus propios olores no son un buen indicio. El sentido del olfato de una mujer es fisiológicamente más agudo que el del hombre. Por lo tanto, aunque pienses que no tienes olor, eso no quiere decir que la nariz superior de tu esposa no capte una señal ofensiva.

LO SUTIL ES LO SUPERIOR

Por alguna razón, cuando se trata de romance, la mayoría de los hombres nos hemos quedado mentalmente en alguna etapa del hombre de las cavernas. Con esto quiero decir que pensamos que a las mujeres les gusta que las agarren, las atrapen y las vapuleen.

De tanto en tanto, si el ambiente es el adecuado, un poco de agresividad y de «vapuleo» juguetón será bienvenido, pero noventa por ciento de las veces a una mujer le gusta que su hombre la toque de una manera mucho más sutil. No quiere que le agarres los pechos como si estuvieras apretando una pelota de tenis para ver si está floja; no le gusta que le palmees el trasero como si acabara de apuntar un jonrón. Desea que la toques con *sutileza.* Si de verdad deseas pasar todo el día «calentando» a tu esposa, debes tener un enfoque mucho más suave y debes prestar atención a zonas menos evidentes.

Aquí tienes los comentarios de algunas mujeres que hablaron de las maneras en que los hombres en el pasado les habían derretido el corazón:

«Apartó con suavidad un mechón de cabello de mi rostro».

«Me cepilló el cabello».

«Se le enredaron las manos en mi cabello».

«Me besó detrás de la oreja».

«Me tocó la cara».

«Se sentó cerca de mí y me puso el brazo en el hombro».

«Me puso la mano sobre el muslo cuando estábamos sentados el uno junto al otro en el cine, durante la cena, en el sofá mientras mirábamos una película».

Una mujer dio este testimonio: «Estábamos haciendo nuestra caminata nocturna. Nos detuvimos en lo alto de la colina y cuando me di vuelta para mirarlo, él me pasó la mano por la mejilla. Luego me acarició el cabello. De repente, lo deseé»[13].

No encontramos ni una sola vez a alguien que diga: «¡Me *encanta* cuando, de repente, me da un apretón en los genitales!». Sin embargo, fíjate cuántas mujeres mencionan al hombre de sus vidas pasándoles las manos por el cabello. ¿Cuándo fue la última vez que lo hiciste?

La diferencia aquí es que, mientras que muchos hombres son propensos a tener una orientación *sexual* en sus pensamientos, las mujeres tienden a tener una orientación *sensual*[14]. Dirigirse de inmediato a las partes privadas de una mujer o participar en un vapuleo sin previo aviso de las mamas no es sensual; es sexual (aunque no mucho, ¡al menos para la mujer!).

DEJA QUE TUS DEDOS SEAN LOS QUE HABLEN

Por lo general, la mayoría de las mujeres no experimentarán un orgasmo solo a través del coito. No me importa si eres un don Juan; desde el punto de vista fisiológico, la relación sexual parece diseñada para cumplir un propósito: hacer que el hombre deposite su esperma. Es el marco ideal para *tu* orgasmo, pero no lo es necesariamente para tu compañera, así que aminora la marcha... tendrás que hacer que tus manos participen.

La mayoría de las mujeres necesitan que les estimulen el clítoris para llegar al orgasmo. El clítoris es un pequeño punto carnoso que se puede encontrar justo arriba de la abertura de la vagina. En realidad, tu esposa tiene dos pares de labios carnosos (uno interno y otro externo), llamados así, labios. Los labios exteriores están cubiertos de vello. Los interiores forman una V dada vuelta que se ve así: Λ. El clítoris es ese punto carnoso que se encuentra justo en el punto extremo de arriba; se encuentra rodeado por un capuchón. Cuando la mujer no está del todo excitada, la «protuberancia» del clítoris se encuentra por lo general escondida entre los pliegues de la piel.

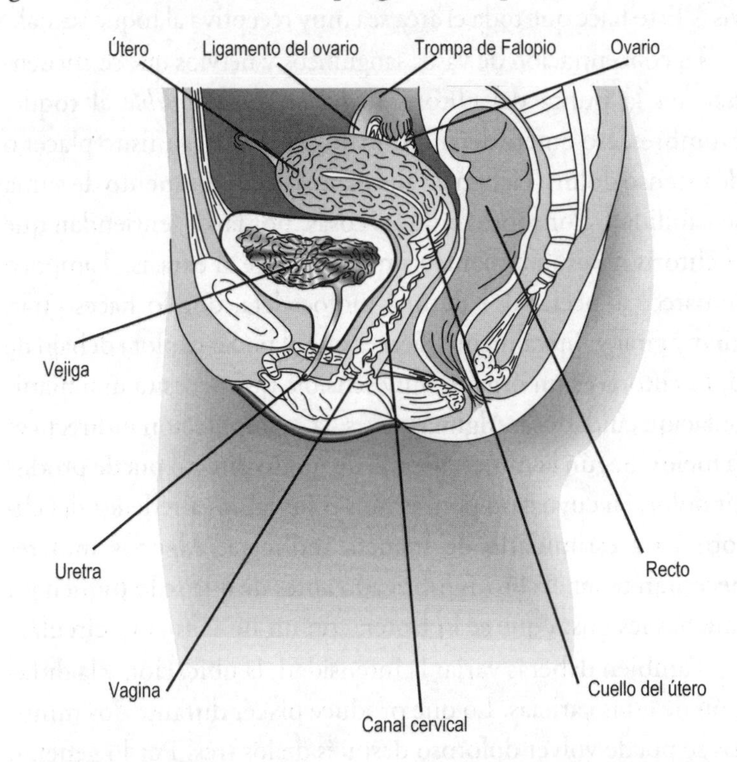

Al igual que los penes, los clítoris varían de tamaño. Algunos sobresalen de los labios y son fáciles de encontrar; otros son más pequeños. Cuando un esposo sensible y amoroso hace bien su tarea y excita con ternura a su esposa, el clítoris, por lo general, se agranda y así es más fácil encontrarlo.

Tal vez esto sorprenda a algunos de los hombres, pero el clítoris de la mujer mide, en promedio, unos veintidós centímetros. Por supuesto, tú solo ves una décima parte de eso; el resto se encuentra escondido en el interior del cuerpo de la mujer. El segmento placentero que sobresale forma parte de un cordón mucho más largo, como una especie de iceberg del amor que deja ver solo la punta al, hum, ojo desnudo (el juego de palabras es del todo intencional). Los otros veinte centímetros restantes que no ves se extienden hacia atrás dentro del albergue de una espoleta dentro de la pelvis[15]. Esto hace que toda el área sea muy receptiva al toque sexual.

La concentración de vasos sanguíneos y nervios que se encuentran en la punta del clítoris lo hacen *hipersensible* al toque. Hombres, eso quiere decir que es un centro de exquisito placer o de intenso dolor. Tienen en sus manos un instrumento de suma sensibilidad. Por sobre todas las cosas, por favor, entiendan que el clítoris no es una manivela que conduce al éxtasis. Tampoco se parece al acelerador de una motocicleta, que lo haces girar, girar y girar y, literalmente, sientes que el poder explota debajo de ti. El clítoris es un órgano muy sensible que necesita una manipulación cuidadosa. Algunas veces, la manipulación indirecta es la mejor. Según la mujer, tocarlo de modo directo puede producir dolor, en cuyo caso podrás mover los labios alrededor del clítoris para estimularlo de manera indirecta. Algunas mujeres necesitan tener el clítoris lubricado antes de que se lo toquen y a muchas les gusta que se lo froten con un movimiento circular.

También deberás variar la intensidad, la ubicación y la duración de estas caricias. Lo que produce placer durante dos minutos se puede volver doloroso después de los tres. Por lo general, una caricia insinuante, muy suave, es el camino preferido; pero a medida que la mujer se acerca al orgasmo, es probable que desee un toque más vigoroso y directo. Esta es la ventaja de la relación sexual con tiempo de una pareja casada: aprenderás lo que prefiere tu cónyuge.

Casi todas las posiciones sexuales le permiten al hombre tener al menos una mano libre. Ya sea que estés arriba o que ella lo esté, ya sea que estés detrás de ella o que ella esté sobre tus rodillas o los dos estén en la posición de cuchara, puedes extender la mano y, ah, con mucho cuidado, encontrar ese pequeño y tierno amiguito. Debes familiarizarte mucho con este pequeño punto si deseas que alguna vez tu esposa se sienta satisfecha de verdad.

Mujeres, permítanme añadir aquí una pequeña nota de forma específica para ustedes: *Ayuden* a su esposo a que les proporcione placer. Cada mujer es diferente; cada clítoris, por así decirlo, prefiere una forma única en que lo toquen. En lugar de dejar que su esposo adivine, o de hacerlo sentir tonto o incompetente porque su manera de tocar no es la adecuada, tómate el tiempo para guiarlo de manera amorosa.

Como este puede ser un asunto sensible, trata de usar una motivación positiva. En cuanto tropiece con algo que da resultado, sé efusiva: «Ay sí, mi amor, sigue así. Es perfecto». «Ah, haces que me moje toda». «Ah, justo allí, ese es el punto. ¡Sí!» «¡Ay, por favor, no te detengas, sí, eso, eso, por favor, no te detengas!».

Si se pasa de la raya debido a la emoción, no seas tímida y pídele que lo suavice. «Más despacio, cariño, ese lugar es un poco sensible». Con el tiempo, puedes sentirte lo bastante cómoda como para guiar la mano de tu esposo. Recuerda, eres la única que sabe de verdad la sensación que produce un toque en tu cuerpo. Tu esposo puede buscar pistas, pero le facilitarías mucho las cosas si hablaras un poco más.

NO SON TAN SENSIBLES COMO PENSABAS

La aréola, el pezón o parte oscura del seno, no es tan sensible como los hombres piensan en general. Es más, algunos investigadores de Boston sugieren que es dos o tres veces *menos* sensible que el dedo índice de una mujer.

Eso *no* quiere decir que puedas tratar al pezón como si fuera el dial de la radio de tu auto; pero sí quiere decir que tal vez debas ser un poco más firme para lograr tocar a tu esposa de una manera que para ella sea agradable.

Dicho esto, recuerda una vez más que los pechos de todas las mujeres son diferentes, no solo en tamaño, sino también en sensibilidad. Algunas mujeres pueden llegar al clímax solo con que les acaricien los pechos. Otras, ni siquiera se acercarán si sigues este camino.

HAZLE EL AMOR A ELLA

Las mujeres saben que los hombres tienden a estar más interesados en la relación sexual que ellas. El solo hecho de que estés excitado, a tu mujer no le dice nada excepto que quieres tener relaciones sexuales y deseas que te «sirva».

Por eso es tan importante que te asegures de que tu esposa sabe que le estás haciendo el amor a *ella*. Quieres que sepa que tu deseo no es solo llegar a un orgasmo (aunque si ella se ofrece, no tienes intenciones de rechazarla...), sino que de verdad la deseas a *ella*. Es la única con la que quieres estar.

¿Cómo lo haces? Un juego amoroso apurado, un movimiento vigoroso del pene dentro de la vagina para luego desplomarte a su lado y quedarte enseguida dormido no es la mejor receta. Déjame contarte lo que dicen algunas mujeres que las hace sentir especiales durante la relación sexual:

«Me gusta que me hable mientras hacemos el amor, y que me diga que me desea y por qué y cómo lo excito. ¡Dime más!»

«Contacto visual. Cuando nos besamos. Cuando nos amamos. Me encanta ver la expresión en sus ojos porque cuando me brinda su amor, su expresión es siempre muy cariñosa».

«Cuando hacemos el amor, me toca la cara, dice mi nombre, juega con mi cabello. Me hace sentir que está feliz de estar *conmigo*»[16].

Creo que a esta altura captas cuál es el punto: Encuentra maneras de decirle a tu esposa que la deseas a *ella* más de lo que deseas la relación sexual. Haz de la relación sexual algo *personal, apasionado y relacional.*

EL PUNTO «SUYO»

En estos días, casi todos han escuchado hablar acerca del famoso punto «G», que saca su nombre del doctor Graffenberg, el médico que lo describió por primera vez hace medio siglo. Para la mujer, el punto G es, desde el punto de vista anatómico, el lugar entre la uretra y la vejiga. Lamento si eso arruina parte del misterio, pero así son las cosas.

Aunque la sensibilidad del punto G varía de una mujer a otra, por cierto es algo con lo cual un esposo sensible querrá familiarizarse. Sin embargo, no te entusiasmes demasiado. En lugar de hablar del punto G, me gustaría hablarles a las parejas de lo que llamo el punto «suyo».

Lo que he descubierto es que el punto «suyo» *se mueve.* Lo llames como lo llames (el punto G, M o Z, o el punto caliente), el martes se encuentra aquí, pero el sábado está más allá. Mi esposa es alemana, ¡pero creo que tiene algo de leopardo porque sus puntos cambian! Aparecen y desaparecen como los embaucadores, y si me obsesiono demasiado con algo que leo en el artículo de una revista, pierdo su punto.

Nuestra tarea como hombres es descubrir lo que a nuestra esposa la hace saltar. Lo que hace saltar a tu esposa quizá no sea lo mismo que haga saltar a la mía.

Con todo, tan solo para que te informes por completo y sientas que tienes en este libro aquello por lo cual pagaste, veamos lo que tenía para decir el famoso doctor acerca del punto que al parecer hace que los dedos de los pies de tu esposa se curven.

En primer lugar, hombres, les advierto que el punto G no es un gatillo que se puede apretar para encender los fuegos artificiales a voluntad. Deberás abrirte camino hasta encontrarlo. Si metes algunos dedos por allí y comienzas a hurgar, es probable que tu esposa se convierta en una ballena asesina en vez de una gatita ronroneante. Haz tu trabajo primero, y una vez que tu esposa ya esté excitada, inserta con *suavidad* uno o dos dedos (la palma de tu mano debe mirar hacia ti) en su vagina. La siguiente parte, varía de una mujer a otra, pero por lo regular a unos tres o cuatro centímetros por encima de la abertura de la vagina, sobre la pared del frente, al final sentirás un pequeño punto que tiene unas pocas protuberancias, o que al tacto es un poco más áspero que la piel que lo rodea. Como estás tocando la uretra, es probable que tu esposa se preocupe por la necesidad de orinar, pero pronto, si sigues aplicándole una presión suave, esa urgencia desaparecerá y se convertirá en una sensación muy agradable. Sabrás que has ganado la lotería cuando escuches los gemidos.

Te puede resultar más fácil localizar el punto G de tu esposa pidiéndole que se acueste boca abajo y abra las piernas. En este caso, harás presión hacia abajo con los dedos. Trata de frotar hacia arriba y hacia abajo y también hacia un lado y hacia el otro, y anima a tu esposa a que te vaya guiando. Este punto le produce una sensación diferente a cada mujer, así que tendrás que aprender lo que le resulta mejor a tu esposa. Es todavía mejor si haces entrar las dos manos en juego y estimulas el clítoris al mismo tiempo que frotas el punto G.

Por lo general, para tocar el punto G durante la relación sexual es mejor que la esposa esté arriba. El hombre debería acostarse sobre la espalda con las rodillas levantadas, proporcionando algo para que la esposa se recueste hacia atrás. Con paciencia, estará en condiciones de dirigir el pene de su esposo justo hacia el punto adecuado.

Luego, espera.

Una alternativa es que el esposo penetre a su esposa desde atrás, intentando de forma consciente acariciar el punto G de su esposa con el pene. Por supuesto, esto requerirá algo más que movimientos sin rumbo; requerirá un esfuerzo sensible de parte del hombre.

LAS PELEAS POR LA FRECUENCIA

«Y bien», le dije al hombre que se encontraba sentado frente a mí, que tenía tres hijos y hacía dieciocho años que estaba casado, «¿qué es lo que en verdad te gustaría hacer en la cama?»

«Sería lindo tener relaciones sexuales», respondió.

Yo tendría que haber sido más específico.

Cuando una pareja viene a mí para hablar sobre sus problemas con la vida sexual, las «peleas por la frecuencia» son uno de los desacuerdos más comunes. Aunque he hablado con cierta cantidad de mujeres que desean tener relaciones sexuales con mayor frecuencia que sus esposos, por una cuestión de costumbre, a los hombres les parece que tienen que rogar para obtener la mitad de la relación que les gustaría tener.

No te molestes cuando tu esposa no quiere tener relaciones sexuales con la misma frecuencia que tú; la diferencia es, por lo general, hormonal. Tu esposa no tiene la testosterona que recorre tu cuerpo así que no puedes esperar que tenga el mismo deseo que tú ni culparla por no tenerlo. Aunque algunas cosas pueden mejorar el deseo, lo que podemos controlar es lo que hacemos con él o lo que dejamos de hacer, no el deseo en sí.

La mayoría de los hombres deben «retroceder en el dial» un poquito. Con esto quiero decir que debes dejar de esperar que tu esposa satisfaga tus necesidades sexuales a la perfección. Prepárate para mejorar. La vida sexual perfecta que tienes en mente es muy probable que no exista; es mucho más positivo esforzarse por mejorar que luchar por un ideal que tal vez dos personas no alcancen nunca.

Seré un poco vulnerable aquí. Algunas veces, los escritores se pierden en el ideal y presentan cuadros que no son realistas. Yo soy un hombre de cuarenta y ocho horas; si han pasado más de treinta y seis horas, la relación sexual se vuelve algo muy, pero muy importante para mí. Con todo, ¿sabes una cosa? La relación sexual cada cuarenta y ocho horas tiene lugar muy de vez en cuando en la casa de los Leman. Para Sande y para mí sería una semana muy fuera de lo común si estuviéramos juntos tres o cuatro veces. Entre mi agenda de viajes, la crianza de cinco hijos y el negocio de antigüedades restauradas que tiene mi esposa, *Shabby Hattie*, sencillamente no tenemos el tiempo ni la energía para tener relaciones sexuales con tanta frecuencia como me gustaría. Sin embargo, tenemos una buena vida sexual. ¿Por qué? Porque no permito que lo *pudiera ser* arruine lo que tenemos.

LAS FANTASÍAS FEMENINAS

Las mujeres *tienen* fantasías, pero nunca igualarán a las fantasías masculinas. Sin embargo, por fortuna para ti, la mayoría de las fantasías femeninas están al alcance del hombre promedio. Dos escritoras hicieron una encuesta en la cual les pedían a las mujeres que describieran sus fantasías románticas. Las respuestas eran alentadoras: «Les encantará saber que ni una fantasía mencionaba estar sepultada en diamantes, envuelta en visones ni a bordo de un yate privado rumbo a la isla de la fantasía. No, las fantasías que describieron las mujeres de todas las edades, en todo el país, estaban muy al alcance del oficinista común»[17].

Estas fantasías incluían deportes al aire libre, ir de compras, recitales de música y buenos restaurantes. La clave principal de todas estas «fantasías» es que las mujeres deseaban que los hombres se hicieran cargo de todos los detalles del cuidado de los niños y de las reservaciones. Muchas veces, el hombre dice: «Cariño, salgamos este fin de semana», y luego le deja la responsabilidad de encontrar el hotel, hacer las reservaciones para la cena, encontrar a alguien que cuide a los niños, etc.

Si la fantasía de tu esposa es una cena, busca un ambiente íntimo. Los lugares pequeños y los espacios reservados con luz de vela son los preferidos, en lugar de una atmósfera ruidosa, parecida a la de una taberna. Busca lugares en los que utilicen servilletas de tela y toquen música lenta y suave.

Piensa en grande; vístete para la ocasión y, si puedes, cómprale a tu esposa una alhaja o un vestido nuevo para usar esa noche. Y una vez que estés allí, ten en mente que tu conversación hará que esta cena sea un éxito o un fracaso. Sanna y Miller sugieren lo siguiente[18]:

Lo que desea escuchar:	**Lo que no desea escuchar:**
• Lo maravillosa que se ve	• Los hijos, los parientes políticos
• Cuánto la extrañas	• La oficina
• Lo bueno que es estar con ella	• Algún deseo que no la involucre a ella
• Los planes para el futuro de los dos	• Nada negativo, nada que no te guste sobre cualquier cosa
• Lo que te gusta de la relación entre ustedes	• Temas en los cuales no estén de acuerdo y puedan provocar una discusión
• Los planes para su futuro (alcanzar sus sueños, metas personales, etc.)	• Tareas
• Sus intereses (aliéntala con respecto a ellos)	• Gastos, cuentas, impuestos
• Cómo se conocieron (recuerda los maravillosos comienzos)	• Problemas del día
• Por qué es especial para ti	• Otras mujeres, pasadas o presentes
• Comentarios positivos acerca del restaurante	• Aspectos negativos del restaurante
• Sus logros	• Tus logros
• Su día	• Tu día
• Sus ideas	• Tus ideas
• Cuánto aprecias todo lo que hace ella	• Las dificultades que tuviste para planear esta gran cita

Por supuesto, a algunas mujeres les gusta que les hables de tu día, pero solo después de haberte interesado por el de ellas. Mantente positivo, concéntrate en ella y en la relación.

«Un momento, doctor Leman», dirán algunos de ustedes. «¿Qué tiene todo esto de sexy?»

Ah, mi querido amigo, acabas de cometer el error masculino supremo. Te imaginaste que «fantasía» y «relación sexual» se combinan en la mente femenina. Eso no es necesariamente así. Con todo, ¿quieres que te diga una cosa? Cumple esta fantasía y el interés de tu esposa por la relación sexual aumentará unas cien veces, siempre y cuando esté segura de que no haces esto solo para poder esperar una gran «compensación» a cambio.

Una encuesta les pidió a las mujeres que llenaran el espacio en blanco: «Si él fuera más romántico, me sentiría más inclinada a...». Las respuestas fueron:

1. «Excitarme por estar con él»
2. «Seguir manteniéndome atractiva»
3. «Descubrir qué desea; a tratar de ayudarlo a satisfacer sus necesidades»
4. «Quedarme con él en lugar de buscar un nuevo compañero»
5. «Estar de buen humor cuando él está cerca»
6. «Atender sus necesidades sexuales»[19]

De todos los miles de millones de hombres que se encuentran sobre la faz de la tierra, tu esposa te escogió a ti. ¿Por qué te parece que lo hizo? ¿Será porque pensó que la manera en que actuabas cuando eran novios sería la misma en que actuarías cuando estuvieran casados?

Si uno lo piensa, es bastante razonable.

¿No valoras lo suficiente a tu esposa? ¿Sigues haciendo las cosas que hacías cuando la «cortejabas» y cuando «salías» con ella? ¿Te hubieras aparecido para ir a un baile de la universidad con olor a aceite de motor? Entonces, ¿por qué vas a la cama con ese mal olor?

La mejor manera de mejorar tu vida sexual, incluyendo el deseo que tu esposa sienta hacia ti, es concentrarte en el otro noventa y cinco por ciento de tu matrimonio y edificar esa parte.

9

Solo para mujeres

Una mujer que conozco decidió aplicar algunos de los principios que he desarrollado en este libro y sorprendió de verdad a su esposo. Deseaba hacer algo impactante, y como su esposo había estado afuera durante todo un mes en un viaje de negocios, se le ocurrió una gran idea para recompensarlo por su fidelidad.

Para ponerse a tono, se dio un largo y agradable baño de burbujas. Se afeitó las piernas, se puso el perfume favorito de su esposo y luego se puso un liguero, unas medias, un abrigo impermeable y... nada más. Luego condujo hasta el aeropuerto, estacionó el auto y salió con la esperanza de encontrar a su esposo en la puerta de embarque.

Se olvidó de la seguridad. En cuanto pasó por la máquina, sonó un fuerte *¡BIIIIIIP!* Y fue entonces cuando recordó que llevaba puesto un liguero de metal.

El rostro se le puso más blanco que las sábanas que acababa de poner sobre la cama. Miró hacia atrás y vio a una pareja de ancianos, a un joven empresario y a una impaciente familia que esperaban pasar. ¿Qué podía hacer?

El oficial de seguridad trató de ayudarla.

—Estoy seguro de que es el cinturón de su abrigo, señora. ¿Por qué no se lo quita y lo hace pasar solo por la máquina?

—¿Que me quite el abrigo? —preguntó aterrorizada.

—O al menos el cinturón.

Para entonces, toda la sangre de la cabeza le había bajado a los pies. Tenía las manos entumecidas y frías cuando se quitó el cinturón y luego se abrochó el abrigo con un gancho de acero, mientras oraba con un fervor que jamás había conocido para que el liguero de metal no hiciera sonar la alarma otra vez.

Volvió a pasar por la máquina, lista para morirse de la vergüenza. El sonido del silencio nunca le resultó tan maravilloso a esta joven esposa. Enseguida asió el cinturón de su abrigo, se lo puso y se encontró con su esposo en la puerta de embarque.

Por supuesto, a él le pareció que la historia era comiquísima, y valoró este gesto mucho más de lo que esta mujer jamás se dio cuenta. Así y todo, ella le advirtió: «¡No vuelvas a esperar *jamás* una sorpresa como esta!».

¿POR QUÉ NO?

Recibir y dar gestos espontáneos como el mencionado más arriba puede obrar maravillas en tu matrimonio. En realidad, la mayor parte de lo que quiero decir en este capítulo es esto: ¿Por qué *no* ahora, y por qué *no* aquí?

¿Alguna vez tu esposo se te acercó por atrás y te puso la mano sobre un pecho mientras te ponías rímel en las pestañas y lo único que hiciste fue apartarle la mano de forma brusca con un cortante: «¡Ahora no!»?

¿Por qué ahora *no*?

¿Cuánto tiempo lleva acariciar un pecho? ¿Diez segundos? ¿Veinte segundos? ¿De verdad no puedes darle a tu esposo esa cantidad de tiempo?

Sé lo que estás pensando: *Usted no comprende, doctor Leman. Si lo dejo que me toque el pecho, en diez segundos exactos estaré de espaldas mirando el cielo raso. Mi ropa estará toda esparcida por el piso, mi cabello será un desastre y tendré que volver a maquillarme. Luego, llegaré tarde al trabajo.*

Algunas veces, puede que las cosas terminen así. Como una circunstancia excepcional, hasta puedo decir que llegar tarde al trabajo una o dos veces al año puede ser lo que necesita tu matrimonio. Aun así, muchas veces lo único que desea tu esposo es un toquecito rápido. Entonces, la próxima vez, sorpréndelo al darte vuelta y darle a él un toquecito rápido.

Hay una gran diferencia entre una esposa que saca corriendo a su esposo y una que se ríe en forma picarona y hasta se involucra en uno o dos minutos de caricias ligeras mientras le susurra al oído: «Esto suena delicioso, pero lamento de verdad que tenga que alistarme para ir al trabajo. Vamos a guardarlo para esta noche cuando tendrás todo lo que quieres y más». La segunda mujer habrá satisfecho a su esposo, aunque no se haya quitado la ropa y su cabello siga en su lugar. La primera le habrá bajado los humos a su esposo y habrá socavado su masculinidad, todo por sesenta o noventa segundos.

Ese minuto es muy costoso.

¿POR QUÉ NO AHORA?

Los hombres son más frágiles de lo que la mayoría de las mujeres se dan cuenta. Quieren ser los que proporcionan placer, y sus sentimientos se hieren con mucha más facilidad de lo que muchas mujeres sabrán jamás. No solo piensan en jugar al golf y en matar ciervos; es más, muchas veces los hombres parecen obsesionados con estas cosas porque no se sienten amados en el hogar y, por lo tanto, se van para escapar.

¿Quieres darle algo especial a tu esposo? La próxima vez que se acerque por atrás y tome con suavidad uno de tus pechos en su mano, esperando que lo apartes de prisa, déjalo que se quede allí durante algunos segundos. Cuando al fin se desprenda, llámalo y dile: «¡Eh!», con un tono de voz enérgico.

Cuando hayas captado su atención, prosigue: «Te olvidaste del otro».

Mis fieles lectoras, si lo hacen, será una conversación que es probable que su esposo jamás olvide.

Quiero ayudarte a que comprendas la forma en que piensa un hombre. Cuando veo a Sande inclinada para vaciar el lavaplatos, le digo algo así: «¿Quieres saber en qué estoy pensando en este mismo momento?».

«No, Lemey, *no* quiero saber lo que estás pensando; ve a buscar algo para hacer».

Muchas veces, las mujeres no se dan cuenta de que la simple visión de ellas inclinadas hacia delante puede producir algo profundo en un hombre. Somos criaturas visuales, y nos dan señales visuales todo el día. Si lo combinamos con la testosterona que da vueltas por nuestro cuerpo, eso nos hace vivir a muchos en un elevado estado de alerta sexual.

Muy bien, aquí tenemos otra escena. Si le digo lo mismo a Sande cuando se encuentra inclinada sobre el lavaplatos, puede decirme: «Lemey, el señor Feliz tiene este hábito de excitarse en momentos en los que no existe posibilidad de que tenga suerte. Aunque te diré algo, esta noche el señor Feliz obtendrá una buena sesión de ejercicios. Lo espero con ansias. En realidad, no hay nada que desee más».

Cuando Sande hace esto, es todavía mejor que cuando cede de inmediato. ¿Sabes por qué? Utiliza el poder de la expectativa y desde el punto de vista emocional, para un hombre, la expectativa es incluso mejor que la participación.

¿Te sorprende? Piénsalo. ¿Cuánto dura la participación? ¿Diez minutos en una sesión rápida y veinte en una promedio? A lo sumo, si se toman tiempo de verdad, puede durar cuarenta y cinco a sesenta minutos.

Sin embargo, una esposa que le dice a su esposo: «¡Esta noche es la noche!», le da *todo un día* de placer. Es difícil que pasen veinte minutos sin que tu esposo piense en ti, te imagine, te desee. ¿No suena maravilloso que tu esposo tenga pensamientos amorosos y afectuosos acerca de ti todo el día?

Las palabras que escoges son importantes de verdad. Cuando tu esposo está a punto de partir de la casa y viene a darte un besito superficial, si lo sorprendes dándole un beso de verdad, prácticamente dejándole limpios los premolares en el proceso, y luego le dices: «Tengo planes para ti más tarde, amigo, así que vuelve rápido del trabajo a casa», vas a estar en la mente de alguien todo el día.

¿POR QUÉ NO AQUÍ?

Otra frase famosa que las mujeres les arrojan a sus esposos es: «Aquí no».

¿Por qué aquí no? ¿Quién dice que el único lugar adecuado para hacer el amor es el dormitorio? ¿Por qué no ser un poco aventureros?

No sugiero que hagan el amor en el medio de un centro comercial ni en la ceremonia de entrega de diplomas de la licenciatura de su hija, ¡pero oye!, si tu esposo comienza a ponerse juguetón en la cocina y no hay nadie en la casa, en casi todas las cocinas hay unos cuantos artículos interesantes que se pueden usar sobre el cuerpo en lugar de untarlos sobre el pan.

¡Piénsalo!

Me encontraba en una fiesta de autógrafos en un negocio que también había invitado al antiguo comediante Steve Allen. Los dos hablábamos con la gente mientras firmábamos los libros. El que yo firmaba se titulaba *El amor comienza en la cocina.*

Steve y yo observamos a una pareja de ancianos que entraron tomados del brazo y que demostraban a las claras que estaban enamorados el uno del otro, pero también demostraban a las claras que tenían más de ochenta años. La mujer, con el cabello blanco como la nieve y anteojos de abuela, miró la exposición de mi libro, que proclamaba con descaro que la relación sexual comienza en la cocina. Miró a su esposo y dijo: «En nuestra casa no; ¡hay demasiadas ventanas!».

Tanto Steve como yo lanzamos una buena carcajada, fue muy gracioso.

Mira, no te estoy pidiendo que seas impúdica, y puedes tener toda la seguridad de que no te estoy sugiriendo que hagas algo por lo cual puedan arrestarte; pero si los hijos se han ido, y el terreno que rodea tu casa es privado, o si las cortinas de la sala están cerradas y tu esposo se encuentra de pronto detrás de ti, bueno, en esos casos, pregúntate: «¿Por qué no aquí?». Si puedes pensar en una buena razón para no hacerlo, ¡tal vez tú deberías hacer el primer movimiento!

PARA QUE TE SIENTAS CÓMODA CON EL SEÑOR FELIZ

En otro libro he dicho que el mejor amigo del hombre no es el perro y que la amistad comienza desde temprano.

Historia verídica: Una joven madre le daba un baño a su hijo de tres años cuando este miró hacia arriba y dijo: «Mami, me encanta mi pene».

Azorada, la joven madre se lanzó a dar una lección de anatomía. «Bueno, cariño, Dios nos hizo y nos dio hombros y dedos, pies y rodillas, oídos y nariz, y cada parte es tan importante como cualquier otra».

El niño no dijo una palabra, sino que escuchó con paciencia la lección que le daba su madre acerca de las maravillas del cuerpo humano. Cuando terminó, le dijo: «Pero, mami, de todas maneras, lo que más me gusta es mi pene»[20].

El «señor Feliz», como prefiero llamarlo, es alguien con el cual tendrás que sentirte cómoda si deseas agradar a tu esposo. No tendría por qué ser difícil; después de todo, desde hace mucho tiempo opino que el señor Feliz es encantador (aunque mi esposa no siempre está de acuerdo). Por favor, no digas lo que, según he escuchado, dicen algunas esposas cuando ven por primera vez los genitales de su esposo: «¡Es la cosa más fea que he visto en toda mi vida!». Aunque sea verdad, es probable que lo mejor sea que te lo guardes para ti.

Si tu esposo es joven, entre veinte o treinta años, por lo general te las puedes arreglar con solo guiñarle el ojo al señor Feliz, y él con diligencia se elevará en un honorable saludo. Sin embargo, a medida que tu esposo envejezca, deberás aprender el arte de estimular al pene. Como tan pocas mujeres han recibido una verdadera instrucción, aquí tenemos un manual elemental sobre cómo darle placer al miembro más querido de tu esposo.

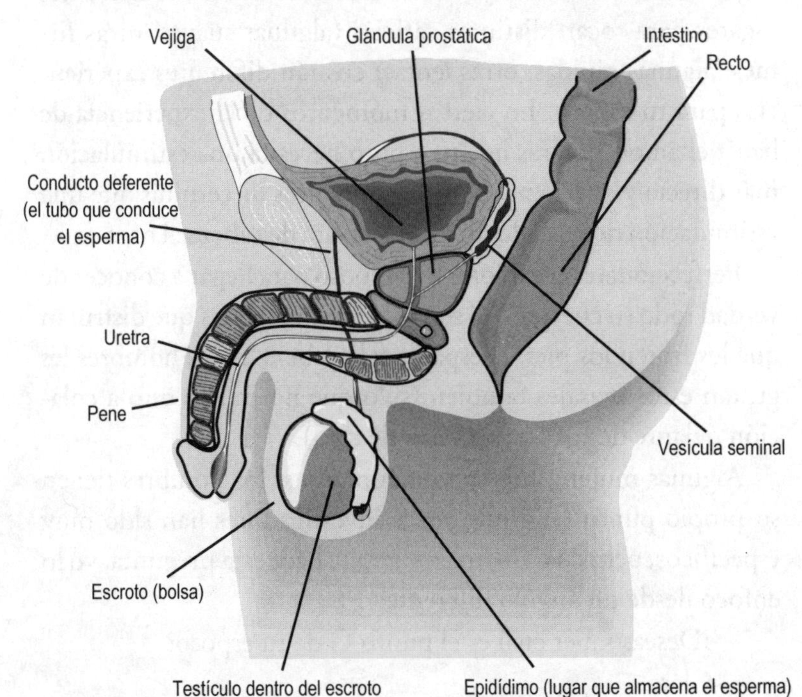

Para empezar, la parte más sensible del pene del hombre es, por lo general, la parte de abajo del eje y la cabeza. Préstale particular atención a la parte sobresaliente de arriba de la cabeza. En esa parte, hay una pequeña entrada que es hipersensible. Con solo pasarle la lengua con suavidad, tu esposo puede tocar el techo.

El pene está rodeado de muchos sensores diferentes. Al frotar el eje se crea una sensación y, por lo general, es una buena manera de provocar la erección en el hombre. Si la concentración se centra en la cabeza que es más sensible, la estimulación es más intensa y casi siempre es el lugar para crear el clímax. Con el tiempo, aprenderás a hacer que tu hombre se ponga duro sin llevarlo «al límite». Hay que ser una amante habilidosa para llevar al esposo al pico del éxtasis sexual, pero luego saber cuándo echarse atrás para prolongar el placer y volver a llevarlo de nuevo a la cima de la montaña. Diferentes formas de frotar, diferentes lugares para tocar, distintas caricias (algunas suaves, otras firmes; algunas rápidas, otras lentas) crearán diferentes experiencias para tu esposo. En ciertos momentos de la experiencia de hacer el amor, notarás que tu esposo necesita una estimulación más directa y enérgica; en otros momentos discernirás que una estimulación demasiado directa lo llevará de cabeza al orgasmo.

Perfecciónate en explorar a tu esposo para llegar a conocer de verdad todo su cuerpo. No son solo las mujeres las que disfrutan que les froten los pies, la espalda y la cabeza. A los hombres les gustan estos masajes también (solo que no traigas esto a colación delante de sus compañeros de caza).

Algunas mujeres me han preguntado si los hombres tienen su propio punto G. Unos pocos investigadores han sido muy específicos, pero cuando una mujer me hace esta pregunta, yo lo enfoco desde un ángulo diferente:

—¿Deseas saber cuál es el punto G de tu esposo?

—Claro.

—De acuerdo, piensa en un leopardo lleno de manchas.

—Muy bien.

—¿Tienes la imagen en tu mente?

—Sí.

—Ahora, ¡escoge tú!

A los hombres sencillamente les gusta que los toquen, y todos los puntos son buenos. Solo tócalos y van a responder.

SIEMPRE LISTA

Para disgusto de más de una esposa, el señor Feliz no vive de acuerdo con un programa. En realidad, ni sabe lo que es un programa. Además, tiene una memoria muy corta.

Por ejemplo, digamos que con tu esposo tuvieron una sesión larga, hermosa y despreocupada de relación amorosa la noche anterior. A la mañana siguiente, tu esposo está mirando cómo te estiras para poner un libro en un estante. Es sábado por la mañana y como te encuentras trabajando dentro de la casa, no te molestaste en ponerte un sostén. Al estirarte, tus pechos se mueven de una manera provocativa debajo de tu camiseta.

Ahora bien, es probable que pienses como una mujer: *Tuvimos relaciones sexuales anoche, ni siquiera me he dado una ducha, tengo una ropa sucia. El factor de seducción debe ser de 1 en una escala del 1 al 10.*

Sin embargo, te das cuenta de que en cuestión de segundos tu esposo se levanta y se acerca para abrazarte desde atrás y de repente, eres muy, muy consciente de que el señor Feliz no se encuentra precisamente «descansando».

Piensas: *¿Qué sucede aquí? ¡Apenas si lo hicimos anoche!*

Lo lamento, pero aquí se trata de una relación; no nos referimos a un tablero marcador ni a un concurso. Este hecho les puede resultar difícil en particular a mis lectoras femeninas primogénitas que desean que todo se lleve a cabo de acuerdo con un programa.

Te deseo buena suerte si tratas de poner al señor Feliz dentro de un programa.

Si hablas con parejas satisfechas, escucharás la palabra *espontaneidad*. Como los hombres se ven impulsados por la vista, una mirada rápida a una mujer en ropa interior o cuando sale de la ducha puede ser un detonante suficiente, en especial si han pasado un par de días. En tales circunstancias, es probable que a tu esposo no le importe si la reunión de la iglesia comienza dentro de quince minutos o si tiene una reunión importante en la oficina. Una de las escenas más famosas del cine de todos los tiempos (que no he visto, pero sobre la cual he leído mucho) fue una de las primeras películas de Sharon Stone en la cual, al parecer, se tomaba un poco más de tiempo que el habitual para cruzarse de piernas. Los hombres de toda la nación estaban cautivados; estoy seguro de que las mujeres que miraron la escena pensaron: *¿Qué tiene de grandioso? Cruzó las piernas. La escena terminó antes de que te dieras cuenta.*

Créanme, mujeres: una mirada es todo lo que se necesita.

No es solo la vista lo que nos atrapa. Una mujer es capaz de que muchos hombres volteen a mirarla solo al escoger el perfume adecuado. Los hombres se pueden convertir en cachorritos, conquistados del todo por ciertos aromas.

—¿Te casarías conmigo?

—¡Ni siquiera te conozco!

—No importa... si siempre vas a oler tan bien, deseo ser tu esposo.

Recuerdo que después de algunos años de matrimonio, Sande me dijo: «Por cierto, no se necesita demasiado para hacerte funcionar, Leman». La mujer inexperta quizá piense: *¿En qué lío me he metido?* A menudo hablo con esposas jóvenes que están bien conmocionadas ante la frecuencia y la duración del interés sexual de su esposo. Algunas me han dicho que pensaron que si cedían y tenían relaciones sexuales cinco días seguidos, su esposo se «curaría». Ni por casualidad. Es probable que esta semana esté sonriente, pero la semana próxima, seguirá teniendo el mismo interés.

Esta mentalidad «siempre encendida» que tienen los hombres no es una conspiración; así nos hizo Dios. Recuérdalo una y otra vez: «Dios hizo a mi esposo de esta manera». Dios piensa que es importante que tu esposo sienta atracción química de ti y motivado para acercarse físicamente de manera regular y firme.

No sé a cuántas mujeres he reprendido de forma amable con estas palabras:

—Por favor, no culpes a tu esposo por ser un hombre.

—¿Qué quiere decir?

—Si deseabas a alguien con quien conversar y que le encantara hacer las mismas cosas que te gustan a ti, deberías haberte quedado soltera y cultivar amistades femeninas que compartieran la vivienda contigo. Sin embargo, te casaste con un hombre que tiene gustos y necesidades diferentes, y entre esas necesidades se encuentra la relación sexual.

UNA NUEVA ACTITUD

Más importante que el tamaño de tus pechos, más importante que el tamaño de tu cintura, más importante que el largo de tus piernas, es tu actitud. La vasta mayoría de los hombres preferirían tener una esposa que no sea tan agraciada, pero que tenga una actitud de disponibilidad sexual en vez de una mujer con una belleza que te haga caer de espaldas, pero que trata a su esposo como el hielo, dejándolo siempre helado.

Una actitud positiva también quiere decir que aprecies y respetes a tu esposo. Eso es lo que quieren los hombres. Es lamentable, pero se ha vuelto aceptable desde el punto de vista cultural castigar a los hombres y transformar a la especie masculina en criaturas estrechas que solo piensan a través del pene. Eso no es verdad; en realidad, los hombres satisfechos sexualmente piensan en la relación sexual mucho menos que los que están frustrados. Si tu esposo está obsesionado con la relación sexual, es probable que esté así porque no siente que experimenta lo suficiente.

Las mujeres deben estar dispuestas a estar a favor de sus esposos, incluso en las conversaciones con sus amigas. No hay nada que haga sentir más orgulloso a un hombre y que haga que se enamore más de su esposa que escuchar que ella se puso de su lado y del lado de su especie durante un acalorado cotorreo entre mujeres. De paso, la posibilidad de que esto llegue a los oídos de su esposo es muy alta; es tan poco común que una esposa respete a su esposo de esa manera que la gente casi siempre lo comenta.

LA RELACIÓN SEXUAL ORAL: A CINCO MIL KILÓMETROS DE DISTANCIA

Si vives en una ciudad grande, ve a mirar en el periódico local y encontrarás (según cuáles sean las leyes de tu estado) docenas de anuncio de «relación sexual por teléfono», números en los cuales los hombres llegan a pagar tres dólares o más *el minuto* para escuchar a una mujer diciéndole cosas indecentes y obscenas.

No hay duda alguna, esto es una perversión; pero para que esta industria haya prosperado como lo ha hecho, debe haber algo detrás. Nunca he llamado a una de estas líneas, aunque me he sentido tentado a hacerlo desde la perspectiva de un sicológico solo para saber de qué se tratan. La primera vez que oí hablar de ellas, no daba crédito a que un hombre pagara semejante cantidad de dinero por lo que parece un servicio tan tonto.

No obstante, ¿sabes lo que han descubierto estos proveedores de pornografía telefónica? El poder de las palabras. Cuando una mujer dice algo que un hombre puede visualizar, esas palabras vívidas son capaces de llevarlo hacia el orgasmo. Te garantizo que esos hombres no llaman para tener una conversación informal. Si no existiera una compensación, por así decir, no pagarían tanto dinero.

¿Qué dicen estas mujeres (de una manera falsa y enferma)? «Te deseo». «Te necesito». «Si estuviera contigo en este mismo momento, podrías hacer lo que quisieras». Estoy seguro de que por más vulgar que sea, sin embargo, es un floreciente negocio multimillonario.

¿Sabes qué clase de esposos son los que llaman? Los que obtienen una dosis constante de «ahora no, aquí no, despertarás a los niños, ¿eso es lo único en lo que puedes pensar?»

¿Alguna vez has considerado la posibilidad de usar lenguaje «creativo» con tu esposo? Hablaremos más acerca de esto en un capítulo posterior, pero deseo plantar la idea en tu mente en este mismo momento.

«¡Pero doctor Leman! No querrá que hable como las que trabajan en las líneas sexuales, ¿no es cierto?»

No precisamente, pero considera lo siguiente: Imagina a una niña de quince años que tiene un bebé. Es un pensamiento un tanto triste, ¿no es así? Sabes que el padre quizá no aparecerá y no existe en este planeta una joven de quince años lo bastante madura como para criar sola a un niño.

Ahora imagina a una mujer de veinticinco años que hace tres años que está casada y está a punto de dar a luz. Piensas en los abuelos felices, la habitación decorada de manera especial, el gozo reflejado en el rostro de esa pareja.

Lo que sucede es justo lo mismo: el nacimiento de un niño, pero uno de los acontecimientos está muy bien y el otro está muy mal.

El juego sexual puede ser semejante. No te pido que seas lasciva, grosera ni ofensiva, pero quiero que entiendas que las palabras que uses en la cama no solo se escuchan: se saborean, se estudian y se memorizan. Si lanzas una frase o dos que parecen fuera de lugar por completo en otro lugar que no sea el dormitorio, te puedes sorprender al ver lo emocionante que le resulta a tu esposo dentro del dormitorio.

POR EL SOLO HECHO DE SER GROSERA NO QUIERE DECIR QUE NO SEA REAL

Muchas mujeres han escuchado la burda frase «locura del amante». Durante la relación de noviazgo, los muchachos muchas veces tratan de presionar a las jóvenes para tener relaciones sexuales al hablar sobre lo dolorosa que es la abstinencia. Ya sabes lo que pienso al respecto. Con todo, en una situación matrimonial, las esposas deben comprender que existe alguna verdad en esa frase. Algunos días, el hombre se despierta en un estado de completa erección. Tal vez se acerca a su esposa y ella lo rechaza, pero ese rechazo no hará nada para disminuir su deseo.

¿Cómo puedo decir lo siguiente de manera que no ofenda a algunas de las lectoras más sensibles? Te lo diré de esta manera: ¡De verdad puede doler! Tu esposo no te miente. Hay veces en que el alivio sexual se parece mucho a una necesidad urgente para un hombre. Seré sincero contigo: Si hay algo peor que esta sensación, yo no lo he descubierto. (Con excepción, tal vez, de que te den una patada en esa zona).

Las mujeres deben entender que si un hombre se pone juguetón, pueden rechazarlo enseguida al decirle: «Ah, siempre estás jugando», y se lo quitan totalmente de la mente; pero él se queda lastimado de verdad. La pistola está cargada, la última bala entró en la recámara, el blanco está a la vista y se está pulsando el gatillo. Por lo tanto, que te hagan de lado como si tal cosa cuando estás tan cerca es terriblemente frustrante.

«Nunca haría que mi esposo se entusiasme y luego daría marcha atrás», quizá digan algunas esposas, pero no hablo de eso. Algunas veces, el esposo *se despierta así*. Algunas veces, regresa a casa del trabajo y ve a su esposa que se desviste y se siente así. Es probable que no te des cuenta de lo avanzado que se encuentra en la escala de la excitación porque tu cuerpo trabaja de manera muy diferente, pero siente que prácticamente se muere por tener intimidad.

¿Y esto qué tiene que ver contigo? Esas relaciones rápidas y trabajos de las manos de los que hemos hablado pueden ser algo muy práctico y amoroso de parte de la esposa. Tu esposo no trata de venderte gato por liebre. Te pide que lo ayudes; puedes ganar mucho terreno en el aspecto de hacerlo sentir amado si respondes de manera generosa.

¿SE PUEDE AUMENTAR EL DESEO SEXUAL?

Tengo demasiadas clientas que suponen que el interés sexual es algo que está o no. Suponen que la presencia de la excitación es algo que tiene voluntad propia. Viene y va; no hay nada que puedan hacer para aumentarla ni mantenerla.

De ninguna manera es verdad. Tal vez no pienses con naturalidad en la relación sexual con la frecuencia que a tu esposo le gustaría, pero por amor a tu esposo puedes cultivar un interés mayor en la relación sexual y te animo a que lo hagas.

El doctor Douglas Rosenau tiene una lista maravillosa de diez cosas que puedes hacer para «mantener a la relación sexual en el frente de tu matrimonio»[21].

1. Incluye en el presupuesto y gasta cierta cantidad de dinero por mes en tu vida sexual, tales como lencería, sábanas nuevas y noches o fines de semana fuera de la casa juntos.
2. Ponte de vez en cuando una ropa interior sexy durante todo el día y permite que la sensación fuera de lo común que te produce te recuerde sin cesar la relación sexual.
3. No te pongas ropa interior cuando vayas a alguna reunión social y díselo a tu esposo cuando salen de la casa. Lo volverás loco en tanto que tú te mantendrás excitada.
4. Planea una sorpresa sexual al menos una vez al mes que a tu esposo lo deje aturdido y que a la vez lo excite sexualmente.
5. Lleva nota en tu mente, y a pesar de la fatiga o del poco interés, inicia la relación sexual al menos una vez por semana.

6. Diviértete con la excitación visual de tu esposo y exhibe tu cuerpo desnudo en momentos fuera de lo común, solo para disfrutar de sus reacciones.
7. Date un baño de burbujas y consiéntete en otros deleites sensuales al final de un día agotador: es un gran afrodisíaco y te pone en sintonía con tu cuerpo.
8. Inventa fantasías sexuales románticas acerca de tu vida amorosa mientras conduces el auto y cuéntaselas a tu esposo al final del día.
9. Utiliza un perfume especial que hayas asociado en tu mente con hacer el amor y póntelo la noche o el día en el que anticipas actividad sexual.
10. Practica los ejercicios de Kegel (hablamos de esto en las páginas 115-116).

Si desearas que tu esposo fuera más conversador y él solo te dijera: «Lo lamento, la conversación no me interesa tanto como a ti», te dolería, ¿no es así? A decir verdad, es probable que algunas de ustedes tengan esposos que les hayan dicho algo similar. O si tu esposo fuera perezoso de costumbre y se negara a ayudar diciéndote que el trabajo de la casa le despierta muy poco interés, pronto te cansarías de su desinterés y desearías que cambiara, ¿no es así?

Cuando le dices a tu esposo que no tienes ningún interés en la relación sexual, haces justo lo mismo. En realidad, lo que haces es *peor*. Tú siempre tienes el recurso de llamar a una amiga para conversar o de contratar a alguien que haga los trabajos de la casa, pero tu esposo no tiene otro lugar al que ir para expresar la intimidad sexual.

El interés sexual se puede cultivar y mantener. Es probable que tengas que hacer algunos cambios conscientes, pero son posibles, y si eso es lo necesario para que ames mejor a tu esposo, esos cambios son los que debes hacer.

SALMÓN MUERTO

Otro tema que surge con frecuencia en el consultorio es el relativo a lo que sucede luego de la relación sexual. Cuando era un esposo joven, quedé sorprendido al enterarme de que cuando la cuestión había terminado, Sande deseaba que le acariciara las manos y le siguiera frotando los brazos durante una media hora más. Cuando les hablo a los hombres, trato de enfatizar la importancia que tiene la atención posterior a la relación sexual, pero permítanme ser un defensor de los hombres ahora que hablo con mujeres.

Tengo un amigo que vive en el noroeste del Pacífico. Todos los meses de diciembre o enero, él y su familia suelen remontar el río Nooksack para observar a las águilas calvas. Estas aves inmensas se reúnen por docenas; algunas veces se sientan ocho o nueve águilas en un solo árbol.

¿Qué trae a estas águilas calvas al noroeste del Pacífico? El salmón muerto y moribundo. ¿Conoces a esos pescados por los cuales tienes que pagar cuatro, cinco y hasta siete dólares el medio kilo en el supermercado? En los meses de diciembre y enero, prácticamente puedes caminar encima de los salmones muertos a lo largo del río Nooksack. Una vez que desovan, se dan la vuelta y mueren.

Una vez que un hombre ha tenido relaciones sexuales, se siente como ese salmón. Es una realidad biológica: caemos de costado y jadeamos por nuestro último suspiro mientras, por lo general, nos quedamos dormidos. A ti te puede parecer desconsiderado de nuestra parte, pero no es nuestra intención. Debemos luchar de forma consciente para no caer de inmediato en una profunda relajación o en un profundo sueño.

Por favor, trata de ser comprensiva en este aspecto. Tu esposo piensa: *Señora, acabo de darle toda la atención que tengo y más, ¿y quiere más?* Los esposos comprensivos tratarán de sobreponerse, pero a veces todos sucumbiremos ante el «gran sueño».

Por lo tanto, tú escoges: A través de tu disposición, de tu actitud y de tus palabras puedes hacer que tu esposo se sienta como el hombre más afortunado del planeta, o a través de tus repetidas negaciones, de tus comentarios incisivos y de tu resentimiento puedes castrarlo y hacerlo sentir miserable. ¡Qué poder!

Aunque a nuestro Creador le debe haber parecido que puedes manejar este poder ya que diseñó a los hombres y a las mujeres de esta manera. Si Dios fuera a medir tu amabilidad y generosidad solo por lo bien que tratas a tu esposo en este aspecto, ¿qué te parece que diría.

10

Treinta y un sabores...

¡y ninguno de ellos es de helado!

Hace cuarenta años que Sande y yo vamos a un restaurante aquí en Tucson llamado Caruso. Sin embargo, lo único que como cuando voy allí es lasaña.

Sande se enoja.

—¿Por qué no pides el cacciatore de pollo? —me preguntó una vez.

—¡Porque no me gusta el cacciatore de pollo!

—Pero si pidieras el cacciatore de pollo, yo podría probar un bocado.

—Escucha, cariño, si deseas un bocado del cacciatore de pollo, te pediré el cacciatore de pollo.

—¡Entonces no podré pedir el pollo Giovanni! ¡Siempre pides lasaña aquí!

—La lasaña está bien para mí. ¿Para qué correr un riesgo?

Con todo, la verdad es que por más que me encante la lasaña, no deseo comerla todas las noches. Una vez a la semana, tal vez. ¿Dos veces a la semana? Es probable que no. Por más que me guste esa pasta tierna, con queso derretido y una salsa de tomate deliciosa, solo puedo comerla una vez a la semana.

PREPARA ALGUNAS SORPRESITAS...

Es probable que lo que diré no te resulte novedoso porque estás más avanzado. La posición misionera es una manera maravillosa de alinear dos cuerpos. No puedo pensar en una mejor. Es íntima, tierna y los resultados se han probado a través de las generaciones. Es probable que las tres cuartas partes del mundo se hayan concebido de esta manera, ¿y quién sabe cuántos orgasmos alucinantes se han producido en esa posición?

Con todo, si van a hacer el amor dos veces a la semana o más, la posición misionera se volverá un tanto rancia. En este capítulo, experimentaremos un poco más. Advertencia: Quiero que sepas que a lo mejor te molestan uno o dos ejercicios, pero no hay problema. Si algo no te ayuda a mantener el motor encendido, no tomes ese camino. Sigue de largo hasta el siguiente.

Y si a tu cónyuge le produce intriga, tal vez en una noche especial, puedas preparar una sorpresita...

Casi descubierta

«¿Por qué habría de desperdiciar cincuenta dólares en ropa interior nueva? ¡Él nunca me deja lucirla por más de cinco minutos!»

La queja de Marcia tiene sentido para una mujer; pero cualquier hombre te diría que esos cinco minutos son sumamente especiales. Lo cierto es que a la mayoría de los hombres les gusta que sus esposas vengan vestidas a la cama y no desnudas.

Te preguntarás por qué.

Para poder quitarles lo que tienen puesto.

Creo firmemente en la monogamia: en dos personas que durante toda su vida no tuvieron relaciones sexuales con ninguna otra persona que no sea su cónyuge. Aun así, seamos realistas: a la gente le gusta la variedad. La lencería prepara el escenario para la variedad. A cada hombre le gusta un estilo diferente. A algunos les gusta el encaje, a otros las trasparencias, a algunos el satén, a otros el cuero, a algunos les gustan los colores fuertes, pero lo más probable es que les guste el negro. La elección de tu ropa interior puede establecer el ambiente: clásico, «pícaro», victoriano. Cambia a menudo, ten siempre en ascuas a tu hombre y lo mantendrás feliz.

La otra cosa que le proporcionarás a tu esposo al usar esta lencería es mostrarle que has pensado con antelación en este encuentro sexual y eso lo hará estremecer de verdad. Se dará cuenta de que decidiste ir a un negocio que vende lencería. Buscaste en los exhibidores. Compraste algo que pensaste que le gustaría y luego planeaste una noche para mostrárselo. ¡Qué no daría por tener una cámara que te mostrara cómo se siente tu hombre frente a esto! Si lograras ver su reacción, lo harías todo el tiempo. La gente que atiende el local de lencería cercano a tu casa te conocería por tu nombre.

Enciéndeme el fuego

A algunos les puede sonar de mala calidad, pero pruébalo y ve. Hay negocios como Target o Wall-Mart que traen, por lo general, lamparitas con manchas en el vidrio que arrojan una luz diferente en el dormitorio. Esto puede ser divertido en ocasiones especiales.

En mi opinión, la mejor manera de variar las luces es con velas; el número y hasta el color de las velas pueden cambiar el ambiente. En todo caso, lo que haces es cambiar el ambiente en el cual haces el amor o, al menos, la apariencia del mismo. Lograr esto por menos de cinco dólares no es un mal trato.

¡Aromatizar!

El aroma es otra manera de mantener la novedad y la frescura en la cama. Por lo tanto, mujeres, prueben un nuevo perfume. Usen un nuevo gel de baño. El objetivo es que en cuanto se suban a la cama, la nariz de su esposo tenga el placer de encontrarse con algo que nunca antes había olido. Eso lo hará revivir de maneras que te sorprenderán.

Hombres, solo para divertirse, les puede gustar saber que los investigadores se han dedicado de verdad a estudiar los olores que son más atractivos para las mujeres. «Los investigadores de la Fundación de investigación y tratamiento del olfato y el gusto de Chicago [...] descubrieron que una combinación de caramelos de regaliz negro, pepino, talco para bebé, lavanda y pastel de calabaza causaba el mayor aumento en la excitación sexual de las mujeres. El regaliz negro más el pepino era la esencia más excitante; la cereza era la más inhibidora [...] Los investigadores descubrieron que las colonias para hombres en realidad reducen los niveles»[22]. ¿Pepino...? Y, bueno, si los investigadores lo dicen...

En otras palabras, muchachos, preparen una ensalada de pepino, rocíense un poco de talco de bebé sobre el pecho, cómanse un pedazo de pastel de calabaza y una barrita de regaliz negro, echen un poco de desodorante de ambientes con perfume a lavanda en la habitación, ¡y sus esposas se volverán locas!

Aquí tenemos una sugerencia sabia para las mujeres: Dile a tu esposo que «escondiste» el perfume en alguna parte de tu cuerpo y deseas que él lo descubra. ¡Él disfrutará de la búsqueda tanto como tú!

Cambia las sábanas

Hombres, aquí tienen una buena manera de darle una atención especial a su esposa. Las sábanas de lino, de algodón y de seda tienen una textura especial. Como las mujeres disfrutan tanto del aspecto sensual de la relación sexual, puede ser una verdadera atención especial sorprenderlas con un juego nuevo de sábanas. Las sábanas tocan una superficie mayor del cuerpo de tu esposa que la que tú puedes tocar, entonces, unas sábanas nuevas pueden hacer que la relación sexual se sienta de una manera diferente.

Aun así, tengan en cuenta un detalle. Si le dan a su esposa un juego nuevo de sábanas en su envoltorio original no es algo sexy en particular. Cambia las sábanas de la cama y sorpréndela cuando retires el cubrecama.

La clase de sábanas que escojas puede establecer el ritmo de la relación sexual. El algodón puede ser la elección cómoda para una sesión larga y lenta de relación. La seda puede aumentar la intensidad. Y si en verdad quieres enloquecerte, considera la posibilidad de usar una cubierta de plástico (o una cortina para ducha) y una botella de aceite para bebé, ¡esa es una sensación del todo nueva!

Otra cosa que pueden hacer los hombres además de cambiar por completo las sábanas, es ponerles algo. Una vez estuve en la habitación de un hotel y me di cuenta cuando retiré las frazadas que justo detrás de la cabecera, sobre el piso alfombrado, había pétalos de alrededor de una docena de rosas. Algún esposo considerado debe haber creado un lecho de pétalos de rosa para su esposa antes de que yo llegara. ¡Qué idea tan maravillosa!

Cualquier flor suave sirve; solo quítale los pétalos y espárcelos por toda la cama. Crearán una nueva sensación cuando te acuestes sobre ellos, y también puedes usarlos para acariciar a tu compañera. Tal vez quieras tomar un puñado y desparramarlos sobre tu cónyuge antes de deslizarte sobre ella. El perfume y la suavidad proporcionarán una experiencia nueva y placentera.

Atrévete a hacerlo

La joven esposa recoge a su cansado esposo en el aeropuerto y comienza a conducir por la autopista.

—No veo la hora de que veas mi nuevo corte de cabello —le dice.

—Lo lamento —se disculpa él—. No me di cuenta.

—Claro que no —dice ella riendo—. No me refiero al de mi cabeza.

¡Vaya, Nelly, sí que atrapaste su atención!

Tal vez estés cansada de afeitarte «allí abajo», ya que puede ser incómodo, pero algunas mujeres usan productos de depilación que no producen picazón cuando el vello vuelve a crecer. Un simple recorte de las puntas también puede obrar maravillas.

Piénsalo: gastas cientos y hasta miles de dólares al año para arreglarte el cabello de la cabeza, y muchas de ustedes dedican por lo menos treinta minutos al día para volver a arreglarlo antes de salir de la casa. ¿Qué me dices de darle un gusto especial a tu esposo arreglándote algunos cabellos que crecen en otras partes de tu cuerpo?

Es probable que la cuestión de la incomodidad (en especial cuando el vello vuelve a crecer) haga que muchas esposas no lo adopten como un estilo de vida, pero en esas ocasiones especiales, ¡ah!, recuerda que para tu hombre, lo nuevo siempre es más excitante.

¡La relación sexual termina en la cocina!

Muchos de ustedes quizá conozcan mi libro *El amor comienza en la cocina*, en el cual hablo sobre de qué manera un esposo debe ocuparse de ayudar con los platos sucios como parte del juego amoroso, ¿pero por qué reservar solo la cocina para el juego amoroso? Si los hijos no están en casa, ¡puedes tener una experiencia sexual de cuatro platos y postre en la cocina!

Sé creativo. Ese palo de amasar, si se usa con suavidad, puede ofrecer un masaje refrescante. El tamiz del azúcar impalpable se puede utilizar no solo para espolvorear pasteles, creando una experiencia sexual «dulce» para los dos. Las pajillas comunes se pueden convertir en gustos sensuales en manos de un cónyuge creativo. Si le echas un airecito suave sobre diversas partes del cuerpo de tu amante, le crearás sensaciones maravillosas.

Abre el refrigerador o el congelador. ¿Ves esos cubos de hielo? Encuentra algunas maneras creativas de hacer que se derritan. Y ese baño de torta que quedó... Hummmm. ¿Qué podemos hacer con eso? Ah, mira, hay algo de salsa de chocolate y, cariño, hasta un poco de crema batida.

¿Por qué no usaron esta habitación antes?

¡Destellos de luz!

Muy bien, imagina lo siguiente. La habitación está oscura por completo. Los dos están debajo de las sábanas desnudos, a no ser por los anillos de bodas. De repente, tu cónyuge saca una pequeña linterna y comienza a explorar tu cuerpo. La oscuridad lo hace parecer casi nuevo; la luz señala zonas placenteras que quizá nunca han apreciado, al menos, ¡no de esta manera!

Travieso de manera apropiada

Mujeres, si tienen alguna ropa interior que está lista para ir a parar a la basura, no lo hagan. En cambio, sorprendan a su esposo al pararse frente a él con solo esa pieza de ropa puesta y díganle: «Si me la puedes quitar, soy toda tuya».

Resístete un poco, pero no demasiado. Hasta puedes hacer oscilar una tijera delante de él.

Sé que te puede parecer tonto que a tu esposo le guste cortarte la ropa interior, pero a la vasta mayoría les resultará sumamente excitante.

Créeme.

Espejo, espejo, en la pared

Hay un hotel de lujo, *The Garden Suite*, en Buffalo, Nueva York, que ha sabido cómo mantener vivo el romance en muchos matrimonios. Una de las habitaciones de lujo tiene un jacuzzi privado que es lo bastante grande como para dos personas; pero el gran jacuzzi no es lo especial. Lo que hace que sea un poco especial son los dos espejos del tamaño de una pared a cada lado de él.

Vean, damas, sus esposos se excitan por la vista. Aquí no hablo de carteles. Pienso que la pornografía puede destruir el matrimonio. No tienes que parecerte a Pamela Anderson para atraer a tu esposo. Él quiere verte a ti.

Aquí tienes un truco: cuando te mira en un espejo, se crea una sensación nueva por completa. ¡Ah, le va a encantar!

Permite que te desvista delante de un espejo. Si necesitas que la luz sea tenue para que no estés demasiado expuesta, que así sea. Tal vez puedes usar la luz de las velas en vez de la luz común. Entonces, deja que tu esposo se quede embelesado con tu cuerpo. No querrás que mire la revista *Playboy* ni que vaya a los clubes nocturnos, y si es un esposo que te ama, tampoco lo hará, pero déjalo que te mire a ti.

Si de verdad quieres ser aventurera, permítele hacerte el amor frente a un espejo. Déjalo que se llene los ojos. Al hacerlo, creas en él un deseo mayor hacia ti. Llenas su corazón y, como resultado, se siente unido a ti de una manera fuera de lo común.

A menos que tengas un espejo móvil a mano, es probable que tengas que buscar un hotel que tenga esta comodidad. Algo que está al otro lado de la habitación parece demasiado lejano (como si miraras por el lado equivocado de un telescopio) y arruinará por completo el efecto. Si alguno de los dos tiene que entrecerrar los ojos para captar lo que sucede, se pierde el propósito.

Considera la posibilidad de poner un cobertor acolchado o una manta suave justo al lado del espejo. Si puedes encontrar un lugar que tenga espejos en dos paredes diferentes, puedes acrecentar el efecto. Para algunas personas, observar lo que hacen los estimula de manera poco común; es algo que pienso que toda pareja debería probar al menos una vez.

Delicia de la tarde

He leído toda la Biblia. Ni una sola vez dice que debes esperar hasta que oscurezca para tener relaciones sexuales. Por lo tanto, muchas parejas casadas, en particular las que tienen hijos, caen en la trampa de esperar hasta haber terminado todo lo demás antes de ponerse siquiera a pensar en tener relaciones sexuales. Los niños tienen que estar en la cama, las alfombras aspiradas, hay que lavar los platos de la cena y guardarlos, etc. Entonces, y solo entonces, se comienza a considerar la posibilidad de tener relaciones. Es lamentable, pues para esta altura lo más probable es que uno de los cónyuges o los dos estén durmiendo.

¿Qué pareja no se ha enfrentado a este dilema? Te despiertas pensando en la relación sexual y hasta puedes enredarte en un ligero juego amoroso. Tal vez están apurados, deben llegar al trabajo o deben alistar a los niños para que tomen el autobús a tiempo, entonces se prometen el uno al otro que la pasión volará como un avión de reacción más tarde esa noche. A lo largo de la mañana, los dos piensan en lo que le van a hacer al otro al caer la noche; por la tarde, te imaginas cómo se sentirán. A eso de las seis, sienten un poco de prisa. La cena todavía no está sobre la mesa y Melisa está retrasada con la tarea de la escuela. Al fin, a las siete y cinco, tienes algo parecido a la comida frente a tu familia. A las ocho y media, todos han recibido su alimento y los platos están casi listos.

Mientras tanto, Josué puso a llenar la bañadera, se fue a buscar su juguete favorito y se olvidó del agua que corría hasta que su hermana menor gritó que por debajo de la puerta del baño corre un río de agua. La hermana mayor, Melisa, pide más ayuda con esa tarea de matemáticas y ustedes dos están muertos de cansancio.

A las diez y media, al fin, el último niño está en la cama, y de repente, la relación sexual parece más una obligación que un placer. ¿Cómo es posible que algo que parecía tan maravilloso hace diez horas ahora suene como si fuera más trabajo?

No permitas que la relación sexual se convierta en lo último de una larga lista de cosas para hacer.

Desde el punto de vista fisiológico, el cuerpo de un hombre se encuentra más listo para involucrarse en una relación sexual a primera hora de la mañana. La mayor parte de las citas de negocios se llevan a cabo durante la hora del almuerzo, y muchas parejas que tienen una cita descubren que cuando salen a cenar, la cena es lo último que tienen en mente. Entonces, ¿por qué será que solo las parejas casadas parecen dejar la relación sexual para la última hora del día?

Ya sé, ya sé, están demasiado ocupados. Hablaremos más acerca de eso en un capítulo posterior. Si tienen los recursos, contraten a una niñera, reserven una habitación en un hotel y disfruten en un hotel, justo en la mitad del día, del potencial de la relación sexual reservada para el matrimonio. Tienen una cama limpia y no tienen que tenderla cuando se van. Es probable que no sea barato, pero a la larga, el divorcio es mucho más caro.

Que tu cónyuge esté siempre en ascuas

Una de las mayores quejas que escucho de las esposas es que sus esposos parecen seguir algún mapa de ruta predeterminado: «Me besa tres veces, pasa noventa segundos besándome y acariciando el pezón derecho, treinta segundos acariciando el izquierdo, me pone la mano entre las piernas durante tres minutos y luego se encuentra dentro de mí».

Tanto para los hombres como para las mujeres, una de las claves para la satisfacción sexual es mantener al cónyuge en ascuas. Una esposa a la que aconsejé era muy dócil, pero muy poco imaginativa. Siempre estaba dispuesta, pero su esposo quería algo más que su disposición, quería que fuera agresiva. Una noche, le estremeció el mundo a su esposo. Él se encontraba encima de ella durante el juego amoroso cuando, de repente, tomó las riendas, lo empujó y lo puso de espalda como si estuviera apuradísima, como si no pudiera esperar a la penetración. Luego se trepó sobre él y siguió adelante con entusiasmo, como si lo *necesitara*. Al describir lo sucedido, él era uno de los esposos más felices que jamás he visto.

Lo principal es hacer que tu cónyuge siempre esté sobre ascuas. Por supuesto, no puedes hacerlo todas las semanas, y ni siquiera todos los meses, pero de tanto en tanto es vital que lo sorprendas. Deja que se pregunte qué viene a continuación. Si eres uno de esos tipos que siempre comienza de arriba hacia abajo, ¡sorpréndela! Comienza dedicando cinco minutos a *acariciarle los pies*, tal vez a frotarle alguna loción, incluso a besárselos, y luego sube a partir de allí. O tal vez, pídele que se acueste boca abajo y encuentra algunas cosas para hacerle en la espalda.

Si eres una mujer que por lo regular se viste de manera conservadora, ¿por qué no comprarte un vestido que *jamás* usarías en público, pero que te lo pones para saludar a tu esposo cuando vuelve a casa? O considera la posibilidad de hacer que él se desnude mientras tú permaneces vestida.

Sonidos, sonidos, sonidos

El silencio no es oro; al menos, no en el dormitorio. Esposos, cuando murmuran o pronuncian su aprobación, sus esposas se sienten de maravilla. Todos desean ser buenos en la cama, pero tu esposa no tiene manera de saber lo bien que te hace sentir a menos que se lo digas.

Esposas, dupliquen o tripliquen su actividad vocal. Muchas mujeres no se dan cuenta de que pueden llevar a su esposo al orgasmo sencillamente diciéndole las palabras adecuadas. Recuerda: El entusiasmo sexual de una esposa es el factor de excitación número uno para un hombre. Cuánto más fuerte lo dices, más nos encanta. Utiliza palabras, gemidos, murmullos, ronroneos, y hasta gruñidos o gritos. A tu esposo le encantará.

El sonido más íntimo, por supuesto, es escuchar el propio nombre en medio de la pasión; tal vez, allí se encuentre el mayor factor de excitación. Pronuncia el nombre de tu cónyuge. En lugar de decir: «Me excitas», di: «Me excitas Roberto. No puedo creer cuánto te deseo». O los hombres podrían decir: «Ay, Andrea, eres tan hermosa. Me encanta sentir tu cuerpo».

Si las frases eróticas te resultan difíciles, intenta lo siguiente: La próxima vez que hagas el amor utiliza un vendaje en los ojos. Quitar lo visual te puede ayudar a enfatizar lo verbal. Describe lo que haces o lo que deseas hacer; comunícate solo a través de las palabras para que, a su tiempo, «las caricias verbales» se conviertan en una parte natural del juego amoroso.

Ya sé lo que algunos de ustedes piensan: *Pero doctor Leman, ¡los niños duermen en la habitación contigua!*

No tener que preocuparse por el ruido es una de las delicias de la relación sexual en el hotel. Incluso cuando estás en casa, puedes ayudar a que tu habitación sea a prueba de ruidos encendiendo un ventilador ruidoso, un aire acondicionado o poniendo un poco de música suave. Hasta puedes llegar a considerar la posibilidad de hacerle un aislamiento acústico a tu dormitorio. Existen opciones que no son tan costosas como puedes pensar y hacen que te sientas menos inhibido en la habitación; es una inversión que vale la pena. Mientras tanto, si le susurras algo muy erótico al oído de tu esposo, no existe la menor posibilidad de que tus hijos escuchen, ¡ni de que tu esposo se olvide jamás!

Déjame sin aliento

¿Quieres darle algo especial a tu esposa? La próxima vez que le beses los pechos, retrocede lo suficiente como para soplárselos. Si estás cerca, tu aliento se sentirá caliente. Ahora, retrocede unos pocos centímetros más y sopla con suavidad, esto hará que tu aliento se sienta fresco. Es una sensación deliciosa.

Mujeres, ustedes también pueden hacerle esto al pene de su esposo durante la relación sexual oral. Con todo, los hombres deben tener cuidado, ya que soplarle la vagina a la mujer cuando está embarazada, es peligroso.

EL JUEGO SEXUAL

En esta sección, deseo mirar el lado más ligero de la relación sexual. Aunque creo que la relación sexual es muy significativa y es un acto muy espiritual, seamos realistas, ¡también puede ser muy divertida! Aquí tenemos algunas ideas para juntar la risa con la relación sexual.

Concentración

Si estás buscando una forma de relación sexual más ligera, intenta esto: Uno de los dos elige un desafío mientras están acostados en la cama. Un ejemplo podría ser: «Apuesto a que puedo mencionar más estados que comienzan con la letra *M* que tú».

A primera vista, este juego suena simple y aburrido, pero he omitido algunos detalles. En primer lugar, ninguno de los dos tiene puesta prenda alguna. En segundo lugar, el que hace la pregunta tiene toda la libertad de hacerle al cuerpo del otro *lo que desee* para «distraerlo». Lamer está permitido. También está permitido besar, soplar aire caliente u otras distracciones creativas.

Juguemos a desvestirnos

Algún muchachito preadolescente se sentiría asqueado y mortificado si supiera cuánto disfrutaron sus padres de su regalo favorito de Navidad. Verás, una noche, la esposa decidió desafiar a su esposo que miraba televisión a jugar un partido. Él no estaba muy interesado hasta que ella le dijo: «¿Y si el que pierde un punto le tiene que sacar una prenda de ropa al otro?».

El esposo no tardó más de tres segundos en incorporarse al juego. La esposa estaba sorprendida; él la había visto desnuda quién sabe cuántas veces, pero sin embargo, había algo excitante en verlo parte por parte.

Tal vez no tengas un fútbol de mesa. ¿Y si usas el rompecabezas de un niño, un juego sencillo o un viejo mazo de cartas (póquer al desnudo)? ¿No te gusta la idea del póquer al desnudo? Muy bien, entonces, ¿qué me dices de desnudarse cada vez que te vas al mazo?

La comida y la relación sexual

—Y bien —le pregunto al joven mientras disfruto al verlo retorcerse—. ¿A qué restaurante llevarás a mi hija?

—A *Joe's Oyster Bar* —contesta.

—Es un restaurante de comida de mar, ¿no es cierto? —le pregunto.

De repente, la temperatura en la habitación sube a diez grados por minuto. Es obvio que *Joe's* es famoso por sus ostras, y se sabe que las ostras son un afrodisíaco, exactamente la clase de cena que está diseñada para bajar las inhibiciones naturales de una joven.

—Sí, así es —dice, mientras un río de sudor le cae por la frente y sigue cuesta abajo por la nariz.

—Está muy lleno los viernes por la noche, ¿no te parece?

—Hice las reservaciones, señor.

—¿Reservaciones? Así que lo planeaste por adelantado, ¿no?

—Supongo. Pensé que a su hija...

—¿Sabes?, las hamburguesas de Bob son más baratas. A mi hija le encanta una buena hamburguesa.

—Sí, señor, estaba pensando que tal vez deberíamos ser un poco más informales esta noche. Cancelaré las reservaciones.

—Bueno, vaya casualidad, justo tengo un teléfono aquí...

Este joven y yo sabíamos qué era lo que en realidad estaba en discusión. A las ostras, las M&M verdes, las fresas con crema batida, a todo lo habido y por haber; es probable que alguien haya tratado de adjudicarle los poderes de un afrodisíaco. Aunque no hay ciencia que respalde esta conexión, la relación sexual es tan mental como física. Por lo tanto, si piensas que una comida es sexy y excitante, se *convierte* en un afrodisíaco.

Unir la comida y la relación sexual es una manera popular de disfrutar de dos pasatiempos favoritos. Como destacaron una pareja de escritoras: «Un buen número de mujeres nos dijeron que descubrieron que compartir chocolate con su compañero era erótico en especial: chocolate en una bañadera de agua caliente, chocolate con champagne, chocolate en la cama. Si piensas que tu compañera tiene tendencia a este placer en particular, mantén una caja de chocolates especiales al alcance de la mano»[23].

Aunque no sería científico decir que el chocolate es un afrodisíaco genuino, es cierto que eleva el nivel de serotonina en el cerebro, que sin afectar de forma directa la libido, tiende a promover una sensación de felicidad y calidez.

Si deseas ponerlo a prueba, puedes hacer una visita al balneario del Hotel Hershey en Hershey, Pensilvania. Propiamente tienen una receta que le ofrecen a sus huéspedes para ponerlos en remojo de chocolate. Puedes pedir el «Baño de cacao batido» directamente del balneario de Hershey[24], o puedes crear tu propia versión añadiendo tres cucharadas de cacao en polvo, una cucharada de leche en polvo, grandes cantidades de agua caliente, una bañadera en la que no te importa ensuciarte un poco y dos cuerpos desnudos. A algunas personas les gusta añadir crema batida a su «chocolate caliente» (el lugar en el que *apliques* la crema queda del todo librado a tu criterio).

También puedes usar la comida para crear el ambiente y convertirla en una invitación. No existe un hombre sobre el planeta que no se dé cuenta de lo que pensaba su esposa cuando abre su portafolio y encuentra un paquete de M&M verdes con una nota que dice: «Come muchas de estas y regresa a casa enseguida después del trabajo». La mayoría de las esposas se dan cuenta enseguida de las intenciones del esposo si entra en la habitación con algunas fresas y crema batida.

Por supuesto, el ambiente no lo establece solo *qué* comes, sino *cómo* lo comes. La luz reducida puede crear una experiencia maravillosamente seductora. Si los hijos se han ido, o te encuentras comiendo en la habitación de tu hotel, reduce la luz y coman desnudos. Una esposa le dio a su esposo un verdadero gusto al llamarlo a su teléfono celular, justo cuando sabía que estaba en la peor parte de la carretera de regreso del trabajo a la casa.

—Cariño, tengo algunas malas noticias —le dijo.

—¿De qué se trata?

—He tenido un día de locos así que no hay un solo plato limpio en la casa. Eso nos deja dos posibilidades.

—¿Cuáles son?

—Bueno, podríamos comer fuera o podrías apurarte en llegar a casa y usar mi estómago desnudo como plato.

¿Quieres que te cuente? ¡El tipo llegó a su casa en tiempo récord!

Vestidos o no, alimentarse el uno al otro es una experiencia muy sensual, como también lo es comer los dos de un mismo plato. Hay algo muy íntimo en compartir un solo lugar. Deben sentarse muy cerca, y el proceso de poner la comida en la boca del otro es un poderoso acto de intimidad que puede encender toda clase de pasiones deliciosas y hasta un tanto animales.

Un hombre con el que trabajo me contó de la vez en que llevó a su esposa a un restaurante en San Francisco que atiende a personas que desean disfrutar de una cena lenta. No hay apuro, los compartimentos están bastante aislados y la atmósfera es más que romántica. Recuerdo que me contó que estaba alimentando a su esposa y le ponía la comida con mucha suavidad en la boca, cuando lo sorprendió al decirle: «Pon tu dedo en la boca la próxima vez».

«¿Y entonces?», le dije.

«Kevin, no tienes idea de lo excitante que fue».

La comida *tiene* algo de sensual.

PREGUNTAS FRECUENTES

A pesar de que soy un gran fanático de la variedad, no cabe duda de que las parejas pueden llevar las cosas muy lejos. La Biblia da una asombrosa libertad en cuanto a lo que permite y hasta alienta a las parejas casadas a hacer en la cama, pero la tecnología moderna ha provisto algunas opciones acerca de las cuales muchas parejas tienen sus recelos. Aquí tenemos algunas de las preguntas más frecuentes que se hacen en este aspecto.

¿Qué me dice del uso de los «juguetes» sexuales, incluyendo los vibradores?

En la Biblia no hay nada que prohíba el uso de estos reforzadores matrimoniales, siempre y cuando nada sea degradante ni indeseado para cualquiera de los cónyuges. A modo de proporcionar variedad en el matrimonio, el uso ocasional de juguetes puede ser una muy buena idea. Sin embargo, por lo general, a la mayoría de las mujeres estos orgasmos les resultan menos satisfactorios en lo emocional que los que resultan del contacto de un cuerpo con el otro. En mi opinión como sicólogo, pienso que estas ayudas te resultarán divertidas de tanto en tanto, pero que no son la clase de cosas que construyen una intimidad duradera.

¿Qué me dice de la relación sexual anal?

Me sorprende la frecuencia con que surge esta pregunta. No sé de dónde sacan la idea los hombres, pero cada vez más, incluso entre las parejas cristianas, esto se convierte en un problema en el que lo típico es que el esposo lo desee y haga la pregunta y la mujer muestre una fuerte resistencia.

Pienso que parte del atractivo es que, para algunos hombres, la relación sexual anal parece «traviesa», y piensan que puede condimentar su matrimonio. Sin embargo, Dios diseñó la vagina para recibir al pene; se hizo a la medida para participar de la relación sexual. Con toda franqueza, el ano no se hizo para esto. La relación sexual anal lastimará. Es verdad, algunas mujeres dilatan poco a poco la zona para complacer al esposo, pero existen otros problemas como la higiene y cosas por el estilo que hacen que esta práctica sea cuestionable. La zona rectal de una mujer se puede rasgar con facilidad, lo que resulta en enfermedades dolorosas y embarazosas (¿y cómo se lo explica al médico?). Y cuando hablamos del problema de las hemorroides (que setenta por ciento de las personas experimentan en algún momento de su vida) y de problemas parecidos, es mejor dejar esta práctica de lado. ¿Dije todo esto de manera demasiado amable? Si lo hice, pido disculpas. Es una perversión y creo que está mal.

Esta es una esfera en la que les digo a los hombres que deben olvidarse de esta expectativa o fantasía. Es razonable y comprensible que una esposa diga: «Deseo experimentar y mantener la variedad en nuestra relación sexual, pero esto es algo que sencillamente no deseo hacer».

¿Qué me dice de las parejas que ven juntos películas pornográficas?

Una de las cosas que sabemos sobre las adicciones hoy en día, y hemos aprendido mucho al respecto, es que una de las más poderosas que conoce la humanidad es la adicción a la pornografía. La vasta mayoría de personas que alquilan pornografía son hombres pero, en algunos casos, muchas parejas deciden alquilar un vídeo subido de tono solo para «poner un poco de condimento».

Pienso que es algo muy peligroso. Para empezar, ¿por qué un esposo no puede satisfacerse contigo? ¿Por qué puede querer un hombre ver a otra mujer desnuda? Soy un hombre con una libido muy elevada, pero no necesito a nadie que no sea Sande para excitarme. Por cierto, puedo excitarme sexualmente observando a mi esposa de cincuenta y tantos años cuando llena el lavaplatos.

En segundo lugar, en mi opinión como sicólogo, mirar pornografía juntos puede ser una picada descendente. Si estás casada con un hombre que piensa que «todo está bien, incluso la sordidez, si nos pone calientes», con el tiempo, se involucrarán en algunas prácticas muy cuestionables. ¿Por qué? Porque la pornografía es, por lo general, adictiva para los hombres. Es probable que no sea adictiva para ustedes, mujeres, pero no son ustedes las que me preocupan. Algunas esposas han confesado que mirar pornografía tiende a ponerlas «de humor», pero les pregunto: En conjunto y a *largo plazo*, ¿es esto bueno o dañino para su matrimonio? Aquí tienes una pista: Mirar pornografía no hará que tu esposo te trate mejor; anímalo a que pase más tiempo con los hijos o a que te ayude más en la casa... precisamente las cosas que hacen que la mayoría de las esposas deseen más a sus esposos.

Una de mis pequeñas teorías sobre la crianza de los hijos es que no debes comenzar hábitos que no deseas que continúen a lo largo del período de educación posterior a la escuela de tus hijos. Este es un hábito que se volverá más demandante y hasta enloquecedor.

Además, se produce la experiencia natural de que la esposa con el tiempo comenzará a compararse con las mujeres que están en las películas o en las páginas de las revistas. Es muy humano que lo haga. En esa situación, ¿cuán amada y valorada se siente una mujer? No sabemos si se siente adorada o en secreto se pregunta: *Cuando cierra los ojos, ¿fantaseará con la idea de que se lo está haciendo a ella?*

Otra cosa que en verdad me preocupa sobre la pornografía es la industria que apoyas al comprarla. Piénsalo: ¡Enfoque a la Familia no es la encargada de poner en circulación este material! Apoyas a personas que, por lo general, son hostiles a la religión, a la fe y a la familia. Ganan dinero explotando a mujeres jóvenes y atraen a muchos hombres a adicciones para toda la vida. El hecho es que esos actores son adúlteros. En mi contabilidad, esta no es la clase de gente a la que quiero darles mis dólares.

La mayoría de parejas limpias que entran en eso, sienten lo que llamo el fenómeno del «Ah-oh», esa agitación interior que señala que hay algo que no está bien. Es mejor prestar mucha atención a esa sensación de incomodidad porque, por lo general, se trata de nuestra conciencia que intenta protegernos.

DEMASIADO ES DEMASIADO

La sexualidad matrimonial proporciona un cimiento sólido para la máxima intimidad sexual. Como ambos están comprometidos el uno con el otro hasta que la muerte los separe, nunca están a prueba. No necesitan tener temor si una «gran idea» para la diversión sexual resulta un fracaso. No tienen que preocuparse con el pensamiento de que alguno de los dos se vaya si, durante un momento en especial, la intensidad sexual se enfría un poco.

Tampoco deben pedirse disculpas si sencillamente desean tener relaciones sexuales en la vieja posición misionera la mayor cantidad de las veces. Sería poco realista esperar que cada experiencia sexual proporcionara orgasmos alucinantes que te envíen a la luna y te traigan de vuelta. La intimidad sexual se construye alrededor de los momentos juguetones de amor; de los largos, lentos y sensuales momentos de amor; del amor excitante y aventurero, y del amor rápido y apasionado.

Por favor, no pienses que debes tener variedad *cada vez* que se van juntos a la cama. Existe una razón por la cual tienen algunas posiciones favoritas: ¡les gustan! Disfruten de la relación sexual rutinaria, de la excitante, de la ligera, de la lenta y de la inesperada. Practíquenlas todas, valórenlas todas y permitan que creen la intimidad entre ustedes que Dios diseñó para que se construyera.

11

Desconectar lo que nos desconecta

Mi primer cigarrillo fue un Viceroy, que fumé apoyado en el manubrio de la bicicleta de Eddie Schutts, cuando solo tenía siete años de edad. Medía alrededor de un metro treinta en ese entonces, pero me sentía más alto que Wilt Chamberlain con ese palito blanco colgándome de los labios.

Ese solo incidente inició un hábito de catorce años que ya se había convertido en vicio al llegar a los doce. Durante los veranos, los automovilistas que pasaban, muchas veces arrojaban las colillas de los cigarrillos por la ventanilla del auto, pensando que le habían chupado toda la vida. No tenían idea. Mis amigos y yo corríamos y los levantábamos robándoles unas rápidas pitadas hasta que no quedaba una hebra de tabaco.

También «reciclaba» los Lucky Strike de mi papá. Vaciar los ceniceros en la casa era tarea mía, la cual hacía con alegría y me guardaba las mayores colillas en el bolsillo para consumirlas más tarde. Esos Lucky Strike eran fuertes, iban directo a los pulmones.

Hace poco alguien me preguntó cuándo y por qué dejé de fumar. ¿Había leído el informe y la advertencia del Ministro de Justicia?

Qué va. Soy tan viejo que en aquel entonces no había informes.

¿Me preocupé por el daño que le hacía a mis pulmones?

¡No!

¿Fue por el gasto?

¿Estás bromeando? En aquellos días, las cajetillas de cigarrillos costaban veinte centavos. Eso fue antes de que el gobierno descubriera que los impuestos a los cigarrillos podían convertirse en una auténtica máquina de hacer dinero.

¿Detestaba el gusto?

¡Al contrario! Hasta el día de hoy, tres décadas después de haber dejado de fumar, recuerdo el buen sabor que tenía un cigarrillo luego de una comida.

Entonces, ¿qué fue lo que me hizo dejarlo?

Me enamoré de una hermosa mujer llamada Sande. Durante nuestras primeras conversaciones, me enteré de que Sande iba a la iglesia.

Ah-ah, pensé. *Fumar puede ser un problema.*

Debí quitar el «puede» cuando Sande me olió al comienzo de una cita. «¡Pufffff!», dijo. «¡Estuviste fumando!»

Fue un comentario hecho en broma, pero esta muchacha me tenía loco y no quería correr el menor riesgo de perderla. Así que aquel, amigos míos, fue el último cigarrillo que fumé en mi vida. No me entiendan mal: me encantaban los Salem, pero Sande me encantaba todavía más.

La adicción a la nicotina era real: sicológica y física, pero por amor a mi relación con Sande, estaba dispuesto a darles las espaldas a mis amiguitos blancos. No iba a permitir que una historia o un hábito pasado me robaran el futuro.

Justo allí está la clave: ¿Vas a permitir que una historia o un hábito pasado te roben el futuro?

Ya hemos hablado acerca de tu pasado sexual, pero en este capítulo veremos cómo puedes desconectar las cosas que te desconectan de la relación sexual. Si la relación sexual es tan importante para el matrimonio como creo, es de vital importancia que aprendas cómo hacer para estar menos cargado en la cama. No eres esclavo de patrones de pensamiento que te roben la libertad sexual; puedes luchar contra ellos.

Aquí vamos.

LAS INHIBICIONES PATERNAS

Una de mis primeras tareas como consejero cuando trabajo con parejas recién casadas es hacer que corten el cordón umbilical que las une a mamá y a papá. Debes soltarte antes de apartarte, y a las mujeres en particular les puede resultar difícil hacerlo. Algunas veces, la pareja saca a luz una inhibición sexual que tiene la esposa y cuando exploramos el porqué de este problema, dice: «¿Y si mamá o papá se enteran de lo que estuve haciendo? ¡Se disgustarán!».

¿Cómo lo sabes? Cuando Sande y yo trajimos al mundo a nuestro hijo menor a la edad de cuarenta y siete y cuarenta y nueve respectivamente, el primer pensamiento de nuestros hijos mayores fue: *Pufff. ¿Quiere decir que ustedes todavía lo hacen?* Sabían que debíamos haber tenido relaciones sexuales al menos en cinco ocasiones diferentes (ya que tenemos cinco hijos), y luego, se imaginaban que tal vez lo habíamos hecho otras cinco veces cuando decidíamos celebrar un aniversario, sumando un total de diez veces. ¡Si supieran que ese número se acerca a nuestro récord semanal!

Aunque tal vez no sea apropiado que hables de actividades sexuales específicas con tus padres, en realidad no sabes si se ofenderían. Escucha las palabras de un viejo: Es posible que tus padres hayan *perfeccionado* esa misma pequeña práctica que piensas que la simple mención los mortificaría.

En segundo lugar, aunque te enteraras que sí les molesta, ¡¿y qué?! Es hora de cortar el cordón umbilical. Por el solo hecho de que tus padres se hayan conformado con menos, no quiere decir que tú tengas que hacer lo mismo. ¡Es hora de desconectar eso que te desconecta!

Es posible que algunos lectores crecieran en ambientes supermoralistas. Desde temprano en la vida recibieron el mensaje de que la relación sexual es mala, es sucia, es terrible y desagradable. Y, ¿sabes una cosa? La relación sexual puede ser exactamente todo eso, en particular fuera del matrimonio. Sin embargo, no se diseñó de esa manera. Dentro de los lazos protectores del matrimonio, la relación sexual es un regalo grandioso y maravilloso. Es lamentable, pero saber esto no siempre ayuda a una mujer que le han metido en la cabeza desde que era pequeña que la relación sexual es algo que se debe evadir.

Nota para todos los padres: ¿Qué le comunicas a tus hijos sobre la relación sexual? Espero que no le comuniques que es mala porque, a decir verdad, llegará el día en que tus hijos descubran lo contrario. Te habrás puesto en una muy mala posición porque a partir de ese día en adelante, tus hijos pensarán: *¡Mamá y papá no tienen idea de nada!*

Cuando hablo con una pareja en la que la mujer proviene de un entorno supermoralista, comienzo a hablarle al esposo. Él debe traspasar la mirada de su esposa para comprender cuánto temor tiene de la relación sexual. Esta parte no es una opción: *Debe* convertirse en un amante extremadamente gentil y paciente. Debe aprender a aceptar las pequeñas ofrendas que su esposa está en condiciones de ofrecerle, y concentrarse con gratitud en lo que hace en lugar de obsesionarse con lo que *no* hace.

Luego le hablo a la esposa. Si me parece que lo puede soportar, le digo algo directo que la conmocione para que lo recuerde: «Mariana, tal como yo lo veo, tienes dos opciones frente a ti: O tienes una relación amorosa con tu esposo o alguna otra lo hará».

Algunas veces, una afirmación por el estilo hace que una mujer joven se enoje de verdad. «¿Cómo puede decir eso? ¡Si va a actuar de esa manera, no quiero estar casada con él de todas maneras!»

¿Puedes ver la caja dentro de la cual ha puesto su matrimonio? Por supuesto, le rogaré a su esposo que no tenga una aventura amorosa, pero ella le niega a propósito la intimidad sexual regular y luego espera que le sea fiel. La mayoría de los hombres comprometidos, de fe e integridad, superarán el desafío, pero es triste que un buen número de ellos no lo haga. ¿Para qué correr el riesgo?

Luego conversamos sobre una serie de pequeños pasos que la mujer puede dar para comenzar a liberarse. Por lo general, le doy la tarea de leer Cantares. Dios está muy a favor de la relación sexual y la Biblia es un libro muy descriptivo.

A continuación, le pido que con valor y a conciencia haga algunas cosas que tal vez la hagan sentir incómoda. Compra una prenda de ropa interior y úsala. Hagan el amor con la luz de las velas que iluminen tu cuerpo. Practica la posición de arriba. Inicia la relación sexual.

A través de una serie de pequeñas decisiones, poco a poco una mujer deja atrás las huellas negativas. Cuando ve cómo responde su esposo, aprende que acercarse sexualmente es mucho más satisfactorio que cerrarse, pero su forma de pensar no cambiará hasta que comience a *hacer* las cosas de manera diferente.

Por fortuna, he visto a muchas mujeres que hacen grandes progresos. Nunca sucede de la noche a la mañana, pero si las mujeres son fieles en seguir haciendo esos pequeños cambios, con el tiempo aprenderán que una buena vida sexual es importante para su esposo y es muy divertida para ambos.

Como me dijo una esposa con una sonrisa traviesa: «¿Quién se lo iba a imaginar?». No podía creer lo que hacían ella y su esposo después de diez años de casados, pero ahora disfrutaba de cada minuto de su relación.

INHIBICIONES RELIGIOSAS

Si ustedes, los jovencitos, supieran lo lejos que ha llegado nuestra sociedad. Cuando era pequeño, ninguna mujer decente y temerosa de Dios hubiera dicho la palabra *embarazada* en público. Si eras maestra, te despedían en cuanto te empezaba a crecer el vientre (¡aunque fueras casada!). ¿Alguna vez has visto la reposición de *Amo a Lucy*? ¿Te fijaste en las camas personales?

Esta es nuestra sociedad y estas son nuestras raíces; así eran las cosas. Las juntas religiosas eran las que censuraban en realidad las películas de Hollywood. Aunque no hayas crecido en una sociedad así, *tu madre y tu padre* sí lo hicieron, y ayudaron a pasar algunas de esas inhibiciones.

Loretta Lynn, la legendaria cantante *country* que ahora tiene sesenta y tantos años, confiesa: «Cuando me casé, ni siquiera sabía lo que quería decir la palabra *embarazada*. Tenía cinco meses de embarazo cuando fui al médico y me dijo: "Va a tener un bebé". Yo le contesté: "De ninguna manera. No puedo tener un bebé". Me dijo: "¿No está casada?" "Sí". Me preguntó: "¿Duerme con su esposo?" "Sí". "Va a tener un bebé, Loretta. Créame". Y así fue»[25].

Nuestra cultura ha recorrido un largo, pero muy largo camino en las dos últimas generaciones en cuanto a la apertura hacia la relación sexual, ha llegado mucho más allá de lo que nuestros abuelos jamás hubieran podido soñar. Eso ha tenido algunos efectos positivos y otros negativos.

Aunque algunas iglesias y sinagogas han trabajado con ahínco para encausar esta nueva apertura sexual, muchos se han quedado en los años cincuenta. Pregúntate lo siguiente: ¿Cuándo fue la última vez que un pastor o un rabino anunció una serie de sermones de ocho semanas sobre Cantares o siquiera un *solo* sermón sobre la relación sexual? Muy a menudo hablo en algunas de las mayores iglesias del país y casi nunca escucho que en la iglesia se esté llevando a cabo una discusión franca acerca de la relación sexual. Sencillamente, no sucede. Incluso en los primeros días del siglo veintiuno, la iglesia y la relación sexual no se ven como dos cosas que van juntas.

Lo gracioso es que cuando saco el tema en la iglesia, dándole de ese modo a la gente permiso para hablar sobre la relación sexual y hacer preguntas al respecto, no hay forma de hacerlos callar. Nunca se quieren ir a casa. Esta es la misma gente que reprende al pastor por extenderse tres minutos más en el sermón.

He tratado a muchas mujeres que intentan usar la religión como una excusa para estar disponibles sexualmente para sus esposos.

—No quiero saber nada de estas cuestiones extravagantes —me dijo una mujer una vez.

—¿Como cuál? —le pregunté.

—Como estar encima de mi esposo. Eso no es lo natural.

Así es, algunas personas tienen esa visión estrecha de la relación sexual. Piensan que es *solo* para la procreación. Es probable que la mayoría de las personas que lean este libro no tengan este punto de vista; si lo tuvieras, ¡ya hace rato que hubieras dejado de leer! Aunque sí es probable que te encuentres en algún lugar cerca del final de la secuencia religiosa.

El pastor Stephen Schwambach ofrece algunos consejos pastorales grandiosos para aquellos de ustedes que se preocupan al pensar que la expresividad sexual dentro del matrimonio puede ofender de algún modo a su pastor. Sugiere que «probablemente no sabes en realidad qué es lo que tu ministro aprueba o no. Te quedarías pasmado si te enteraras de la vasta gama de libertad sexual que él cree que la Biblia le permite disfrutar a un esposo y su esposa»[26].

¿Qué esperas que haga tu pastor? ¿Que se pare frente a la iglesia y lea una lista de prácticas aceptables? «Beso francés profundo. Maravillosa idea. Relación sexual oral. Eso también está bien. Hacerlo con las luces prendidas. Sin dudas. Después de todo, Dios hizo la luz e hizo la relación sexual, ¿por qué no juntar las dos cosas? Crema batida y fresas. Bueno, a menos que no se encuentren en la cancha central de Wimbledon, por supuesto, ¿por qué no?»

¿Te das cuenta? Eso no va a suceder.

Hasta donde llega el cristianismo, la experiencia sexual entre el esposo y la esposa es prácticamente ilimitada en su creatividad y placer. En el judaísmo, a toda mujer casada se le conceden tres derechos fundamentales: comida, ropa y satisfacción sexual (llamada *onah*). Dios nos dice en muchas partes que no debemos involucrar a una tercera persona, pero dos adultos casados que tienen el consentimiento para tener relaciones sexuales, tienen frente a ellos una libertad casi para todo, siempre y cuando ninguno se sienta lastimado ni degradado, y los dos actúen con sensibilidad y amor.

Por supuesto, podrás escuchar otras cosas. Algunos llamados líderes cristianos se han nombrado a sí mismos como la patrulla de la moralidad sexual de la iglesia cristiana. No tengo problema cuando estos líderes se atienen a la Biblia, que es clara al prohibir la prostitución, cualquier clase de relación sexual fuera del matrimonio, la homosexualidad y cosas por el estilo. No obstante, dentro del matrimonio, siempre y cuando ninguno de los dos se vea herido, las prohibiciones bíblicas son prácticamente silenciosas.

INHIBICIONES DE LAS AMISTADES

Algunas mujeres se sienten limitadas por el pensamiento del qué dirán sus amigas. «El pensamiento grupal» puede ser algo muy pesado dentro del género femenino: «¡Ay, Andrea, no puedo *creer* que Roberto siquiera te haya *pedido* que hagas eso! ¡Mi Jorge jamás se volvería tan perverso! Pobre muchacha; déjame que te pida un café fuerte».

En primer lugar, no tienes por qué discutir tus actividades sexuales con otra persona que no sea un consejero profesional. ¿Quieres una excelente manera de desconectarse? Esta puede ser la mejor de todas para los hombres. Ellos consideran que es un acto de infidelidad si hablas de tus asuntos sexuales con otros, en especial si tu conversación va dirigida a uno de sus parientes.

En segundo lugar, para las mujeres que se sienten intimidadas por la aprobación o desaprobación de sus amigas, aquí tenemos el consejo de Schwambach:

> Supongamos que tus amigas han recopilado una larga lista de favores sexuales que jamás en la vida estarían dispuestas a ofrecerles a sus esposos. ¿Es algo por lo cual deben sentirse orgullosas o por lo que deben ponerse a llorar? ¿No es una vergüenza egoísta que muestra la corta vista que tienen?
>
> Como resultado de su deformado sentido de la «dignidad» femenina, es probable que estén casadas con hombres nerviosos e insatisfechos. Sin embargo, el profundo amor que sientes hacia tu esposo jamás permitirá que él sufra lo que deben sufrir sus esposos.
>
> Si debes tener en cuenta estos pensamientos, procede hacia adelante y piensa lo que sigue: «Es verdad, mis amigas me harían pasar un mal rato si supieran lo que estoy dispuesta a hacer por mi esposo; pero es probable que sus esposos darían cualquier cosa porque ellas estuvieran dispuestas a tratarlos tan bien como yo disfruto tratando a mi esposo»[27].

Si en verdad te preocupa que la gente descubra lo que ustedes dos hacen, *¡no se lo digas a nadie!* Nadie tiene por qué saberlo. No permitas que otros que están fuera del dormitorio te roben o desmerezcan el placer y la intimidad que construyes en ese lugar. Sácalos a patadas de tu cama, y cuando te encuentres amando con vigor a tu cónyuge, sácalos a patadas de tu mente. Concéntrate exclusivamente en darle a tu cónyuge el mayor placer que puedas.

INHIBICIONES PERSONALES

Otro gran inhibidor del placer sexual es la vergüenza. Tal vez tu esposo quiere que hagas un *striptease* o tu esposa desea que le leas poesía o que le cantes. Una parte de ti desea darle este gusto, pero te mortifica la idea y sencillamente no puedes obligarte a hacerlo. O al menos, piensas que no puedes. Lo cierto es que, cuando te aferras a algo que no tiene fundamento moral ni es personalmente agresivo o degradante, estás robándole a tu cónyuge. Cuando se casó contigo, esperaba con todo derecho que los dos disfrutarían de la intimidad sexual y del placer. Una cosa es tener vergüenza, pero otra cosa del todo diferente es permitir que la vergüenza continúe robándole a tu cónyuge la diversión, la espontaneidad y el placer sexual.

Schwambach añade: «Cuando lo piensas, cuando lo piensas de verdad [...] puedes decidir que hay algo que es mucho más vergonzoso que las acciones que has rechazado hasta ahora. Y entonces te toca a ti explicar por qué optaste por privar a tu ser amado de los deleites íntimos que tenía todo el derecho de esperar obtener cuando dejó de lado a todos los demás y te escogió a ti para que fueras su pareja para toda la vida»[28].

Algunas veces debemos obligarnos a crecer y esta puede ser una de esas veces para ti. La mejor manera de hacerlo es reconsiderar la petición que te hizo antes tu cónyuge, esa que pensaste que hasta podía ser divertida: hacer el amor con las luces encendidas, comer desnudos o cualquier otra cosa, pero que descartaste por vergüenza. Ahora es tu turno de proponerlo. No podrás creer la sonrisa que se dibujará en el rostro de tu cónyuge cuando te conviertas en la persona que inicia ese mismo acto que una vez rechazaste. El corazón de tu cónyuge (¡y otras cosas!) se acelerará, y se sentirá muy enamorado o enamorada de ti por dar este paso de valor, intimidad y amor.

Otra inhibición personal es la falsa sensación de lo que es adecuado. Una parte proviene del reconocimiento de que la misma actividad es adecuada o inadecuada en dos lugares diferentes. Algunas personas jamás cambian: nunca se darán cuenta de lo que les parece inadecuado en público, puede ser más que adecuado en privado.

Hago muchos seminarios y doy muchas charlas en público. Cuando aparezco en la mayoría de las iglesias un domingo por la mañana, quieren que me ponga un traje o al menos un saco y una corbata. El sábado por la tarde, cuando puedo mirar un partido de fútbol americano de mis amados Arizona Wildcats, un traje es la última cosa que me pondría. Es más probable que me ponga una camiseta de Arizona.

En los distintos acontecimientos, también voy a actuar de una manera diferente. Cuando Arizona anota un tanto, salto de mi asiento, grito y agito las manos. De regreso en la iglesia, no participo de una ola luego de una ofrenda exitosa porque esa clase de cosas sencillamente no se hacen. Además, ¿no se pueden imaginar que el amado hermano Mildred se desmayaría si el grupo de jóvenes iniciara una ola luego de un superávit en la ofrenda o del anuncio de asistencia?

Ahora bien, ¿es bueno o malo usar un traje? Depende de a dónde vayas. ¿Es adecuado o inadecuado que participe en la ola? Depende de dónde esté sentado.

Lo mismo sucede contigo en la cama. No, no es adecuado que muestres los pechos, ni que tengas un gran escote, en este caso, frente a extraños. Con todo, ah, qué maravilloso es que atraigas a tu esposo de esta manera cuando los dos están solos: «¿Los quieres, cariño? ¡Son todos tuyos!».

El problema surge cuando uno de los cónyuges se aferra a lo «adecuado» en el lugar indebido. La modestia no es solo una buena idea, es un mandamiento en la Escritura. El apóstol Pablo es muy claro al hablar de esto: «En cuanto a las mujeres, quiero que ellas se vistan decorosamente, con modestia y recato» (1 Timoteo 2:9). En otras palabras, no te aparezcas por la iglesia con un vestido de noche provocativo, extremadamente ceñido o abierto.

No obstante, en el dormitorio, lo adecuado dignifica algo del todo diferente. Esos pechos que Pablo dice que te cubras en público, ahora los debes usar para excitar a tu esposo: «Es una gacela amorosa, es una cervatilla encantadora. ¡Que sus pechos te satisfagan siempre! ¡Que su amor te cautive todo el tiempo!» (Proverbios 5:19). Según Keil y Delitzsch, dos comentaristas del Antiguo Testamento, en este caso es evidente que el hebreo se refiere al «amor sensual». ¡Esto es fantástico! Estos comentaristas insisten en que Salomón «habla aquí de un éxtasis de amor moralmente permitido [...] una intensidad de amor que se conecta con la sensación de superabundante felicidad»[29].

Algunas mujeres y algunos hombres, en particular los que provienen de hogares muy religiosos, tienen dificultad de tanto en tanto para hacer el cambio entre lo adecuado en público y lo adecuado en privado. Saber adecuarse en público es algo esencial, pero lo inadecuado «adecuado» en privado puede ser mortal para tu vida sexual. Aprende a desprenderte, incluso a extender los límites.

En muchos sentidos, la enseñanza de la Escritura es esta: No permitas que ninguno que no sea tu cónyuge disfrute de tus encantos sexuales de ninguna manera, pero luego libera esos encantos con furia total y dirígelos a tu cónyuge. Canaliza todo tu atractivo sexual en una dirección. Mantén la represa alta cuando otros estén alrededor; no permitas que se escape ni una gota por las paredes. Entonces, cuando estés a puertas cerradas, a solas con tu cónyuge, abre las compuertas y deja que el agua fluya con toda su fuerza.

ESCOJAMOS LA MADUREZ

Una de las cosas que hemos aprendido sobre el comportamiento humano es que la vida es una serie de elecciones. Algunos teóricos hasta sugieren que la enfermedad mental es una elección: eliges deprimirte o no deprimirte. No discutiremos estas teorías aquí, pero hay algo que se debe decir en virtud del concepto de que el amor es, en lo fundamental, una *decisión*. Los sentimientos vienen y van, pero como único permanecen es regándolos y alimentándolos con pensamientos. Puedes elegir entregarte por completo a esta persona o, por la razón que sea, retenerte. Si te retienes, los dos pierden. El matrimonio es una sumisión mutua voluntaria del uno al otro. Esta es una alegre realidad cuando se vive sin egoísmo. Es miserable cuando uno o los dos comienzan a cerrarse el uno al otro.

Una vez que te paras frente a tu familia y a tus amigos y das el «Sí», no te des vuelta por la noche y digas: «No». Eso es lo que sucede en demasiados matrimonios. Espero que si tus desconexiones se deben a traumas personales, problemas de crianza, a un falso sentido de la religión, vergüenza o cualquier otra cosa, logres algún progreso para que tu vida sexual sea todo lo que puede ser.

Por lo menos, sé sincero. No te digas: *No puedo hacerlo*. En cambio, admite: *No quiero hacerlo*, o *No lo haré*. La realidad es que puedes hacerlo, pero *decides* no hacerlo.

Si tu cónyuge es el que tiene las inhibiciones, puedes ayudar siendo comprensivo y paciente, aunque firme, al animarlo a buscar consejo. Sé la clase de cónyuge amoroso que dice: «Cariño, vamos a superar esto juntos». Si los dos se esfuerzan hacia la misma meta de libertad en la expresión sexual dentro del matrimonio, la madurez llegará a ser de ustedes un día. Sus gustos cambiarán.

Recuerdo cuando estaba en séptimo grado. Pensaba que era tan grandioso estar sentado en un restaurante, mientras la máquina de discos sonaba y yo comía mi rosquilla garapiñada y bebía un refresco en un tarro helado, mientras fumaba las sobras de los

Lucky Strike de mi papá. Sin embargo, cuando crecí, descubrí algo mejor. Cuando tienes doce años, juzgas a un restaurante por la hamburguesa de doble queso, el helado con bañado en chocolate y las malteadas de chocolate. Quince años después puedes juzgar a un restaurante por su salsa boloñesa.

Es todo cuestión de madurez. La pareja que forman hoy no es la que formarán mañana. Espero que sean más amorosos, más generosos, que estén el uno más cerca del otro y que tengan más libertad para expresar ese amor en la cama.

12

El mayor enemigo de la relación sexual

He conocido a pocas parejas que no desean una vida sexual satisfactoria y significativa. Hasta los individuos que han perdido casi todo el interés sexual, cuando son sinceros, por lo general desearían poder recuperar ese interés.

Si casi todos desean tener una vida sexual mejor, ¿por qué somos tan pocos los que nos sentimos satisfechos y felices en este aspecto? El mayor enemigo de la relación sexual no es el aumento de peso. No es la falta de información. Tampoco son los problemas financieros ni los hijos pequeños que andan por la casa. Con el surgimiento del Viagra, ¡ni siquiera lo es la impotencia!

En realidad, el mayor enemigo de la relación sexual entre las mujeres es...

La fatiga.

Una revista para mujeres lo dice mejor:

> ¿Qué es lo primero que dejas de lado cuando estás ocupada, cansada y estresada? Si dices que es la relación sexual, no eres la única. Se estima que veinticuatro

> millones de mujeres estadounidenses dicen que no tienen tiempo, que están demasiado exhaustas o que simplemente no están de humor para la relación sexual, y más de la tercera parte de las lectoras de *Redbook* dicen que el excesivo cansancio es la excusa número uno para no tener relaciones sexuales. Entonces lo posponemos para más tarde, pero es muy fácil que ese más tarde se convierta en nunca. En caso de que no lo hayas notado, la abstinencia no hace que aumente la temperatura sexual, solo engendra más abstinencia.
>
> La relación sexual, por otra parte, engendra más relación sexual. Los estudios muestran que hacer el amor eleva los niveles de químicos del cerebro que se asocian con el deseo. Por lo tanto, la mejor manera de aumentar tu anhelo por la relación sexual, es *tenerla*[30].

Durante años he hablado y escrito acerca de que el ritmo comprometido en exceso de las familias estadounidenses nos está matando en lo social, en lo relacional y en lo sicológico. Estamos demasiado ocupados. Muchas familias con las que trabajo cortarían con facilidad cincuenta por ciento de sus actividades y sus miembros seguirían cansados. No es una exageración. Por lo regular, la mayoría de las familias que me ven se sorprenden ante la manera en que puedo aplicar un cuchillo de carnicero a sus agendas.

Cuando vivimos al ritmo de una carrera de fórmula uno, la relación sexual es una de las primeras cosas que se pierden. Una vez más, si deseas mejorar tu vida sexual como pareja, necesitas examinar tu relación fuera del dormitorio. ¿Qué estás haciendo que te impide tener intimidad sexual?

La revista *Redbook* hizo una encuesta en su sitio Web en la que hacía la siguiente pregunta: «¿Qué harías si tuvieras una hora más de tiempo libre?». Más de diez mil hombres y mujeres respondieron. Ochenta y cinco por ciento de los hombres y cincuenta y nueve por ciento de las mujeres respondieron que tendrían relaciones sexuales: amplias mayorías en los dos casos. Solo doce por ciento de las mujeres escogieron ir de compras o dormir un poco más, y a continuación siguió mirar televisión, hacer ejercicio, leer y comer[31].

¿Qué te dice esto? Si tuvieran tiempo extra, la mayoría de ustedes no se encaminarían al centro comercial. No escogerían un libro para leer, ni encenderían el televisor, ni irían al gimnasio. Tú y tu cónyuge se desnudarían y sus matrimonios serían mucho mejores.

¿Cómo las parejas comienzan a vencer los efectos del cansancio?

CAMBIA TU PROGRAMA

No tiene sentido tratar de construir una hermosa casa sobre un cimiento inclinado. Si en verdad quieres que la vida de tu familia y tu vida sexual sean más significativas, tendrás que renunciar a algunas cosas. Nada de andar de un sitio para otro durante las cinco noches de los cinco días de la semana. Diría que si tienes que estar fuera más de dos noches a la semana, algo debe cambiar.

Casi me río cuando la gente me pregunta: «¿Pero mis hijos no se perderán un montón de oportunidades si insisto en que no podemos salir más de dos noches a la semana?». Me río porque lo que los hijos extrañan *de verdad* es el tiempo con la familia. Cuando la gente viene a mí en busca de consejo y me habla de su niñez, a ninguno le afloran tiernas memorias cuando miran hacia atrás y recuerdan un estilo de vida que los mantenía fuera de casa el lunes para ir a los Niños Exploradores, el martes y el jueves para ir a fútbol, el miércoles a la iglesia y el viernes a un partido de la escuela. Los recuerdos que las personas atesoran son las noches en que toda la familia se quedaba en casa y participaban en algún juego de mesa, miraban una película juntos o se sentaban y conversaban.

¿Tú y tu esposo tienen un servicio de taxi familiar?

—Muy bien, Jeremías, tendrás que salir del trabajo más temprano para recoger a Wendy de su clase de ballet.

—¿Por qué?

—Tengo que llevar a Daniel a su práctica de tenis. Ah, y tendrás que sacar a Wendy diez minutos antes del ballet porque Jennifer necesita ir al grupo de jóvenes y no tendrás tiempo de llevarla si esperas hasta que termine la clase de Wendy...

Dime, ¿cómo se te ocurre que puedes nutrir una relación amorosa, satisfactoria y estrecha en lo emocional si esa clase de diálogo tiene lugar a cada momento?

Baja el ritmo. Tacha cosas de tu calendario. Deja espacio para la relación sexual.

Por cierto, permíteme ser directo: Si no tienes relaciones sexuales con tu cónyuge al menos dos o tres veces a la semana, estás demasiado ocupado.

¡ESCÁPATE!

Una mujer escribió en una encuesta: «Ojalá mi esposo y yo hubiéramos invertido más tiempo y dinero en nuestra relación amorosa. El divorcio costó mucho más y fue mucho más traumático para los hijos que lo que hubiera sido pasar algunos fines de semana sin nosotros»[32].

Es lamentable, pero hay demasiadas parejas que se dan cuenta de esto solo después de que pasaron por toda la agitación traumática del divorcio. Sé que tus hijos pueden protestar por perderse un partido de vez en cuando. Tu presupuesto a lo mejor gime cuando lo estiras para incluir ese fin de semana en un hotel. Es un lío encontrar a alguien que cuide a los niños. Aun así, como pareja de personas casadas, sencillamente deben escaparse.

Me parece que al menos una vez al año es bueno escaparse para dedicarse sobre todo a la relación sexual. Tengan un fin de semana en el que planeen pasar mucho tiempo adentro. Disfruten de los preparativos (hasta pueden llegar a abstenerse un poquito la semana antes de partir). Planeen un festín sexual sin pedir disculpas y sin sentir vergüenza. Este es el momento para releer ese capítulo de la variedad y pensar de verdad en maneras de condimentar su vida amorosa. Tal vez la esposa se «afeite» por primera vez. Quizá el esposo esconda una bolsa de pétalos de flores y los esparza por la cama mientras su amante se está dando una ducha. A lo mejor la esposa reserva una habitación con espejos. Tal vez el esposo lleve alguna loción para los pies.

Con el tiempo, por más que se quejen en un principio, tus hijos te agradecerán por el compromiso de amarse el uno al otro (aunque, por supuesto, nunca sabrán en realidad por qué se escaparon).

OCÚPATE DE LOS CONFLICTOS

Es probable que ir a un hotel no se encuentre dentro de las posibilidades de algunos presupuestos. En realidad, algunas familias pueden sentirse agobiadas ante la tensión de contratar a una niñera.

Si esto es lo que te sucede, busca a una pareja con la cual hacer un intercambio regular de cuidado de niños. Si sabes que las cosas se han acelerado demasiado, llama a Julia y dile:

—Julia, Carlos y yo necesitamos de verdad un par de horas a solas, sin los niños. ¿Puedes cuidarlos de cinco a siete esta noche?

—Parece que planeamos un poquito de deleite temprano hoy, ¿me equivoco? —quizá pregunte Julia.

—Con gusto te devolveré el favor mañana o en algún momento de la semana que viene —puedes contestar.

Hombres, si les parece que su esposa está demasiado ocupada como para disfrutar de verdad la relación sexual, sorpréndanla con un vale por tres horas de servicio de limpieza de la casa, ocúpense de que alguien cuide a los niños y entonces permitan que su esposa disfrute de la intimidad sexual antes de las once de la noche por una vez en su vida. Imagínate lo bueno que será para ella no tener que juntar la energía que le queda luego de pasar la aspiradora a las alfombras, preparar la cena, lavar los platos, bañar a dos preescolares, llevarlos a dormir y luego tratar de no caer dormida de cansancio. Ocúpate de los detalles particulares para que tu esposa se pueda relajar de verdad.

HAZ SACRIFICIOS

Una de las cosas más difíciles en cuanto a ser una mujer en Estados Unidos en el día de hoy es que todos quieren un pedazo de ti. Tu jefe quiere ese memorando; la iglesia pide «solo una» noche a la semana; los niños quieren que los lleves a tres lugares diferentes; las maestras piden una ayuda en el hogar para hacer las tareas escolares. Por supuesto, a fin de ahorrar para la universidad de los niños, a la par vendes productos de Mary Kay.

Si esta descripción se acerca un tanto a la de tu vida, ya puedo decirte lo que tu esposo me diría si estuviera sentado en mi consultorio. Tal vez use diferentes palabras e imágenes, pero en esencia dirá: «Si tengo suerte, puedo hacerme un huequito entre las últimas noticias y el programa de David Letterman».

No soy ingenuo, créeme, ya pasé por la ingenuidad hace un par de décadas. Treinta años en la tarea de aconsejar quitan gran parte de las pretensiones de sabérselas todas. Por lo tanto, me doy cuenta de que lo que estoy a punto de decir para algunos será difícil de escuchar y a otros les costará mucho aceptar: Vale la pena hacer sacrificios para tener un buen matrimonio y una buena vida familiar. Para preservar tiempo para la intimidad sexual, y ni qué hablar de estar disponible para tus hijos, es probable que tengas que deshacerte de algunas cosas. Tal vez tengas que conducir el mismo auto durante diez años o más. A lo mejor tengas que renunciar a vacaciones costosas. Es probable que tengas que arreglártelas con ropa prestada o artículos comprados en tiendas de segunda mano en lugar de ir a los mejores negocios para hacer las compras cuando los niños regresan a la escuela.

Sin embargo, los sacrificios valdrán la pena. No digo esto a la ligera porque sé que para algunos de ustedes renunciar a las «cosas buenas de la vida» será algo doloroso de verdad. Sin negar la dificultad que existe detrás de este sacrificio, sigo pensando que te sentirás más satisfecho al invertir más tiempo en tu familia, aunque eso signifique tener una cuenta bancaria mucho menos abultada.

UN ENEMIGO DEL HOMBRE

Para la mayoría de los hombres, el cansancio extremo no es el mayor enemigo de la relación sexual. Hablando de parte de los de mi género, pienso que puedo decir sin equivocarme que aunque estemos cabeceando luego de haber permanecido despiertos treinta y seis horas sin pegar un ojo, si nuestra esposa nos toca en el lugar adecuado, *¡pum!*, estamos listos para seguir adelante.

Para la mayoría de los hombres, el mayor enemigo de la relación sexual es la falta de imaginación de sus esposas. Si un hombre no se siente perseguido ni deseado, o si su esposa no puede ni desea comunicarle cuánto disfruta de estar con él y cuánto desea su cuerpo, el maridito pierde el interés. Tu esposo desea que lo necesites, lo desees y lo valores; en ese sentido, es como un niño pequeño.

El desafío es el siguiente: para que persigas a tu esposo de esta manera, se necesita tiempo, energía y previsión (cosas que una mujer sobrecargada de ocupaciones sencillamente no tendrá). Y he aquí la ironía. El hombre que se siente amado de una manera satisfactoria es la clase de hombre que, cuando su esposa lo llama y le pide que compre un litro de leche en el supermercado de regreso a casa, aunque ya haya pasado frente al negocio hace seis kilómetros, regresará y comprará la leche, y de esa manera te dará más tiempo en el proceso.

Cuando tu esposo dice: «No hay problema», es porque desea agradar a su mujer. Si se siente amado y valorado, derribará paredes si se lo pides.

Ya hemos tocado este tema, así que no te aburriré con repeticiones. Solo recuerda: si deseas una vida sexual grandiosa, debes proteger tu programa. Dedica tiempo para hacer el amor de una manera creativa y sin prisa.

13

Tu coeficiente intelectual sexual

¿Sabes el problema que tengo con libros como este? Muchas veces parece que suponen que la gente carece de los conocimientos sexuales básicos. Aunque me he encontrado con esta realidad en el caso de un par de parejas a las cuales he aconsejado, lo cierto es que tal vez esta generación sea la que tenga más información sexual de toda la historia del mundo.

Sin embargo, de la misma manera, muchas parejas tienen una ignorancia lamentable sobre las preferencias particulares de sus cónyuges. ¿Por qué?

En primer lugar, pienso que la experiencia sexual pasada es contraproducente. Un hombre piensa que sabe lo que les gusta a «las mujeres en general», pero eso le impide descubrir qué le gusta a una mujer en particular (su esposa). Piensa que es un don Juan, pero no sabe un rábano de los intereses, temores, esperanzas y fantasías sexuales de la mujer con la que está casado.

Asimismo, una mujer quizá sepa lo que le agradaba a su enamorado de la universidad, pero eso no quiere decir que lo mismo le agrade a su esposo. Si ha tenido múltiples amores, hasta quizá se llegue a confundir con los recuerdos del pasado.

En segundo lugar, la mayor parte de la «información» que tenemos proviene de los medios. Lo cierto es que los artículos están diseñados para vender revistas; el reportero no habló de forma concreta con tu cónyuge. Esos títulos sensacionalistas: «Enciende su fuego con el punto secreto que no sabías que existía» o «Hazla gemir toda la noche con una nueva posición», son solo eso: sensacionalistas. Pueden o no tener algún parecido a la verdad.

No descubrirás los lugares favoritos que a tu cónyuge le gusta que le toquen leyendo *Cosmopolitan* ni *Esquire*. Deben hablar los dos de forma específica sobre la relación sexual, algo que, sorprendentemente, hacen muy pocas parejas. Podemos leer sobre la relación sexual más de lo que lo hicieron las generaciones anteriores, pero no hay muchas parejas que hablen de verdad acerca de la relación sexual.

Me preocupa más la capacidad de tu coeficiente intelectual sexual para descifrar lo que a tu cónyuge le gusta o no que la relación que pueda tener con tu capacidad para describir cada posición. Puedes ser un gimnasta sexual, pero si a tu cónyuge le gusta la lentitud, la suavidad y la moderación, todos esos movimientos no harán otra cosa que molestarle.

Si no conoces la respuesta a las siguientes preguntas, dedica unas cuantas semanas a tratar de encontrarla conversando con tu cónyuge. Entiendo que muchas de las respuestas quizá sean «eso depende», pero no lo utilices como una excusa. Conversa de las circunstancias en las que se relacionarán las respuestas. Deberías conocer a tu cónyuge tan bien como para responder muchas de estas preguntas de muchas maneras diferentes.

1. ¿Tu cónyuge prefiere la luz de las velas, la oscuridad total, las luces ambientales, las de colores o una luz del todo

blanca durante la relación sexual? ¿Le gusta experimentar con la luz? Si es así, ¿cuándo y en qué ambiente?

2. ¿A tu cónyuge le gustan algunos olores en particular durante la relación sexual? ¿A ella le gustan las velas? Si es así, ¿de qué fragancia? ¿A él le gusta algún perfume en especial?
3. ¿Cuál es el momento favorito del día de tu cónyuge para tener relaciones sexuales? ¿Alguna vez haces lugar en tu programa para adaptarte a este momento?
4. ¿A tu cónyuge le gusta conversar durante la relación sexual? ¿Le gusta hacer más ruido? ¿Le gusta que conversen más antes de tener relaciones? ¿Le gusta que, de tanto en tanto, comiencen a orar antes o después de tener relaciones?
5. ¿Tu esposa tiene una loción de masajes favorita? ¿Le gusta que esté tibia o que salga directamente del frasco?
6. ¿A tu cónyuge le gusta divertirse mientras tienen relaciones o es del tipo más serio?
7. ¿Cuáles son los tres lugares favoritos en que a tu cónyuge le gusta que lo toquen y que lo besen?
8. ¿Cuál es la posición favorita de tu cónyuge?
9. ¿Cuál es una práctica sexual que a tu cónyuge le gustaría en realidad probar que los dos no hayan hecho todavía?
10. ¿Cuál es la fantasía sexual favorita de tu cónyuge?
11. ¿Qué lo desconecta con más rapidez que cualquier otra cosa?

COMUNICACIÓN SEXUAL

En mi práctica he descubierto que la mayoría de las parejas pasan 99,9% de su relación sexual haciendo el amor y 0,1% hablando de esto. Me gustaría más que el porcentaje fuera de 90 y 10. Ah, las parejas bromean sobre la relación sexual, pero a lo que me refiero con «conversar» es a una discusión sustancial en la cual los dos se expresen de verdad y abran el corazón con respecto a lo que les gusta y lo que no les gusta en la vida sexual. Incluso a las parejas casadas, que han visto todo lo que hay para ver, les puede resultar extremadamente vergonzoso y difícil conversar en serio acerca de lo que les gusta y lo que no les gusta en cuanto a la relación sexual.

En parte, esto proviene, por supuesto, de la vacilación ante la idea de hacer sentir mal a nuestro cónyuge. ¿A quién le gusta escuchar que no es bueno o buena en la cama? ¿Y a quién le gusta ser el que lo dice?

Por lo tanto, lo que sucede casi siempre es que se pasan por alto las soluciones bastante simples. Algunos cónyuges soportan algo que no les gusta durante una década o más porque temen sacar el tema a colación; no quieren herir a su cónyuge. Otros se han negado algo durante años porque les da demasiada vergüenza pedirlo. Una de las mejores cosas que puedes hacer para mejorar tu vida sexual es aprender a conversar... me refiero a *conversar de verdad.*

Cómo sacar a relucir temas difíciles

La doctora Judith Reichman hace una lista de varias maneras para iniciar una conversación que ayudarán a que te refieras a temas potencialmente vergonzosos o hirientes[33].

- «Sé que nos puede dar vergüenza hablar de la relación sexual, pero los dos somos adultos».
- «Debo decirte algo, pero me resulta difícil hablar de ello».
- «Tal vez te has dado cuenta de que he evadido situaciones en las que hubiéramos podido tener relaciones sexuales».
- «Parece que últimamente no estás de humor para tener relaciones sexuales. ¿Hay algo de lo cual deseas conversar?»
- «¿Te has dado cuenta de que hemos caído en una rutina a la hora de tener relaciones sexuales? ¿Alguna vez has pensado en que seamos más aventureros?»
- «Me resulta difícil excitarme estos días. No sé muy bien cuál es la razón, pero esperaba poder hablar acerca de esto».

Aquí tenemos otro enfoque para considerar:

«Esto me resulta incómodo y ni siquiera tengo la seguridad de si es preciso, pero así es cómo me siento...» Me gusta este enfoque suavizante porque tiende a esfumar las acusaciones y la ira. Un ángulo similar es el siguiente: «Es probable que esté equivocado, pero...».

Aquí tenemos un ejemplo que podría utilizar una mujer para comenzar una conversación si su esposo no practica una buena higiene:

«Cariño, muchas veces quieres hacerme el amor, pero no te has duchado. No vienes a la cama con olor a limpio y ya me conoces, tengo el olfato de un sabueso. Me encanta cómo huele tu cabello cuando te lo acabas de lavar. Con todo, muchas veces hueles a recién salido del trabajo. Te amo con toda mi alma y me encanta estar contigo.

»Me cuesta decirte esto porque no quiero herir tus sentimientos, pero si tan solo te dieras una ducha, eso me ayudaría a estar mucho más dispuesta a complacerte».

Lo brillante del enfoque de esta mujer es que puso el peso de la carga sobre sí misma («ya me conoces, tengo el olfato de un sabueso») y también le dio un efecto positivo («eso me ayudaría a estar mucho más dispuesta a complacerte»).

La mayoría de los hombres reciben bien conversaciones como esta.

La pregunta atrevida

Decirle a tu cónyuge que no eres feliz con tu vida sexual es una de las cosas más dolorosas que puedes hacer. Algunas veces es necesario, *pero así y todo, duele*. Puedes usar toda clase de expresiones positivas como: «Me encanta la manera en que me besas; me encanta la manera en que usas las manos; me encanta tu creatividad», pero la frase negativa («Algunas veces pareces un poco pasiva») es lo *único* que tu cónyuge va a recordar que dijiste.

Hay una manera de evadirlo. Los Schwambach llaman a esta frase «Las diez palabras mágicas»[34]. A mí me gusta llamarla la pregunta atrevida. Pero lo que tiene de brillante es que pone la petición dentro de un marco positivo. Te permite abrir nuevos caminos sin herir a tu cónyuge ni sugerir que no ha sido lo bastante bueno.

¿Estás listo? Aquí va: «¿Sabes qué me encantaría probar alguna vez?».

Si dices estas palabras con el tono adecuado, puedes convertirlas en el inicio del juego amoroso. La sola idea se vuelve erótica y tentadora.

Si tu cónyuge te dice estas palabras, tu reacción es muy importante. En primer lugar, comprende que le puede haber llevado días y hasta semanas juntar el valor para decirlo. Un rechazo a la ligera: «¿Qué eres, alguna especie de pervertido?», «No puedes hablar en serio; estás bromeando, ¿no? ¿Verdad?», en gran parte silenciará toda comunicación futura.

En cambio, tu responsabilidad es al menos considerar la petición (siempre y cuando no sea inmoral ni degradante). Tal vez no te encuentres cómodo, pero al menos intenta parecer entusiasmado y considera cuánto valor necesitó tu cónyuge para sacar este tema. Luego, trata de reformularlo de una manera que te suene atractiva a ti:

«¿Sabes una cosa, cariño?, eso me suena maravilloso. ¿Por qué no te das un baño antes de venir a la cama esta noche y veamos qué sucede?»

El ejemplo que usan los Schwambach es bueno. Supongamos que tu esposo va demasiado rápido de arriba hacia abajo, y tú disfrutas mucho cuando te acaricia y te besa los pechos. En lugar de decirle: «¿Por qué siempre estás tan apurado? ¿Nunca escuchaste la expresión "juego amoroso"?», intenta: «¿Sabes lo que me gustaría probar alguna vez?».

«¿Qué, cariño?»

«Quisiera saber cuánto me puedes excitar haciéndome el amor solo en los pechos. Utiliza todo lo que tienes: la boca, las manos, hasta el señor Feliz. Sé creativo y veamos hasta dónde llegamos».

Lo que importa es que lo que la mujer dice es: *Quiero excitarme y quiero que seas tú quién me excite*. Eso es lo que vuelve loco a un hombre. Cuando tu esposo vea cuánto te excitas mientras te acaricia y te toca, no podrás sacarlo de encima de tus pechos ni con una palanca. Lo tomará como un desafío y, sin lugar a dudas, deseará terminar la tarea.

LA SICOLOGÍA DE LA SEDUCCIÓN

Algo que tiene que ver con tu coeficiente intelectual sexual es lo bien que conoces aquello que hace que tu cónyuge se encienda. Los que estudian estas cosas han determinado que existen cuatro esferas de seducción: la visual (en la cual una persona se excita por lo que ve); la quinésica (en la cual una persona se excita a través del toque); la auditiva (en la cual a una persona se le estimula el apetito sexual a través del sonido); y la relacional (en la cual la persona se siente atraída por el cuidado y la nutrición emocional).

Ahora bien, todos podemos excitarnos por cualquiera y por todas estas cuatro esferas en diversos momentos, pero la mayoría de las personas prefiere una por sobre las otras.

Te haré esta pregunta: ¿Cuál es la que más excita a tu cónyuge? ¿No lo sabes? ¿Cuánto hace que estás casado?

La triste realidad es que estas cosas básicas muchas veces pasan inadvertidas en muchos matrimonios. Descubre cuál es el lenguaje sexual que tu cónyuge más desea que hables. Introduce algunas variaciones, pero casi siempre favorece su atracción primaria.

La clave para comprender esto es la sicología que se encuentra detrás de la seducción. Todo tiene que ver con la presentación. Quiero pedirte algo: descríbeme los veinte o treinta interludios sexuales que has tenido con tu cónyuge. ¿Cómo fueron? Apuesto a que algunas esposas pueden describirlos a la perfección. ¿Sabes por qué? Porque la mayoría de esos episodios fueron todos iguales: el número tres fue justo como el número nueve, que fue exactamente igual al número veintisiete.

Las parejas se adaptan. Se convierten en criaturas de hábito. Se olvidan de los pequeños detalles.

Miro por televisión muchos deportes y asisto a muchas de las competencias. En vivo, se ve mucho más del precalentamiento de lo que se ve por televisión. Los entrenadores sabios, con experiencia y éxito saben que la apariencia y la presentación importan. Es verdad, necesitas la sustancia que lo respalde, pero un equipo se puede sentir intimidado antes de que cualquier jugador individual toque la pelota. Esa es una gran ventaja sicológica.

Cuando hablamos de relación sexual, la manera en que te presentas es crucial. Casi es un lugar común hablar de los desacuerdos de una pareja en cuanto a la ropa de dormir de la mujer. La mayoría de las mujeres se ponen para ir a la cama algo que es mucho más «funcional» de lo que desearían los hombres. Mi esposa tiene pijamas con pies y sin ninguna clase de acceso. Eso está bien, supongo, para esas noches frías de invierno en las que sabes que no sucederá nada; pero permíteme darte un ligero panorama de la psiquis del hombre.

Tenemos esto de lo que hablamos los hombres a lo que llamamos «los faros». Cuando eres un muchacho y miras la competencia olímpica de mujeres en la disciplina de clavados, por ejemplo, puedes juntarte con tus compinches y mencionar los «increíbles faros» que tiene una nadadora.

¿De qué estamos hablando?

De los pezones. Cuando un hombre puede ver los pezones de la mujer a través de la tela que los cubre, se convierte en un charco. Nos derretimos en el suelo. No lo puedo explicar, pero lo puedo describir. Se nos aflojan las rodillas ante la simple visión.

No me entiendas mal: no deseo ver las marcas de los pezones de otra mujer. Deseo ver aquellos a los que tengo acceso. Una presentación es provocativa y burlona, pero no se puede hacer nada con ella, así que es frustrante y cruel de verdad. Y la otra presentación, bueno, ¡esa es la puerta al placer! No conozco nada más atractivo que los pezones de tu esposa que empujan un *top* de satén. Muchos hombres correrían ocho kilómetros solo para ver esto en su propio dormitorio.

Ahora bien, aquí tenemos la manera de armar la presentación. Digamos que tu esposo escucha que corre la ducha a las diez y media de la noche. El simple sonido del agua ya lo pone un poco juguetón. Cuando escucha que la ducha se cierra, piensa: *Vaya hombre, tal vez tenga suerte esta noche*. Cuando su esposa sale del baño luciendo un nuevo camisón que exhiba de manera conveniente esos faros, de repente, él se vuelve un niño.

«¡Vaya! ¿Eso es nuevo?»

Aquí tenemos a la mujer astuta. Lo mira directo a los ojos, se inclina hacia él para permitir que sus pechos obren su magia, y luego dice: «Lo compré precisamente para ti».

¡Este solo panorama puede llevar a un buen número de estadounidenses directamente al orgasmo!

Es verdad, es caro. Es probable que todo el conjunto te haya costado cincuenta dólares, pero estuvieron bien gastados. Muchas familias pagan quinientos dólares por un aparato de televisión y eso no le aporta nada al matrimonio.

Mi esposa, Sande, es una maestra en el arte de la presentación. Cuando le da un regalo a una mujer, la mayoría detesta la idea de abrirlo porque la envoltura se ve muy inmaculada. Piensan que sería una vergüenza arruinarla. Me he sentado y me he maravillado al ver cómo dan vueltas y vueltas ante lo atractivo que se ve el regalo que ha preparado Sande. Deberías ver nuestra mesa en la cena de Navidad: no solo la comida es buena, sino que se ve *grandiosa*.

Es más, la gente viene a Tucson desde ciento cincuenta kilómetros o más para visitar el negocio de mi esposa, *Shabby Hattie*. ¿Por qué? Sande sabe cómo presentar los artículos viejos de una manera que a las mujeres las deja boquiabiertas. Puede transformar la vieja pantalla de una lámpara en una obra de arte recubriéndola justo con la tela adecuada. Otros negocios también venden pantallas de lámparas, pero no hay mucha gente que viaje ciento cincuenta kilómetros para visitarlos. ¿Por qué? Todo tiene que ver con la presentación.

Damas, aprendan a presentarse, a envolverse, a envolver su habitación, a envolver el momento con un atractivo seductor creado para sus esposos.

Ahora bien, los hombres podrían usar un poco de ayuda aquí también. Ya hemos hablado sobre la buena higiene. Cuando se ponen medias para irse a la cama o se acurrucan debajo de las sábanas con la ropa interior que han usado todo el día, no resultan avasallantes en su atracción sexual.

Ten en cuenta que la «presentación» para tu esposa es algo más amplio que solo tu cuerpo. Podrías hacer el amor en el garaje y ni siquiera te darías cuenta de la lata de gasolina y del martillo sucio que se encuentra a tus pies, pero es probable que tu esposa no sea así. Del mismo modo que una esposa se puede presentar a sí misma de una manera atractiva al salir de la ducha luciendo algo que muestre sus faros, tú también puedes presentarte de una manera atractiva saludando a tu esposa con un entorno agradable.

Aquí tenemos un ejemplo práctico. Supongamos que tu esposa se fue dejando la casa toda desordenada para ir a un seminario de todo el día. Ha estado fuera durante siete horas y, a decir verdad, tiene terror de pensar en cómo se verá la casa cuando regrese. Sabe que dejó todo desordenado, pero peor aun, sabe que tú y los hijos han vivido allí todo el día. Supone que tendrá que cocinar algunos filetes de pescado para la cena y se puede imaginar hasta pasada la media noche tratando de limpiar todo.

Ahora bien, imagina su sorpresa al entrar en una casa limpia y encontrarse con los niños bañados y en la cama. No puede dar crédito a su sentido del olfato: le has preparado su ensalada favorita con su aderezo favorito y la tienes sobre la mesa, junto con un perfecto filete de halibut cocinado con las especias adecuadas.

Una vez que termina con la cena, levantas su plato y la invitas a subir a la planta alta. Entra en el baño y se encuentra con que has encendido algunas velas, has esparcido sales de baño y le tienes preparada una toalla nueva, bonita y esponjosa. Se relaja en el agua caliente y la siente deliciosa.

Eso, mis queridos lectores masculinos, es el equivalente a que una esposa salga de la ducha mostrando sus faros. Y sí, de alguna manera somos más fáciles de complacer que ellas, pero, ah, ese trabajo extra vale el esfuerzo sin duda alguna.

14

Demasiado agotado para chillar

Imagina esto: El jefe del gabinete llama a la puerta del presidente. «señor Presidente, es hora de que dé el Discurso del Estado de la Unión».

«Gracias, Andrés», dice el presidente. «¿Pero sabes una cosa? No tengo ganas de dar un discurso esta noche. Creo que paso por esta vez».

O imagina esto: El entrenador de los St. Louis Rams llama al mariscal de campo Kurt Warner un domingo por la tarde en enero. «Kurt», le dice, «el partido comienza en treinta minutos. ¿Dónde estás?»

«Entrenador, no tengo ganas de jugar hoy. Tendrás que arreglártelas sin mí».

Aquí tenemos un tercer cuadro: El productor del programa *Today* llama desesperado a Katie Couric a las siete y media de la mañana. «Katie, ¡se supone que debemos estar en el aire! ¿Qué te sucede?»

¿Te imaginas a Katie diciendo: «Pensé que hoy era más importante dormir que ir a trabajar»?

Por más extravagantes que parezcan estas situaciones, tienen una cosa en común: La gente asumió un compromiso y se espera que cumplan con ese compromiso sin importar cómo se sientan. Estoy seguro de que algunas mañanas, Katie desearía de verdad quedarse a dormir. Y tengo la misma seguridad de que algunas veces al presidente le gustaría posponer un discurso importante. Sin embargo, los dos hicieron promesas y se espera que las cumplan.

Me encantaría que la gente tuviera la misma actitud cuando se trata del matrimonio. Cuando aceptas casarte con esta persona, te ubicas en la posición de satisfacer una necesidad en su vida que ninguna otra persona puede satisfacer de forma legítima: la necesidad sexual. Soy muy directo con las parejas cuando doy los consejos prematrimoniales: Si no están dispuestos a comprometerse a tener relaciones sexuales con esta persona dos o tres veces a la semana durante el resto de sus vidas, no se casen. Sin duda, el embarazo, la enfermedad y algunos otros problemas imprevistos alterarán este ritmo, pero en general casarse es comprometerse a un tiempo regular de intimidad sexual.

Esto quiere decir que «no estar de humor» es una anécdota interesante, pero nunca debería determinar nuestras acciones. Aceptaste un compromiso y debes ser fiel a ese compromiso. Ahora es demasiado tarde para deshacerlo.

Por supuesto, el compromiso los comprende a los dos. Les digo a los hombres que casarse es comprometerse a tener momentos de comunicación con regularidad. *Jamás* he conocido a un hombre que me dijera: «Lo que necesito en realidad después de pasar un largo día en el trabajo es una buena charla de cuarenta y cinco minutos con mi esposa». Aun así, les digo que si su esposa necesita esa conversación de cuarenta y cinco minutos, deben esforzarse por proporcionársela.

«¿De qué manera, doctor Leman? ¿Cómo puedo participar sexualmente sin tener ninguna clase de deseo real?» Me alegro que preguntes. Demuestra que estás dispuesta a dar los primeros pasos. Aquí tenemos algunas ideas para ayudarte a vencer el deseo aletargado.

RECUERDA TU COMPROMISO

En primer lugar, no entres en pánico. Casi todos los cónyuges, hombres y mujeres, se toparán en algún momento u otro con esta encrucijada. Todos tenemos momentos en los que estamos cansados, preocupados o que no nos sentimos muy cerca de nuestro cónyuge. Sin embargo, un buen matrimonio nos llama a elevarnos por encima de nuestra apatía. El bueno de Pedro dice: «Ámense los unos a los otros profundamente» (1 Pedro 4:8). Otra interpretación es «Ámense los unos a los otros con toda sus *fuerzas*». Me gusta esta idea; quiere decir que no le voy a dar a mi esposa algo a medias; utilizaré toda mi fuerza para agradarla y le daré todo lo que tengo.

Esto quiere decir que existen momentos en los que tienes relaciones sexuales por misericordia, por obligación o por compromiso y sin tener un deseo real. Es verdad, quizá parezca forzado. Tal vez parezca planeado y es probable que tengas que luchar contigo mismo para no empujar a tu cónyuge a un lado y decirle: «¡Ya es suficiente!».

Con todo, la raíz es la siguiente: Actúas por amor. Honras tu compromiso y eso es algo maravilloso.

RECUERDA QUE EL INTERÉS SEXUAL SE CONSTRUYE

Una de las cosas hermosas acerca de la relación sexual es que si «te inclinas hacia su interior» durante unos pocos minutos, tu vacilación puede convertirse con rapidez en desesperación, ¡y me refiero a la clase divertida de desesperación!

Piénsalo. ¿Nunca tuviste momentos en los que la relación sexual era la última cosa que tenías en mente, pero cediste? Treinta minutos después te encuentras al borde de un orgasmo gritando: «¡No te detengas! ¡No te detengas! ¡*Por favor*, no te detengas!».

Tal vez, tu esposo te recuerde que hace media hora lo último que querías hacer era *comenzar*. *Ahora*, lo último que quieres hacer es detenerte. La relación sexual puede ser así, si se lo permitimos.

Muy bien, tal vez alguna de ustedes diga: «No, *jamás* he gritado: "¡Por favor, no te detengas!" porque la relación sexual *nunca* es tan satisfactoria para mí».

Es probable que no lo sea ahora, pero puede *convertirse* en algo semejante si estás dispuesta a dedicarte a ello. Recuerda: tu Creador te diseñó de forma específica para que disfrutes de una relación sexual satisfactoria, placentera, completa, con orgasmos y todo. La experiencia de la vida, los complejos sicológicos y la inexperiencia sexual o la ignorancia se pueden interponer en el camino impidiéndote experimentar ese placer, pero sigue estando el potencial para el placer.

«Convénceme»

Si tu esposo tiene ganas a las claras y saca a relucir la idea de la relación sexual, pero tú no te sientes ni siquiera cerca de desearla, déjale hacer algo del trabajo de preparación. Sé directa, pero anímalo al decirle: «Verás, en realidad no tengo ganas, pero te dejaré que intentes llevarme al punto de desearlo». Eso le proporciona la oportunidad de comenzar a cortejarte, a ser afectuoso y a hacerte entrar en calor.

Muchachos, cuando su esposa les diga esto, no se refiere a que se zambullan directo dentro de su blusa o de sus pantalones; desea que la cortejes y la convenzas. Susúrrale cosas dulces al oído. En lugar de decir: «Estoy muy caliente contigo», dile *por qué* estás caliente y *qué* te pone caliente. Haz que sea *personal*, con elogios sinceros.

Y luego, tómate el tiempo para permitirle entrar en calor. Busca alguna loción y ofrécele un delicioso masaje relajante. Un masaje en los pies, en la espalda o, incluso, en todo el cuerpo puede hacer que te saques la lotería. Dile que llevarás los niños a la cama mientras ella se da un baño. Proporciona una atmósfera en la que el romance tenga la oportunidad de florecer.

Descubre rituales que te pongan de humor

Eres una persona completa. El estrés, el cansancio y otros factores son capaces de hacer que no tengas interés sexual. Lucha contra ellos con rituales comprobados que te pueden poner de humor. Muchas mujeres disfrutan de un largo proceso de bañarse, aplicarse loción y ponerse una bata suave.

Puedes descubrir que ciertos libros o música te ponen de humor. (¡No me refiero a la pornografía!). Algunas veces, leer libros como este, que hablan de la relación sexual de una manera apropiada, pueden hacer vibrar la mente (y otras partes del cuerpo).

Conozco a un joven que dijo que había prometido controlar sus pensamientos y luego le pidió a su esposa que, a cambio, ella controlara sus pensamientos pensando más en la relación sexual.

«¿A qué te refieres?», preguntó ella.

«Simplemente trata de pensar en eso con más frecuencia», le dijo.

Las fantasías con respecto a tu cónyuge son del todo apropiadas. Recuerda noches especiales. Sueña con algo que todavía no hayan hecho. Dirige tus pensamientos hacia tu cónyuge.

El juego amoroso comienza por la mañana

Algunas de las mejores relaciones sexuales duran todo el día, aunque los cónyuges quizá pasen las primeras diez horas del día a veinte kilómetros de distancia.

Imagina lo que sentiría un hombre si se levanta, entra a los tumbos en el baño, enciende la luz, toma su navaja de afeitar y queda sorprendido ante una vívida frase escrita con lápiz de labial rojo en un costado del espejo:

«¡Buenos días, señor Sexy! Acostemos temprano a los niños esta noche. ¡Tengo algunos excitantes planes! Besitos...»

El esposo puede pegar una nota breve en el espejo:

«Buenos días, hermosura. ¿Te he dicho últimamente cuánto me encantan tus ojos preciosos?»

Lo que quiero decir es que comenzar el juego amoroso temprano por la mañana los ayuda a los dos a estar de humor. Convierte la relación sexual en una cuestión de todo el día.

Haz ejercicio

Los estudios han mostrado que el ejercicio moderado eleva las endorfinas y puede aumentar la intensidad de la excitación sexual[35]. El solo hecho de sentirse más en forma te hace sentir mejor en general, pero una actividad física te puede ayudar de verdad a ponerte de humor.

Sin embargo, esto tiene un límite. La actividad física excesiva, como por ejemplo, el entrenamiento para un maratón, o el excesivo uso de la bicicleta (que puede contribuir al entumecimiento del clítoris), puede dejarlos extenuados y reducir el interés sexual.

EL UNO NO ES NECESARIAMENTE UN NÚMERO SOLITARIO

Para satisfacerse el uno al otro en el aspecto sexual, no necesariamente se debe incluir el coito. Hay veces que, por la razón que sea, la mujer puede preferir hacer uso de lo que los hombres jóvenes llaman cariñosamente «un trabajo de manos».

La mujer que tiene períodos menstruales abundantes que duran seis o siete días, o que acaba de pasar por un embarazo, o que tal vez no se siente de la mejor forma, puede sentir en verdad que la relación sexual es más de lo que puede manejar. No obstante, con un mínimo de esfuerzo y usando las manos, puede ayudar a su esposo que está a punto de treparse por las paredes porque ha pasado mucho tiempo sin tener relaciones sexuales.

Da resultado en los dos sentidos: Si el esposo no tiene interés, pero la esposa está excitada, puede rodearla con los brazos haciendo que ella se acurruque dándole la espalda, adoptando la forma de cuchara, y dejar que su dedo índice le exprese su afecto.

Lo que quiero decir es que si se aman de verdad el uno al otro, encontrarán la manera de cuidarse mutuamente. Habrá veces en las que uno de los dos recibe la satisfacción y el otro la da. Una vez más, eso es algo muy desinteresado y amoroso.

LOS PROBLEMAS SEXUALES DE LAS MUJERES

La Asociación Estadounidense de Siquiatría divide los problemas sexuales femeninos en cuatro categorías[36]:

Trastorno del deseo sexual: se produce cuando la persona pierde todo interés en la intimidad sexual e incluso desarrolla una aversión hacia ella. Todos tenemos momentos en los que no estamos interesados, pero las que sufren de este trastorno tienen una falta de interés crónico y evitan o responden de forma desfavorable a la estimulación sexual de manera persistente. Estas mujeres nunca se excitan. No solo les falta deseo, sino que el simple pensamiento de la relación sexual se convierte en algo desagradable.

Trastorno de la excitación sexual: tiene lugar cuando una mujer puede desear la relación sexual, pero síquicamente su cuerpo no logra mantener un estado de excitación. No tiene lubricación o no responde a la estimulación sexual. Su mente se involucra, pero parece que su cuerpo nunca llega a estar a la misma altura.

Trastorno orgásmico: tiene lugar cuando una mujer no puede alcanzar el clímax sexual luego de una progresión normal de la actividad sexual. Puede disfrutar y desear el orgasmo, pero nunca llega a «caer por el acantilado» y siempre queda colgando. Como no es común que la mujer alcance el orgasmo todas las veces que tenga relaciones sexuales, el diagnóstico de este trastorno en cualquier individuo en particular es un tanto arbitrario. Para ser realistas, la mayoría de las mujeres no pueden esperar experimentar siempre el orgasmo. La salud y la edad también afectarán este desenlace.

Trastorno de dolor sexual: se refiere a que la mujer experimenta dolor vaginal crónico durante el coito. Este dolor no se debe a una infección ni a ningún trastorno médico conocido. En algunos casos, existe una tensión involuntaria en los músculos externos de la vagina que producen el dolor.

Como siempre, para complicar más las cosas, la APA [Asociación Estadounidense de Psiquiatría], añade una variedad de clasificaciones para cada trastorno. Algunas pueden ser sicológicas, en tanto que otras son médicas. Algunas pueden durar toda la vida (siempre ha sido así desde que la mujer se volvió sexualmente activa); otras son «adquiridas». También pueden ser generalizadas (que suceden en el ámbito universal) o situacionales (con un compañero en particular o bajo ciertas circunstancias).

La doctora Judith Reichman ha identificado una cantidad de «saboteadores sexuales» para las mujeres que conducen e instalan estos trastornos[37]. Entre sus hallazgos se encuentran:

1. Problemas sicológicos

La culpa, la depresión, el estrés y la ansiedad son factores que actúan como contrapesos en el interés y la conducta sexual de una esposa. Algunas veces, estos factores son temporales; una mujer que está pasando un momento estresante en el trabajo o que está estresada debido a la crianza de niños pequeños, puede experimentar una reducción temporal en su deseo sexual. Otras veces, una presión sicológica de larga duración puede hacer que la falta de deseo se vuelva crónica.

El abuso sexual es otra bomba de tiempo sicológica. Casi la cuarta parte de todas las mujeres sufrirán abuso sexual antes de llegar a la edad adulta, y los efectos residuales de este comportamiento trágico tienen un vasto alcance y, en algunos casos, pueden durar toda la vida. Cualquier actividad sexual puede traer recuerdos o imágenes del pasado. En algunos casos, el trauma se esconde en un nivel mucho más profundo, y aunque tal vez no existan recuerdos concretos, la aversión oculta hacia la actividad sexual no cede.

Por más que desearía ayudarlas, sería irresponsable de mi parte como terapeuta darte cinco pasos rápidos para sobreponerte a semejante historia. Si te encuentras dentro del veinticinco por ciento de mujeres víctimas de abuso sexual en el pasado, te recomiendo de manera enfática que busques ayuda profesional. Esto es algo que requiere la atención de un experto. La buena noticia es que personalmente he sido testigo de muchas mujeres que han superado sentimientos ambivalentes y hasta hostiles hacia la relación sexual, que surgieron a raíz de abuso previo, y luego de meses de terapia, de trabajo duro y de cuidado comprensivo de parte de sus esposos, ahora disfrutan de una intimidad sexual satisfactoria.

Otro problema sicológico, aunque Reichman no lo menciona, es la actividad sexual prematrimonial. Como muchos expertos consideran que esta actividad es normal, no es muy común que se mencione como un factor en la lucha de la mujer por convertirse en alguien con mayor respuesta sexual. Esto es trágico, ya que he encontrado que la culpa que se siente por experiencias sexuales previas y la sensación de estar restringida por los compañeros sexuales anteriores, es uno de los impedimentos más comunes para un mayor disfrute de la relación sexual dentro del matrimonio.

Es más, conversé con una pareja en la que la esposa confesó que la actividad sexual prematrimonial la mantuvo inhibida en la cama durante los primeros siete años de su matrimonio. Lo que puede sorprender a algunos lectores es que tanto ella como su esposo eran vírgenes en la noche de bodas, pero antes de casarse habían transgredido algunos límites dentro de los cuales la esposa se sentía cómoda. El resultado fue que le costaba bastante confiar en su esposo en la cama, y en cuanto sacó el tema a relucir y él le pidió perdón, al fin pudo estar en condiciones de disfrutar por completo de la intimidad sexual.

La relación sexual prematrimonial viene con una etiqueta que marca un precio muy alto, tanto en lo espiritual como en lo sicológico, que puede ser una sangría importante en la vida sexual después del matrimonio. Si esto forma parte de tu historia, será bueno que veas a un buen consejero o que, tal vez, lo converses con un pastor sabio.

2. Problemas de pareja

Cuando la relación anda mal, o sencillamente se enfría, es solo cuestión de tiempo hasta que el fervor sexual sigue el mismo ejemplo. Cuando el esposo se involucra demasiado en su trabajo, o cuando la esposa comienza a pasar por alto su matrimonio porque está enamorada de sus hijos, el interés sexual mengua con el tiempo. La relación se está muriendo y la relación sexual es, por lo general, el barómetro de esa muerte.

Cuando el hombre domina y controla o la mujer manipula o habla mal de su esposo con otros, el cónyuge sencillamente puede perder todo sentimiento de afecto. Muchas veces, conmociono a los grupos de mujeres al decirles que la semana anterior ochenta por ciento de ellas o más han roto sus votos matrimoniales de «amar y respetar a su esposo». Por lo general, actúan como si esto fuera una ridiculez, hasta que les informo que hablar con una amiga o un miembro de la familia sobre los detalles de la relación sexual con sus esposos o incluso de los detalles de una pelea, para los hombres es una violación de su privacidad. Y, sin lugar a dudas, esto no hace que un hombre (ni una mujer) se sienta respetado o seguro en una relación.

Cuando el hombre hace callar a su esposa y hasta tal vez la llama estúpida, no es de asombrarse que mengüe el interés sexual. Cuando la mujer trata de controlar a su esposo o incluso trata de usar la relación sexual para hacer las cosas a su manera, no nos sorprende que el maridito pronto se canse de participar en este juego.

La mejor relación sexual tiene lugar en las mejores relaciones y en las más sanas. No es algo que existe en un vacío. Es un grave error concentrarse en una técnica sexual cuando la relación es la raíz del problema. Para saber más al respecto, por favor, lee mi libro *El amor comienza en la cocina*.

3. Medicamentos

Es sorprendente que no se haya hecho la suficiente investigación en este campo. Todavía tenemos mucho trabajo que hacer a la hora de explorar y comprender el nexo que existe entre los medicamentos y el deseo sexual. Como hoy en día hay más gente medicada que, tal vez, en cualquier otro momento de la historia, el nexo es sin duda algo que vale la pena explorar si experimentas tu propia caída en el deseo.

Reichman escribe:

> Muchos medicamentos tienen tanto un efecto directo sobre nuestro cerebro y sobre el sistema nervioso central como un efecto local en nuestros genitales, y en ocasiones, la acción de ese medicamento sobre uno logra contradecir su efecto sobre lo otro. Por ejemplo, un antidepresivo puede incentivar tu estado de ánimo y puede inclinarnos más a desear tener

> relaciones, sin embargo, si aumenta los niveles de serotonina de nuestro cerebro terminamos con un descenso en la libido. Las píldoras anticonceptivas pueden corregir ciertos trastornos hormonales, pero también pueden disminuir los niveles de testosterona y la libido. En un plano más localizado, algunas mujeres encuentran que las píldoras anticonceptivas aumentan la lubricación vaginal en tanto que a otras les sucede lo contrario, en especial si desarrollan más infecciones y dolor con el coito[38].

Es evidente que este es un campo en el que debes consultar a tu médico. Considera que las pastillas para el control de la natalidad, la terapia de reemplazo de hormonas, los antidepresivos, los tranquilizantes y los medicamentos para la presión sanguínea pueden ser posibles culpables. Hasta los antiácidos, los antibióticos y los antihistamínicos pueden jugarte una mala pasada con la libido.

4. Enfermedad

La esclerosis múltiple, la diabetes, el cáncer, la artritis, los problemas de tiroides y las enfermedades similares presentan desafíos individuales para la intimidad sexual. En el caso de la esclerosis múltiple, por ejemplo, la excitación se puede ver bloqueada y la sequedad vaginal puede hacer que el coito sea menos placentero. En el caso de la epilepsia, por lo general es la terapia y no la enfermedad lo que causa la falta de interés sexual. Si estás recibiendo tratamiento por alguna enfermedad, conversa con tu médico acerca de posibles maneras para abordar tu falta de interés sexual.

5. Dolor

Hombres, ¿disfrutarían del coito si cada vez que penetran a su esposa sintieran como si alguien los pinchara con una aguja en el pene? Claro que no. Algunas mujeres sienten vergüenza cuando la relación sexual les resulta dolorosa y hasta pueden tratar de ocultar su incomodidad, pero hay pocas cosas que bloqueen el deseo sexual como lo hace el dolor.

El dolor puede surgir por numerosas causas: sequedad vaginal, estrechamiento de la vagina, artritis y hasta músculos doloridos. Para la sequedad, utiliza uno de los muchos lubricantes disponibles como la crema K-Y, el Astroglide, el Lubrin o algo similar. Algunas mujeres lo necesitan más que otras; la mayoría lo necesitará en algunos momentos de sus vidas y en ciertas ocasiones o momentos del mes.

La disminución natural del nivel de estrógeno en una mujer a medida que envejece, también puede crear más sequedad vaginal. Algunos médicos recetan hormonas para atacar este problema, pero no todas se sienten cómodas tomando hormonas. En estos casos, los lubricantes tópicos pueden ayudar.

Sea cual sea la causa, una mujer debería ver a su médico de inmediato si la relación sexual se ha convertido (o, por cierto, si siempre ha sido) dolorosa. No tienes por qué sufrir. Tanto el esposo como la esposa se sienten mejor cuando la mujer disfruta de los momentos de intimidad sexual. No conozco muchos hombres que se exciten ante la idea de que la mujer «sonría y se las aguante».

CUANDO EL MARIDITO NO TIENE INTERÉS

El estereotipo es que el hombre es el que siempre desea la relación sexual, pero he hablado con muchas parejas en las cuales el hombre tiene menos interés sexual que su esposa. He trabajado con más parejas de estas de las que puedes suponer. Una vez vino a verme una mujer con una belleza impactante. Si pasaba frente a un edificio en construcción, te garantizo que todo trabajo iba a quedar paralizado hasta que ella estuviera fuera de la vista. Así y todo, su esposo no quería tocarla.

Algunas veces, el problema yace en cuestiones de identificación de la relación sexual. Otras, los hombres están simplemente desesperados por tener el control, tan desesperados, en realidad, que insisten en que la esposa sea siempre la que inicie la relación. De esa manera, nunca se excitan. Sin embargo, en la mayoría de los casos, el esposo está sencillamente cansado, o preocupado, o tal vez un poco deprimido.

Aquí tenemos algunas cosas que la mujer puede hacer para ayudar a que su maridito entre en calor.

Vístete poco a poco

Los hombres se excitan por la vista, así que puedes hacer que tu esposo piense en la relación sexual a primera hora de la mañana tomándote tu tiempo para vestirte, del todo a la vista. Sal de la ducha cuando él esté en el dormitorio y tira la toalla de camino al armario. Tal vez puedes darle un abrazo, pero sin que piense que esperas algo.

No te apresures a cubrirte. Elige la parte de arriba o la de abajo, pero vístete de tal manera que la una o la otra quede por completo a la vista la mayor parte de tiempo posible. Ponte las medias y luego la falda, manteniendo el torso desnudo, por ejemplo. Cepíllate el cabello antes de ponerte el sostén. Déjale ver lo que se pierde.

Si de verdad quieres ponerlo en marcha, pídele que te ayude a abrocharte el sostén. Por supuesto, tú sabes cómo hacerlo; lo haces todos los días, pero los hombres suelen ser lentos en estas cuestiones. Dile algo así: «Siento que me falta un poco de coordinación en los dedos hoy, ¿puedes abrocharme el sostén?». Él no lo entenderá, pero tal vez, se sienta un poquito más interesado.

Hecha mano de las Polaroid

Como la excitación de los hombres es visual, la vista se convierte en una poderosa aliada en nuestra misión para cargar sexualmente a tu esposo.

Por la mañana, tírate una foto en una bata y pégala al espejo donde él se afeita. Escribe con lápiz labial: «¡Buenos días, cariño!».

Luego, a lo largo del día, tírate otras instantáneas en las cuales avances poco a poco en tu estado de desnudez. Puedes ponerlas en el maletín, en la caja del almuerzo y luego en el armario que utiliza cuando se cambia al llegar a casa. La idea es que para la hora de irse a la cama, haya visto un *striptease*, pero te has reservado las mejores partes para el final.

Esta idea es un poquito costosa, por supuesto: requiere una cámara Polaroid con un reloj automático, pero estoy seguro de que tú y tu esposo pueden encontrar otros usos creativos para este aparato. (También puedes usar una cámara digital, que te permitirá imprimir las fotos sin que nadie más las vea).

Cómo manejar la impotencia

Tanto los hombres como las mujeres necesitan tomar conciencia de las rarezas de la impotencia. Se puede presentar en cualquier matrimonio. Las estadísticas son bastante descriptivas: Mientras que solo de cinco a siete por ciento de la población masculina experimenta la impotencia en la década de los veinte, la cuarta parte de todos los hombres mayores de sesenta y cinco años tienen que luchar en este aspecto. Luego de los setenta, uno de cada dos hombres tiene esta lucha[39].

La imposibilidad de lograr una erección satisfactoria puede ser parcial (un tanto erecto, pero no del todo; o puede lograr una erección seguida de un rápido ablandamiento) y ocasional, o total y crónica. Puede ser sicológica o fisiológica.

Cualquier enfermedad o medicación que reduce el fluido de la sangre al pene puede crear una impotencia esporádica o crónica; la hipertensión, la enfermedad vascular coronaria y la diabetes son culpables (la mitad de todos los hombres a los que se les diagnostica diabetes experimentarán alguna forma de disfunción eréctil dentro de los cinco años del primer diagnóstico)[40].

Un nivel decreciente de la testosterona y el proceso normal de envejecimiento también pueden ser factores que contribuyan.

Desde la perspectiva de un sicólogo, pienso que es importante mantener un equilibrio mental al respecto. Un episodio aislado no representa nada por lo cual preocuparse. Por cierto, si uno se preocupa demasiado por estos hechos es una buena manera de crear una forma sicológica de impotencia.

En segundo lugar, no descargues tu enojo sobre tu esposa por lo que tu cuerpo no hace. No supongas que tu incapacidad para la respuesta física es una acusación de tu vida sexual. Puede ser sencillamente que la realidad se instale al final. Por todos los medios, hazte un examen médico, consulta a un terapeuta, considera maneras de mantener la relación sexual divertida y fresca; pero no supongas que en sí algo anda mal contigo o con tu cónyuge solo porque el señor Feliz de vez en cuando se niega a hacer otra cosa que no sea fruncir el ceño.

No soy un médico, pero algunas veces los médicos me remiten pacientes si han descartado las causas físicas de la impotencia y creen que las razones son más sicológicas. Si de vez en cuando te despiertas con una erección, pero no puedes lograrla durante el acto amoroso, es menos probable que la causa sea física. Si se te endurece, pero luego se te ablanda en cuanto piensas en la penetración, una vez más, es probable que la causa sea algo que está sucediendo en la relación más que en tu cuerpo. Puedes sentirte ansioso por tu desempeño, puedes estar procesando alguna ira o algo por el estilo.

Si de todas formas a lo largo de los años vas perdiendo poco a poco la capacidad de obtener y mantener una erección, hasta que llega el momento en el que casi no puedes tener una erección, es muy probable que te enfrentes a un problema físico que necesite diagnóstico médico. Un buen médico te puede ayudar a descartar cualquier causa física. Una vez que tengas la cuestión de salud en limpio, puedes ocuparte de mejorar la relación. En estos días y en esta época, con el Viagra y las muchas otras opciones que están disponibles para las parejas, la impotencia no tiene por qué marginar a los matrimonios.

¡HAZLE FRENTE!

Cualquiera que sea la causa detrás de tu propia falta de deseo sexual, por favor, por el bien de tu matrimonio, ¡hazle frente! No es saludable que en un matrimonio cualquiera de los dos muestre una constante y persistente falta de deseo sexual. Es solo cuestión de tiempo hasta que el cónyuge interprete esta falta de deseo como algo personal. Para ser justos, es natural que así suceda.

Como si esto fuera poco, también le estás negando a tu cónyuge el gozo y la satisfacción de tener alguien que lo busca en lo sexual. Desde la perspectiva de la fe, no está permitido moralmente que ninguna otra persona cumpla con este papel. Si tú no lo haces, nadie lo hará. Tu negación significa que tu cónyuge tendrá que arreglárselas sin eso.

Por todos los medios, vuélvete agresivo en tu deseo de ponerte bien. Ve a un buen consejero. Trata con los problemas que te retienen. No aceptes el callejón sin salida si tu desinterés está provocando falta de armonía y frustración en tu matrimonio.

Puedes seguir diciéndote: «Algún día lo trataré». Sin embargo, con el tiempo, tu cónyuge puede decir: «¡Suficiente, se acabó!». He visto demasiados matrimonios destruidos por la falta de deseo sexual por parte de uno de los cónyuges.

Recuerda: Los sentimientos son importantes y válidos, pero no eres esclavo de ellos. Solo porque no tengas deseos de tener relaciones sexuales no quiere decir que no puedas decidir tenerlas, al menos, de alguna forma. Tal vez estás en verdad demasiado cansada como para llegar a un coito, ¿pero estás dispuesta a satisfacer a tu esposo de otras maneras?

Hiciste una promesa; ¿la cumplirás?

15

La relación sexual en el invierno

Tengo un par de amigas que me han demostrado su lealtad durante muchos años. Nunca me han dado ninguna clase de problemas. Son las amigas más confiables, cómodas, agradables y duraderas que existieran jamás.

Me encantan mis pantuflas.

Sande las detesta.

Por lo menos en cinco ocasiones diferentes la pesqué tratando de secuestrar a mis amigas para enviarlas a la basura, pero soy demasiado rápido para ella. Cada una de esas veces, he podido rescatar a estas muchachas.

Luego del rescate más reciente, Sande hizo una emotiva apelación:

—Kevin, ¿por qué insistes en usar esas pantuflas feas y pasadas de moda?

—Son cómodas.

—Esas cosas son ordinarias; están cubiertas de tierra y pintura y no se pueden arreglar. Sencillamente deberías librarte de ellas.

—¿Librarme de ellas? —le pregunté—. ¿Solo porque son viejas? ¿Solo porque están un poquito gastadas y rotas? ¿Qué clase de actitud es esa?

Después de todo, ¿acaso ella quería que la cambiara por otra mujer solo porque ya no tiene veinte años? Jamás lo haría, así como nunca me separaría de mi par favorito de pantuflas. Viejo no significa inferior, como tampoco nuevo significa mejor.

Cuando hablo de «relación sexual en el invierno», *no* me refiero a calentar las sábanas durante los meses de frío. Hablo de disfrutar de una intimidad sexual satisfactoria en los cuarenta, los cincuenta, los sesenta y después también.

Tal vez sea parcial porque he estado solo con una mujer, pero en mi humilde opinión, pienso que la relación sexual se vuelve cada vez mejor a medida que envejece la pareja. Me doy cuenta de que no siempre es el caso. Hace muy poco hablé con un hombre de sesenta y cinco años que hacía diez años que no dormía con su mujer. No puedo imaginar lo que sería pasar diez *semanas*, mucho menos diez años, sin tener relaciones sexuales con mi esposa. Sin embargo, lo cierto es que lo que la edad quita, casi siempre lo compensa con otras cualidades a cambio.

No hay duda de que la relación sexual cambia. A medida que nos acercamos a los cincuenta o más, nuestros cuerpos pueden no estar tan firmes, pero nuestra visión tampoco es tan buena, así que es como si las dos debilidades se cancelaran entre sí. Es probable que no tengamos la misma resistencia que tuvimos en algún tiempo y nuestras extremidades a lo mejor no son ni la mitad de flexibles que eran cuando teníamos veinte años; pero en el lado positivo, tenemos toda una vida de experiencia en complacer a esta única persona. Tenemos la capacidad de controlar nuestras respuestas a un mejor grado, lo cual casi siempre lleva a una relación amorosa más larga. Y tenemos la inconmensurable ventaja de leer de forma intuitiva los gemidos de nuestro cónyuge porque hemos estado a su lado durante décadas.

Otra gran ventaja es que una vez que los hijos se van, por lo general hay más libertad, más tiempo libre y, muchas veces, más dinero. Muchas parejas llegan al nido vacío en la década de los cuarenta y casi con seguridad en la de los cincuenta. En nuestro caso, ¡estaremos con el nido vacío a la «caliente» edad de setenta y dos años! Es más fácil irse de la casa, y como tal vez has captado hasta aquí, soy un gran defensor de las relaciones sexuales en el hotel para las parejas casadas.

DAR VUELTA A LA ESQUINA

En primer lugar, déjame decirte, *espera un cambio*. Enfrentemos la realidad: Hombres, están perdiendo algo o casi todo el cabello. Es probable que hayan subido considerablemente de peso. No pueden saltar tan alto como solían hacerlo. Hasta Michael Jordan demostró que el más atlético entre nosotros no puede desafiar los entorpecedores efectos del envejecimiento.

Mujeres, ustedes habrán notado que la gravedad gobierna más que los cuerpos celestiales; también tiene un efecto sorprendente sobre la tierra. El rostro, los pechos y otras partes de ustedes parecen dispuestos a tocar el suelo. Puedes descubrir que necesitas más lubricación durante la relación sexual que nunca antes. Tu cabello, que una vez se veía tan esponjoso y completo, tan rubio o sorprendentemente negro, ahora no es tan espeso... ¿y qué es ese mechón blanco? No es pintura, hermana; es el efecto del tiempo.

Has observado que todo en ti ha cambiado con el tiempo. Entonces, ¿por qué pensar que la relación sexual no se afectará también?

Lo hará.

La intensidad y el placer que experimentes mientras tienes relaciones sexuales en tus años maduros no tienen por qué disminuir, pero sí deberás revisar el enfoque que le das. Por cierto, cuando Michael Jordan regresó a la NBA, ya no era el «Jordan volador» que nos dejaba con la boca abierta por la forma en que desafiaba a la gravedad. Un entrenador hasta comenzó a referirse a él como el «Jordan del piso». Sin duda, todavía podía jugar, pero sus pies estaban firmemente arraigados al piso. Tuvo que encontrar otras maneras: amagues con la cabeza, diferentes tiros y cosas por el estilo, para anotar.

Lo mismo sucederá con tu sexualidad. Si estás dispuesta a hacer algunas adaptaciones adecuadas a la edad, descubrirás, como lo han hecho muchas parejas, que la relación sexual se puede poner mejor de verdad en los cuarenta, en los cincuenta y en los sesenta.

QUÉ CAMBIARÁ PARA LOS HOMBRES

En la adolescencia y en la década de los veinte, podías ponerte erecto leyendo una revista sobre motores de automóviles. El solo hecho de saltar un charco o de pasar junto a una joven bonita bastaba para hacer que tu cuerpo respondiera. Todo lo que tu esposa tenía que hacer para estimular tu erección era subirse a la cama.

A decir verdad, tus erecciones se producían con tanta facilidad que los dos deben haber desarrollado algunos hábitos en los cuales tu esposa casi nunca debía darte mucha estimulación adicional. Es más, cuando eran muy jóvenes, ella habrá descubierto que demasiada estimulación podía llevar las cosas a un final rápido. Una esposa, Ángela, admitió que el juego amoroso había ido en una sola orientación durante años, por la sencilla razón de que cualquier juego hacía que su joven esposo llegara al clímax antes de que pudieran tener relaciones sexuales.

Esos eran los viejos tiempos, amigo mío. Ahora tus erecciones necesitarán cultivarse y mantenerse. Si tu esposa te pasa por alto, te ablandarás. Los dos deberán concentrarse en disfrutar y recibir, y eso quiere decir que van a necesitar una estimulación más directa del pene que lo que solías recibir.

Debes estar prevenido: el señor Feliz quizá no sonría con la misma frecuencia. Se puede marchitar justo cuando esperabas que se mantuviera firme con completa atención. Es probable que se resista a todos los esfuerzos por realizar un bis dentro de las veinticuatro horas, y por cierto, no será el sirviente fiel que era en tu adolescencia ni cuando tenías veinte años.

Tus erecciones, una vez que lleguen, también serán diferentes, como lo son los colchones. Algunos compiten con las tablas por su dureza; otros se parecen a almohadas. Bueno, hombres, llegará el momento en el que no traerás a la cama una viga de dos pulgadas por cuatro. Piensa en «pino» en lugar de «roble». Seguirás estando duro, pero no tanto como antes.

A medida que envejeces, también puedes descubrir algo que nunca te hubieras imaginado cuando tenías veinte años: la relación sexual sin eyaculación. Los hombres mayores no necesitan llegar al clímax con tanta frecuencia como los jóvenes. La ventaja de esto es que, quizá, podrás durar más y tal vez puedas complacer más a tu compañera. La desventaja es que las esposas se pueden sentir horrorizadas al ver que se han invertido los papeles y ahora la duda es si tú llegarás al orgasmo o no. Señoras, ustedes no tienen la culpa si su hombre les hace el amor durante veinte o treinta minutos y, sin embargo, no llega nunca al clímax. No quiere decir que no se sienta atraído a ti ni que ya no te encuentre tentadora sexualmente; solo quiere decir que su cuerpo está envejeciendo.

El tiempo de recuperación también será más lento. Las noches de la luna de miel, cuando podías tener varios orgasmos en el espacio de unas pocas horas, no se repetirán ni remotamente. Tu cuerpo necesitará más tiempo para recuperarse de la última experiencia sexual antes de que estés listo para llegar de nuevo al clímax. Este cambio será gradual y vendrá por oleadas, pero a medida que marches hacia los sesenta, será inevitable. (Por cierto, a algunos de ustedes les puede suceder al final de la década de los cuarenta). Cuando les llegue este momento, algunos tendrán que esperar horas; otros tendrán que esperar días; pero tendrás que esperar.

Todo esto tiene una gran ventaja. Algunas veces, a las mujeres les gusta disfrutar de uno «rápido» tanto como les gusta a los hombres, pero básicamente tienen la tendencia a preferir los momentos más largos, lentos y lánguidos de intimidad sexual. Bueno, bienvenido al invierno: al fin, tu cuerpo se pondrá a la par del de tu esposa. Podrás durar más tiempo. Estarás más libre para concentrarte en la respuesta de tu esposa, y puedes convertirte en un amante mucho mejor que el semental de veintidós años que solías ser (o que pensabas que eras).

Si persisten los problemas de erección, recuerda que bien puede existir una causa física subyacente, como la arteriosclerosis o algún otro problema médico. Quizá se deba a algún medicamento que estás tomando o al estrés al que estás sometido. Es por eso que recomiendo un examen físico completo si comienzan a aparecer los problemas de erección. En la era del Viagra y de tantas otras opciones, la impotencia no es ni de lejos el problema que solía ser.

Permítanme decirle una palabra a las mujeres que tienen esposos que están envejeciendo: Por favor, señoras, recuerden que un fracaso aislado en el desempeño se puede convertir en un problema sicológico si cualquiera de los dos reacciona en forma exagerada. No tomes estos cambios como algo personal y, por cierto, no hagas que sean más repetitivos al poner una presión excesiva sobre tu esposo para que se desempeñe.

También quiero que entiendan que ustedes se encuentran en una clara ventaja en este sentido: Han crecido sabiendo que el interés sexual puede tener sus altibajos, algo así como la marea de la playa. Tu esposo está acostumbrado a pasar de cero a sesenta en un ascenso constante y rápido, ¡y luego a tirarse por el acantilado! Tendrás que ayudarle a entender cómo se sigue amando en medio de un valle esporádico porque es probable que nunca antes se haya encontrado en un valle.

Además, es muy natural que sienta que su problema es mayor que el tuyo. Si no puedes tener lubricación natural, puedes seguir recibiendo placer y esperar allí hasta que «entres en calor». Si eso fracasa, siempre puedes echar mano del frasco de Astroglide o del tubo de alguna crema.

El hombre, por otra parte, sabe que no habrá relación sexual si no se endurece. Y ese pensamiento puede ser aterrador porque así como tú no puedes obligarte a lubricarte, él no se puede obligar a tener una erección. Por supuesto, todo consejero sabe que la preocupación por esto tiende a reforzar el problema en lugar de resolverlo, pero cuando un hombre no está acostumbrado a manejar estos problemas, con solo una vez que tenga que hacerle frente puede ser suficiente para que se transforme en una verdadera fuente de preocupación.

Si parece que tu esposo no estará listo para el coito y desea continuar dándote placer ya sea en forma manual u oral, *por favor*, permíteselo. Para empezar, verte llegar al orgasmo puede ser suficiente para que tenga una erección. Y aunque eso no suceda, al hombre le gusta saber que puede complacer a su mujer sexualmente. Si sabe que siempre puede recurrir al uso de las manos si alguna otra cosa falla, sentirá menos presión para desempeñarse de una manera específica la próxima vez (y, por lo tanto, es probable que como resultado le vaya mejor).

Piensa en ello como una tarea (¡y no es una mala tarea en absoluto!). Permite que tu esposo te lleve al orgasmo de la manera en que pueda hacerlo, y no seas reservada con tus palabras de aliento acerca de cómo puede satisfacerte siempre. Al hacerlo, puedes transformar una experiencia potencialmente humillante y alienante en otra que cree mayor intimidad y satisfacción.

LOS CAMBIOS PARA LAS MUJERES

Ustedes las mujeres tienen un indicador aun más dramático del proceso de envejecimiento: la menopausia. Desde el punto de vista sicológico, la menopausia marca un momento crucial y dramático en su sexualidad. De repente, la sexualidad deja de estar conectada a la concepción de un hijo. Aunque hayan tomado precauciones durante décadas, sigue habiendo algo diferente en cuanto a la relación sexual una vez que la concepción se hace imposible. Ahora, se trata solo de intimidad y placer.

Y eso no tiene nada de malo.

No hay razón para que la menopausia apague la vida sexual de una mujer. En muchos casos, las mujeres suelen sentirse más llenas de energía sexual. Es verdad, algunas usan la menopausia como una excusa para evitar lo que hace tiempo les resultaba insatisfactorio tanto en lo físico como en lo sexual. No obstante, en la mayoría de los casos, no existe una razón biológica por la cual las mujeres tengan que perder el interés en la relación sexual durante este período. Aunque es cierto que experimentan una caída en el estrógeno, este en sí no está conectado de forma directa con el deseo ni la respuesta sexual. Por supuesto, la carencia de estrógeno en el cuerpo de una mujer crea otros síntomas que pueden dejar a los pensamientos sexuales en suspenso, los calores súbitos son los más conocidos, pero una vez que la mujer ha pasado por la menopausia, puede estar más libre que nunca para explorar nuevos horizontes sexuales. Incluso la caída de estrógeno ahora se puede regular con los parches de estrógeno.

La respuesta a la menopausia es tan individual que temo usar cualquier generalización. Algunas mujeres me han dicho que parece que pierden todo deseo por la intimidad sexual, en tanto que otra paciente insinuó, con un guiño en los ojos: «Al día siguiente que los hijos se fueron de la casa, mi esposo y yo comenzamos a utilizar cada habitación y cada mueble de la casa, y quiero decir *cada uno*».

Otro peldaño importante que muchas veces acompaña al envejecimiento es la histerectomía. Señoras, esta es una cirugía mayor que algunas de ustedes toman un poco a la ligera. Se levantan de la cama demasiado rápido, comienzan a conducir muy pronto, a levantar cosas pesadas, a tener relaciones sexuales muy pronto y a continuación vienen las consecuencias serias. Sé de qué estoy hablando: Mi esposa, Sande, se hizo una, y como muchas otras mujeres, se sintió culpable por tomarse tanto tiempo de descanso. Planea entre seis y ocho semanas para recuperarte.

Los esposos que leen este libro deben estar saltando de sus sillas en este mismo momento. «¿De seis a ocho semanas? Leman, ¿está loco?»

Seis semanas sin tener coitos no necesariamente quiere decir que sean seis semanas sin expresiones sexuales y de amor. Las parejas pueden alimentar la creatividad en estas encrucijadas de la vida. De lo que podemos estar seguros es que el señor Feliz casi nunca piensa: *Me tomaré ocho semanas de vacaciones*, por lo tanto, una esposa amorosa hará todo lo que sea posible por encontrar maneras creativas de ayudar a aliviar la libido de su esposo.

Uno de los grandes beneficios para las mujeres que son mayores es que el mayor enemigo de la relación sexual, el cansancio, quizá no sea tan fuerte. La mayoría de la gente tiene más tiempo en los años de edad madura, y por lo general, tienen menos demandas. No tienes que preocuparte pensando si un niño golpeará la puerta de tu dormitorio y te pedirá que le des un vaso de agua. No tienes que jugar a la taxista toda la tarde y llegar a la cama exhausta. Tus menstruaciones desaparecerán y como muchas parejas prefieren no tener relaciones sexuales en este tiempo de la mujer, ganarán otros cinco días al mes de disponibilidad sexual.

En el aspecto físico, deberás prestarle mayor cuidado a tus genitales. Una vez que los niveles de estrógeno caen, las paredes vaginales se vuelven más delgadas y secas. Deberás usar lubricación y es probable que tu esposo, en algunas ocasiones, tenga que ser más suave, ya que una frotación fuerte puede causar dolor en lugar de placer.

A propósito, una de las mejores maneras de mantenerte en forma sexualmente al entrar en los sesenta y los setenta es mantener el nivel de actividad sexual. Masters y Johnson demostraron que las mujeres mayores que tienen relaciones sexuales al menos una vez a la semana, se lubrican mejor que las mujeres que se abstienen durante largos períodos. El viejo adagio «úsalo o lo perderás» es muy acertado cuando hablamos de relación sexual.

Espero que tu actitud no se parezca a la de Margarita, que vino a mi oficina con un esposo definitivamente infeliz. Luego de unos pocos minutos en el consultorio, el esposo de Margarita, Juan, me contó que ella, en pocas palabras, se había dado de baja para cualquier relación sexual futura.

Margarita no lo negó.

—Mire, doctor Leman, en realidad pienso que he cumplido mi misión —me dijo—. Nunca me interesó demasiado la relación sexual, y a decir verdad, Juan no ha sido muy creativo. A pesar de todo, he sido fiel y cumplidora durante treinta y dos años. ¿No le parece que eso es suficiente?

Hablamos un poco acerca de la falta de creatividad de Juan, pero cuando llegó el momento de dirigirme a Margarita, le respondí su pregunta, «¿No cree que es suficiente?» con un firme: «No, no lo creo».

Es más, le planteé otra pregunta:

—¿Cómo te sentirías si Juan dijera: "Muy bien, Margarita, te he sostenido con mi sueldo durante treinta y dos años. Ahora que voy a recibir una jubilación, he decidido que no quiero sostenerte más. Tendrás que buscarte tu propio lugar para vivir y tu propia fuente de ingresos. Ya he cumplido lo suficiente y ahora deseo ser un poquito egoísta"?

»Ya ves, Margarita —continué—, el matrimonio es para toda la vida y los compromisos que hacemos también son para toda la vida. El camino que estás tomando es muy peligroso. En realidad, si tu objetivo es castrar espiritualmente a Juan y convertirlo en un esposo enojado en lugar de un esposo agradecido, sigue por donde vas. Verás cómo el egoísmo levanta su fea cabeza antes de lo que puedes creer.

»Cuando el apóstol Pablo dice que "los dos serán uno", está expresando un mandamiento. Esa unidad incluye la unidad física que se expresa en la intimidad sexual. La unidad física enriquece todos los aspectos de la unidad. No puedes negar uno y demandar el otro.

»Con todo, también es muy importante considerar que estás tomando una decisión unilateral que tiene consecuencias para los dos. Solo porque para ti sea suficiente con la relación sexual que has tenido, no significa que para Juan lo sea, ¿y qué se supone que debe hacer ahora? ¿Alguna vez te ha sido infiel?

—No.

—¿Y así es como lo recompensas? Dime, Margarita, ¿por qué te parece que algunos hombres que en otros aspectos parecen respetables (que de acuerdo con todas las otras normas parecen tipos bastante buenos) terminan sorprendiendo a todos al tener una aventura amorosa, o los pillan en un club de strip-tease durante un viaje de negocios? Aunque las aventuras amorosas y la pornografía nunca son moralmente aceptables, y las acciones de un hombre no deberían basarse en el comportamiento de su esposa, me parece que mucho de lo que sucede se debe a que las necesidades básicas no se suplen en el matrimonio. Un hombre de sesenta años quiere sentirse deseado, necesitado y valorado tanto como el de treinta años. Esa esposa que tiene puede haber cambiado mucho en su aspecto después de treinta años de camino, pero sigue siendo su amada, el amor de su vida; y todavía quiere que ella lo desee.

Al final, Margarita comprendió que la solución no era dejar de tener relaciones sexuales, sino de ayudar a Juan a ser más sensible al hacer el amor.

TOMADOS DEL BRAZO

Es probable que tú también los hayas visto como yo: una pareja definitivamente madura que caminan tomados del brazo por el centro comercial. Ella tiene dificultad para caminar, así que se apoya en su esposo. Tal vez se detienen a comprar una galleta o un cono de helado y se acurrucan el uno junto al otro para decidir qué es lo que quieren. Luego, de forma invariable, comparten lo que cada uno eligió. Tal vez la esposa le limpia la boca al esposo antes de darle un beso.

Son como dos mitades de una misma cosa. Fieles el uno al otro durante cuatro, cinco y hasta seis décadas, no se pueden imaginar la vida separados. Estoy seguro de que no actúan como gimnastas en el dormitorio; ninguno se cuelga de la araña y hace tiempo que el *Kamasutra* quedó de lado o lo vendieron. Aun así, mira la cara de ese hombre y verás la de un niño feliz. Todavía sabe cómo complacer a su esposa y ella todavía desea lo que él tiene.

Desde el punto de vista emocional, no hay nada mejor que eso. Las experiencias de una noche ni siquiera se acercan a la maravillosa experiencia de hacerle el amor a la misma persona mil veces.

Esa pareja de ancianos es en verdad un cuadro hermoso, un cuadro impactante y profundo del amor para toda la vida que nuestro Creador quiere que experimentemos. La relación sexual en el invierno es algo maravilloso. Se convierte en algo casi milagroso cuando está precedida por la relación sexual en la primavera, en el verano y en el otoño, siempre con la misma persona.

16

Concéntrate en tus puntos fuertes

Dale una mirada a mi foto que se encuentra en la página 278 de este libro. Adelante, te espero.

¿Tienes la foto en mente? Muy bien. Lo que no viste fue noventa por ciento de mi persona que se encuentra pegada a ese cuello. Lo único que viste es mi cabeza, así que tendré que añadir algunos detalles. Solía pesar menos que ahora. Esa es una manera delicada de decir que tendrás que buscar un poquito para encontrar mi abdomen (con seguridad no luzco como se ven esos modelos con todos los músculos marcados que aparecen en las cubiertas de las revistas de salud para hombres). Hace décadas que renuncié a usar cierta clase de pantalones y ciertas camisas entalladas.

Sin embargo, tuve suerte de casarme con una mujer «guapa». Mi esposa es una maravilla, tan bonita como al principio. A ver si puedes creer lo siguiente: la talla que usa Sande es casi idéntica a la que usaba cuando nos casamos. Yo parezco una ballena. Uno de los mayores temores que tengo es que cuando voy a la playa, me quito la camisa y me acuesto sobre la arena blanca, vengan tres ecologistas y traten de empujarme de vuelta al océano.

Cada vez que los hombres se encuentran con Sande y conmigo por primera vez, pasan los primeros cinco segundos examinando a mi esposa con una lupa, luego me echan una mirada, del todo perplejos, como si hubiera tenido que casarme con un pit bull o algo por el estilo.

Tal vez no sea el candidato para un comercial de ropa interior, pero apuesto a que la mayoría de *ustedes* no estaría en condiciones de presentarse para salir en la portada de *Playboy* o de *Playgirl*, aunque estuvieran dispuestos a posar (lo cual espero que no sea así).

¿Sabes una cosa? Muy pocos podríamos.

Aquí tenemos un ejercicio que nos ayudará: Siéntate alguna vez en el banco de un centro comercial y quédate mirando a la gente durante unos quince o veinte minutos. ¿A cuántos describirías como guapísimos o apuestos?

Si tu experiencia se parece a la mía, responderás: «No muchos». La mayoría de nosotros caemos un poquito más abajo o un poquito más arriba del promedio. ¿Quiere decir que el resto estamos casados con personas cuyos cuerpos no nos excitan? ¿Piensas que solo los hombres y las mujeres que están en la cima de Hollywood pueden tener vidas sexuales satisfactorias? Yo no lo creo en absoluto.

Tal vez no tenga el cuerpo de un atleta olímpico, ¡pero vaya!, me encanta darle a mi esposa lo que sí tengo. Las mujeres en particular deben tener la misma actitud, pero es un poco más difícil para ellas. La imagen corporal positiva para las mujeres no surge con tanta facilidad, al menos para la mayoría de las mujeres con las cuales he hablado. De acuerdo con una encuesta de *Psychology Today*, a más de la mitad de todas las mujeres estadounidenses no les gusta su apariencia general[41]. Como resultado de mi práctica, sospecho que es mucho más de la mitad. Incluso las mujeres que saben que lo «bueno» es aceptar la forma de su cuerpo, en privado, tienen la tendencia a mirarse en el espejo y hacer una mueca. Es una realidad que las mujeres casi siempre tienen más complejos con sus cuerpos que los hombres. Solo compara la cantidad de tiempo que pasa una esposa promedio frente al espejo, retocándose la cara, el maquillaje, el cabello y pasándose loción en la piel, con la cantidad de tiempo que usa su esposo para el mismo fin. Si no se está afeitando, es probable que no le preste mucha atención a cómo se ve. No sé si *alguna* vez me puse loción en la piel, y en la única oportunidad que una pizca de maquillaje tocó mi rostro fue cuando alguien lo puso antes de salir por televisión.

No puedo decirte cuántas veces he visto a dos mujeres que se encuentran y una de ellas dice: «Ay, me encaaaanta tu corte de cabello. Es taaaaan hermoso».

«Ay, ni siquiera menciones mi cabello», protesta la otra mujer. Entonces saca la foto de una revista; al parecer, así es como se *suponía* que debía verse su cabello, pero la mujer que lo cortó lo dejó muy largo aquí y no lo escalonó bien allí, y ahora le hace la cara muy redonda, y no sabe qué va a hacer para la gran cena que tiene el sábado por la noche.

Compáralo con las veces que me encuentro con mi amigo Moonhead: «Vaya, Leman, te cortaste el cabello, ¿no?».

«Sí».

¡Esa fue toda la conversación!

Esta obsesión por tu apariencia te puede conducir a algunos hábitos bastante crueles. La mayoría de ustedes, mujeres, no creen que son crueles, pero sí que lo son. Es verdad, nunca dañan en forma intencional los sentimientos de los demás, pero piensen en lo crueles que pueden ser con *ustedes mismas*.

El doctor Thomas Cash, autor de *The Body Image Workbook* [Sesión de ejercicios para la imagen del cuerpo], hace una pregunta interesante: «¿Permitirías que alguien te criticara como te criticas a ti mismo?»[42].

Ahora bien, ¿por qué hablo de esto aquí? La imagen que tienes de tu cuerpo impactará en gran manera la capacidad de darte a tu cónyuge por completo. Es probable que no tengas la sonrisa de Julia Roberts, los pechos de las modelos que aparecen en las propagandas de trajes de baño, ni las piernas a las que les asentarían un par de vaqueros de algún diseñador famoso, pero te garantizo una cosa: ¡Tu esposo no quiere esperar hasta que pierdas cinco o siete kilos antes de volver a tener de nuevo relaciones sexuales!

MEJORA LA IMAGEN DE TU CUERPO

Me doy cuenta que he dicho lo mismo muchas veces, pero en caso de que todavía no lo hayas captado, te lo diré otra vez: Esposas, la vista es una vía de excitación increíblemente poderosa para un hombre. A ti te puede parecer que no calificas, y así le robas a tu esposo la posibilidad de mirarte, pero lo que haces es contraproducente.

Digamos que una mujer tiene los pechos pequeños y, por lo tanto, tiene una autoestima pobre. (De paso, no estoy de acuerdo con el axioma de que pequeño quiere decir inferior. Desde mi punto de vista, esa es una suposición absurda, pero es muy común, así que estoy cediendo a los errores populares). Cuando esta mujer compra una revista para mujeres y le echa un vistazo a los anuncios, no ve a nadie que se parezca a ella. Cuando pasa junto a los carteles que se encuentran en la calle camino a casa, no ve fotos gigantes de mujeres con el pecho chato que venden cerveza o cigarrillos. Y cuando enciende la televisión por la noche, las madres de las comedias casi siempre tienen puestos suéteres con un escote revelador.

Cuando la mujer se desviste por la noche, ve sus propios pechos pequeños y las caderas que le crecen y piensa: *¿Por qué no puedo quitar dos kilos de allí y ponerlos aquí?*

El problema es que supone que su esposo no se excitará ante su cuerpo porque no se parece a las mujeres de la revista. Lo que no tiene en cuenta es que su esposo no se parece a los hombres de la revista. Son todos mitos, ideales pintados y retocados que aproximan un falso sentido de la belleza.

Tal vez tu problema no es que tengas los pechos planos. Por el contrario, te has convertido en una víctima de la gravedad y te parece que tu esposo tendrá que ser un levantador de pesas para evitar que tus pechos se caigan si te quitas el sostén. O a lo mejor inventaste tu propio conjunto de pretextos amorosos hace cinco o diez años y tienes temor de que si te pones algo de lencería tu esposo se reirá en lugar de excitarse.

Tal vez has dado a luz a tres hijos y tienes las estrías que dan fe de ello. Es probable que hayas subido ocho kilos luego del último embarazo y todavía no los has perdido. Te sientes del todo fea y cuando tu esposo dice cuán atraído se siente hacia ti, rechazas sus avances y te cubres.

Te dice que tu cuerpo lo excita, pero no estás dispuesta a mostrárselo.

No me interpretes mal. Sé lo que sientes porque sé que todo el día te bombardean con esta basura del cuerpo perfecto. Sin embargo, quiero que trates de comenzar a escuchar al hombre que te ama en lugar de escuchar a todos los hombres que desean venderte algo. Como la vista es tan importante para tu esposo, debes luchar hasta llegar al punto en el que te puedas sentir lo bastante bien contigo misma como para usar tu belleza para atraer a tu esposo.

Un esposo me dijo una vez que había orado durante años para que su esposa pudiera verse a sí misma a través de los ojos de él. Se deleita en su belleza y hasta dice que a lo largo de todo el proceso de embarazos y posteriores, nunca hubo un momento en el que no la encontrara físicamente atractiva. Aun así, ella todavía no lo cree mucho. Es una lástima.

Aquí tenemos algunos consejos para ayudar a que este proceso se desarrolle.

1. Concéntrate en tus puntos fuertes.

¿Te has dado cuenta de que hasta las modelos en traje de baño tienen ciertos rasgos que se enfatizan y otros que se esconden? El fotógrafo se puede concentrar en las piernas de una mujer, en su trasero, en la espalda o el pecho, y la persona a cargo de ese aspecto hará que cada modelo se ponga un traje que enfatice sus rasgos más atractivos, en tanto que el fotógrafo le saca fotografías en poses que resaltan esos rasgos.

Aprende a presentarte a tu esposo de la misma manera. Tal vez quieras enfatizar tus ojos, tus piernas o alguna otra parte. Aprende a aceptar eso como tu punto fuerte y, al menos frente a tu cónyuge, exhíbete sin vergüenza para lograr el efecto completo.

Si tus pechos son tu punto fuerte, compra ropa interior que llame toda la atención sobre el pecho. Si tu punto que más vende son tus ojos, o tal vez tu boca, utiliza maquillaje que llame la atención de tu esposo hacia esos rasgos. Utiliza lo que tienes al máximo y no te preocupes por el resto.

2. La regla de partes iguales.

¿Alguna vez te encontraste desvirtuando tu apariencia física con comentarios como estos?

«Mira esos muslos, son tan horribles».

«Ay, detesto este cabello greñudo. ¡No puedo hacer nada con él!»

«Si mis pechos se siguen cayendo, tendré que ponerles zapatos».

Si es así, el doctor Cash ofrece la «regla de partes iguales», la cual apoyo de todo corazón: Debes darle la misma cantidad de tiempo a las partes positivas de tu cuerpo. Es lo más justo. Te debes un elogio por cada crítica. Pasa *al menos* la misma cantidad de tiempo pensando en tus puntos positivos que la que pasas pensando en los negativos.

Recuerda, no te ensamblaron durante las horas extra de una fábrica de segunda. Dios mismo te diseñó, armó, moldeó y esculpió. Y cuando te dio la vida, se sentó, sonrió y dijo: «Esto es bueno».

Está bien, es probable que no hayas cuidado de la mejor manera lo que Dios te dio; tal vez adoptaste algunos hábitos que no te conducen a verte de la mejor manera; pero no insultes a tu Creador pasando por alto las maravillosas cualidades que puso en ti. Aprende a ser *agradecida*.

«Gracias, Dios, por estos ojos».

«Señor, estoy muy agradecida por estas manos. Ayúdame a usarlas para amar a mi esposo y a mis hijos».

«Gracias, Señor, por darme labios para besar a mi esposo».

«Gracias Señor, por darme piernas con las cuales envolver a mi esposo y pechos para atraerlo».

3. Permanece al margen de situaciones que sabes que no puedes manejar.

Si la imagen del cuerpo es un asunto problemático para ti, busca apoyo para las situaciones en que sabes que estás en problemas. Si la compra de un traje de baño es garantía de depresión, pídele a una amiga que te acompañe y haz todo lo posible para que sea divertido. No te sientas presionada a comprar un traje de baño que te haga sentir llamativa. No tiene nada de malo ponerse unos pantalones cortos encima del traje de baño para cubrir un poquito más. La mayoría de los trajes de baño hoy en día son demasiado indecentes y no son muy prácticos para nadie que tenga más de dieciocho años ni que planee hacer alguna otra cosa que no sea quedarse acostada sobre una manta mientras lo tiene puesto.

Algunas de ustedes deben deshacerse de las balanzas en la casa. Otras necesitan reconsiderar dónde poner espejos. Crea un ambiente que no obre en tu contra.

4. Aprende a disfrutar de los momentos sensuales.

Aquí no hablo de relación sexual. Hablo sobre sentir el té helado en un día caluroso de verano. Hablo de estar rodeado de agua caliente en un lujoso baño en una noche de invierno, o mejor aun, sentada en una bañera con hidromasaje mientras cae una ligera nevada. Hablo de las manos de tu esposo frotándote loción en los pies. Dios nos ha dado más terminaciones nerviosas de las que jamás conoceremos ni usaremos. Sé más consciente de ellas; deléitate en ellas; permite que tus sentidos cobren vida.

A medida que desarrolles una mayor conciencia sensual, te darás cuenta de la profundidad que tiene la relación sexual que va más allá de parecerse a Ken y Barbie. El cuerpo es algo maravilloso y la mayor parte de él no se puede ver. A menos que seas estudiante de medicina o médico, es probable que nunca hayas visto una de esas terminaciones nerviosas que cobran vida de forma tan deliciosa cuando las tocas en el lugar adecuado.

Un hombre prefiere irse a la cama con una mujer con conciencia sensual que tenga algunos kilos de más que con una Barbie que tiene una manicura perfecta, pero que está cerrada y es frígida y deforme por ser tan acomplejada.

5. Ten relaciones sexuales con mayor frecuencia.

¿Quieres parecer más joven? ¿Temes que el tiempo le haya cobrado su cuota a tu atractivo sexual? Si es así, tengo una solución grandiosa y divertida para ti: ¡Ten muchas relaciones sexuales!

David Weeks, un neuropsicólogo del Hospital Real de Edimburgo en Escocia sugiere: «Una mayor cantidad de orgasmos pueden conducir a una mayor liberación de hormonas que refuerzan tu sistema inmunológico y retardan el envejecimiento prematuro»[43]. Esto fue la respuesta a diez años de estudio con más de tres mil quinientos hombres y mujeres. Los que se veían más jóvenes informaban una vida sexual más activa que los participantes que se veían mayores.

Desde el punto de vista sicológico, la visión que tenemos de nosotros mismos afecta en gran medida la manera en la que comenzamos a vernos en realidad. Cuando tienes relaciones sexuales con regularidad, ese mismo acto afirma tu cuerpo porque tu esposo lo ama, lo adora y lo acaricia. Cuando te sientes sexy, te ves más sexy.

Un esposo me dijo que su esposa era un «bombón». Cuando la vi, casi tuve que reír. No es una belleza convencional. Es más, en muchos aspectos hasta se podría decir que la naturaleza no ha sido muy favorable con ella.

Sin embargo, jamás convencerás a su esposo de muchos años de esta realidad. ¿Por qué? Me confesó que en la cama hace uso y abuso de él. No hay nada que sea demasiado para ella ni hay nada que sea demasiado para él. El hombre promedio puede mirarla y verá un rostro hogareño y un cuerpo poco favorecido, pero su esposo ve a una mujer de la cual ha disfrutado, en la cual se ha deleitado, a la cual ha probado, tocado, olido, lamido, acariciado, se la ha comido con los ojos y la ha adorado en todos los sentidos. La relación sexual frecuente con una persona puede cambiar literalmente la manera en la que la ves.

CÓMO PERDER CINCO KILOS DE INMEDIATO

¿Deseas perder cinco kilos de inmediato la próxima vez que saltes a la cama? Aquí tienes el truco de un sicólogo: sonríe. Luce seductora. Tal vez, hasta brama. Cuando te sientes cómoda con tu propio cuerpo, tu cónyuge se sentirá más cómodo contigo también. Tus expresiones faciales y tu actitud tienen un efecto mucho mayor en tu apariencia que lo que te puedes imaginar. Úsalas al máximo.

Otra manera de perder un poco de peso es oscurecer la habitación. La luz de las velas es muy sexy, con el beneficio adicional de crear sombras que te permiten ocultar algunos defectos. Si la luz suave de una vela te hace sentir mejor, ¡cómpralas a montones!

Ahora bien, ¿cómo haces para añadir cinco kilos? Siéntete tan acomplejada por una parte del cuerpo en particular como para señalarla y criticarla siempre. Ven a la cama haciendo un aspaviento y tapándote. Actúa como si estuvieras avergonzada, molesta y mortificada.

Acéptalo de parte de un sicólogo: La gente recibe, por lo general, un trato acorde con la imagen que tiene de sí misma. A los niños que les molestan en la escuela, por lo general *esperan* que los sigan molestando. Los niños que tienen mucha confianza en sí mismos se ven más atractivos. Creo que una imagen positiva o negativa de uno mismo vale cinco kilos más o menos.

CÓMO DARLE CONFIANZA A TU CÓNYUGE

El cónyuge desempeña un papel importantísimo al hablar de sentirse cómodo con el cuerpo de uno. Señoras, su hombre necesita saber que lo desean, con flotadores (esa grasa que se acumula alrededor de la cintura) y todo. Y hombres, sus esposas necesitan saber que las estrías y los efectos inevitables de la gravedad no han detenido su interés sexual. Aquí tenemos cómo describió una mujer la manera en que la aceptación de su esposo cambió su visión de sí misma.

«Detestaba mi cuerpo. Cada vez que me miraba en el espejo, lo único que veía eran mis pechos pequeños y mis grandes muslos. Me sentía incómoda al cambiarme la ropa frente a cualquiera. Luego, cuando me casé, la relación sexual siempre era tensa para mí porque temía que me vieran desde ciertos ángulos. Sin embargo, Carlos lo cambió todo. Sonreía mientras me desvestía. Me decía qué hermoso era mi cuerpo. Me tocaba de maneras en que me hizo creer de verdad que pensaba lo que decía. Después de esto me sentía bien y al final logré relajarme lo suficiente como para disfrutar de la relación sexual. Desde entonces, hasta he aprendido a exhibirme un poquito. Y ahora no tengo temor de iniciar yo misma la relación sexual»[44].

¿Lo entienden, muchachos? Algunas veces van a tener que esforzarse para convencer a su esposa de que la encuentran físicamente atractiva. Ella recibe falsos mensajes y un bombardeo de imágenes idealistas, pintadas, casi todas las veces que va a un negocio o que abre una revista; debes decirle que la encuentras muy sexy y atractiva. La mayoría de las veces, tú sacarás tanto beneficio de esto como ella. Las mujeres necesitan palabras de adoración de parte de sus esposos, pero no solo cuando el esposo quiere tener relaciones sexuales. Cuando te vas al trabajo, o cuando entras a la iglesia, un lugar en el que tu esposa sabe que no puedes tener ninguna motivación posterior, detente, mírala y dile: «Cariño, te ves absolutamente fantástica. Estoy muy orgulloso de que me vean contigo hoy».

Vivimos en un mundo que glorifica la juventud, la relación sexual sin compromiso y los cuerpos que requieren una absurda cantidad de tiempo egoísta en el gimnasio. Demos vuelta a esta realidad. Transmitámosle confianza a los cuerpos de las mujeres que con generosidad y desinterés le han dado vida a uno, dos, tres o cuatro bebés. Valoremos a esos hombres que trabajan duro para mantener a sus familias y que no tienen tiempo para detenerse en un gimnasio y levantar pesas porque están deseosos de llegar a su hogar para jugar con los niños.

La mejor manera de hacerlo es disfrutar del cuerpo de tu cónyuge al máximo. Explóralo. Deléitate en él. Juega con él. Tócalo. Elógialo.

Tu cuerpo es algo maravilloso. Es uno de los mejores regalos que le puedes dar jamás a tu cónyuge. No seas egoísta. Sé generoso, ¡y disfruta de los resultados!

EPÍLOGO

Un regalo muy bueno, por cierto

Una noche invité a Sande a la cena de su vida. Fuimos a un restaurante llamado el Salón de Roble en el Hotel Drake, justo donde termina la Avenida Michigan en el centro de Chicago.

A Sande le encantó; sus gustos son parecidos a los de Martha Stewart, y lancé una buena carcajada cuando escuché su resumen: «Delicioso, hermosa comida en el bufé y ninguna gelatina a la vista». La mayoría de las cafeterías, de los cafés y de los bufés siempre te reciben con coloridas gelatinas o pasteles llamativos, pero no es así en el Salón de Roble.

Por supuesto, si te gustan las gelatinas, puedo sugerirte algunos otros lugares; Sande y yo hemos estado allí y también hemos hecho eso. En nuestra vida hay lugar para los bufés con gelatina, pero algunas noches, en verdad nos gusta subir un poco más alto.

Estoy seguro de que a esta altura quieren saber a dónde quiero llegar. Deseo cerrar diciéndoles lo que les dije a varias parejas que entrevisté mientras escribía este libro. Mi oración por ustedes (sí, oración) es que experimenten a plenitud todos los goces, deleites y placeres que su Creador ha diseñado para que conozcan en la intimidad sexual. Deseo llevar su vida sexual a nuevas alturas, a orar literalmente para que Dios los ayude a los dos a experimentar una intimidad sexual como nunca antes experimentaron.

¿Por qué lo hago? Porque si oran pidiendo una mayor intimidad sexual y luego la experimentan, su matrimonio se volverá más fuerte de lo que nunca ha sido. Serán mejores padres, serán creyentes más fieles, miembros más productivos de la comunidad y, sí, incluso mejores personas.

La relación sexual buena y saludable es un invento estupendo que obra maravillas en nosotros en el aspecto físico, relacional, sicológico y hasta espiritual. A la gente que le han quedado cicatrices por experimentar la relación sexual que Dios no aprueba o a los que se hunden en una adicción sexual les puede resultar difícil experimentar lo energizante, bueno y santo que puede ser la relación sexual. Para ellos, la relación sexual es una carga en lugar de una bendición. No obstante, si pueden dar ese giro hacia la relación sexual santa, descubrirán una avenida de pura pasión y deleite que hará que Disneylandia parezca la Siberia durante el crudo invierno.

Una de las cosas maravillosas acerca de la intimidad sexual en el matrimonio es que se trata de un viaje de toda la vida. El lugar en el que te encuentres ahora no tiene por qué limitar el lugar en el que te encontrarás dentro de cinco años. Tu relación se desarrollará, como lo he visto suceder en miles de parejas.

Algunas veces, esta evolución es escandalosa para uno de los cónyuges o para los dos.

Me viene a la mente una mujer en particular que es muy conservadora. Ni se le ocurre estacionar el auto en un lugar en el que no haya dos líneas bien delineadas, y si conduce el microbús familiar, no lo estaciona en uno de esos espacios que dicen «compacto».

A pesar de eso, cuando su esposo la lleva a la cama, experimenta una libertad, un gozo y una pasión que despertaría a la mitad del vecindario si no fuera por el aislamiento que tienen las paredes externas. No siempre, claro, pero todas las veces suficientes para que su esposo reconozca que es un hombre muy bendecido.

Algunas veces, un festín sexual matrimonial será una verdadera experiencia gastronómica. Otras, se parecerá a la comida rápida. En ocasiones, la pareja se puede concentrar en el «postre». Otras, puede desear una comida completa. ¡Lo mejor de todo es que todo es bueno! Dios es grande y en la relación sexual nos ha dado un regalo muy maravilloso. Oro para que lo disfrutes cada vez más.

Aquí tienen la tarea final que les doy, mis palabras de despedida. Hagan esta oración ahora mismo: «Querido Dios, ayúdame a saber qué hacer para complacer a mi cónyuge sexualmente esta noche, y luego dame el deseo para hacerlo».

Si haces esta oración con sinceridad, puede cambiar tu matrimonio. ¿Por qué no lo intentas y ves?

Otros recursos del doctor Kevin Leman

(Solo disponible en inglés)

Libros

Adolescence Isn't Terminal
The Real You: Become the Person You Were Meant to Be
Say Good Bye to Stress
The Birth Order Connection
What a Difference a Daddy Makes
Forme niños razonables sin perder la razón
Obtenga lo mejor de sus hijos
Making Sense of the Men in Your Life
Becoming a Couple of Promise
Becoming the Parent God Wants You to Be (con Dave y Neta Jackson)
The New Birth Order Book
Women Who Try Too Hard
When Your Best Is Not Good Enough
Bringing Up Kids without Tearing Them Down
Living in a Step Family without Getting Stepped On
Unlocking the Secrets of Your Childhood Memories (con Randy Carlson)
El amor comienza en la cocina
Sexo y comunicación en el matrimonio

Series de vídeos

Forme niños razonables sin perder la razón: edición para los padres
Forme niños razonables sin perder la razón: edición para maestros de escuelas públicas, en sesiones de servicio, actividades de la Asociación de Padres y Maestros
Bringing Peace and Harmony to the Blended Family
Single Parenting that WORKS! Raising Well Balanced Children in an Off Balance World
Bringing Up Kids without Tearing Them Down
Keeping the Promise

Acerca del doctor Kevin Leman...
SABIDURÍA PRÁCTICA CON UNA SONRISA

El sicólogo, escritor, orador y personalidad de la radio y la televisión internacionalmente conocido, el doctor Kevin Leman ha ministrado y entretenido a audiencias de todo el mundo con su ingenio y su sicología llena de sentido común.

Como escritor de libros que son éxitos de librería, el doctor Leman ha recibido llamadas telefónicas en cientos de programas, incluyendo Enfoque a la Familia, y ha aparecido en numerosos programas de radio y televisión como *The Early Show* de la CBS, *American Morning* con Paula Zahn en CNN, *Today*, *The View* con Bárbara Walters, *Enfoque a la Familia* con el doctor James Dobson, y *Life Today* con James Robison. El doctor Leman ha prestado servicio como sicólogo y terapeuta familiar en *Good Morning America*.

El doctor Leman es el presentador del programa de televisión que ahora sale todos los días, *Reality Talks with doctor Kevin Leman*. También es el fundador y presidente de Couples of Promise, una organización diseñada para ayudar a las parejas a permanecer felizmente casadas.

Los libros de gran venta del doctor Leman incluyen:

- *Adolescence Isn't Terminal*
- *The New Birth Order Book*
- *Forme niños razonables sin perder la razón*
- *Bringing Up Kids without Tearing Them Down*
- *El amor comienza en la cocina*
- *Say Good Bye to Stress*
- *The Birth Order Connection*
- *When Your Best Is Not Good Enough*

- *Women Who Try Too Hard*
- *Becoming the Parent God Wants You to Be* (con Dave y Neta Jackson)
- *Becoming a Couple of Promise*
- *What a Difference a Daddy Makes*
- *The Real You: Become the Person You Were Meant to Be*
- *Making Sense of the Men in Your Life*
- *Keeping Your Family Strong in a World Gone Wrong*

El doctor Leman está afiliado profesionalmente a la American Psychological Association, la American Federation of Radio and Television Artists, el National Register of Health Services Providers in Psychology, y la North American Society of Adlerian Psychology.

Asistió a la Universidad de North Park. Recibió su título de Licenciado en Sicología en la Universidad de Arizona, donde más tarde obtuvo su maestría y doctorado. Originario de Williamsville, Nueva York, junto a su esposa, Sande, vive en Tucson. Tienen cinco hijos.

Para recibir información con respecto a conferencias para empresas, iglesias y organizaciones civiles, comuníquese con:

Dr. Kevin Leman
P.O. Box 35370
Tucson, Arizona 85740

Teléfono: (520) 797 3830
Fax: (520) 797 3809
Sitio en la Web: www.realfamilies.com

~ Notas~

1. Stephen y Judith Schwambach, *For Lovers Only* [Solo para amantes], Harvest House, Eugene, Oregón, 1990, p. 127.
2. Alan Booth y David Johnson, «Premarital Co-habitation and Marital Success», *Journal of Family Issues* 9, 1988, pp. 261-270. Esta y varias citas más en esta sección se tomaron de Wade Horn en *Father Facts*, The National Fatherhood Initiative, Gaithersburg, MD, tercera edición, sin fecha, pp. 46ss.
3. T.R. Balakrishnan y otros, «A Hazard Model of the Covariates of Marriage Dissolution in Canada», *Demography* 24, 1987, pp. 395-406.
4. Neil Bennett, Ann Klimas Blanc y David E. Bloom, «Commitment and the Modern Union: Assessing the Link Between Cohabitation and Subsequent Marital Instability», *American Sociological Review* 53, 1988, pp. 127-138.
5. Renata Forste y Koray Tanfer, «Sexual Exclusivity among Dating, Cohabiting, and Married Women», *Journal of Marriage and the Family* 58, 1996, pp. 33-47.
6. Para mayor información, véase *Unlocking the Secrets of Your Childhood Memories* [Desentraña los secretos de los recuerdos de tu infancia] del doctor Kevin Leman y Randy Carlson (Thomas Nelson, Nashville, 1989).
7. C.K. Barrett, *A Comentary on the First Epistle to the Corinthians, Second Edition* [Comentario sobre la primera epístola a los Corintios, segunda edición], Adam y Charles Black, Londres, 1971, p. 156.
8. Para mayor información sobre este tema, lee *El amor comienza en la cocina*, del doctor Kevin Leman, (Revell, Grand Rapids, Mich., 1999)
9. Cliford y Joyce Penner, *Getting Your Sex Life Off to a Great Start: A Guide for Engaged and Newlywed Couples* [Dale un comienzo grandioso a tu vida sexual: Una guía para parejas comprometidas o recién casadas], Word Publishing, Dallas, TX, 1994, p. 109.
10. Para mayor información, véase el capítulo 8.
11. Todas las referencias bíblicas en esta sección se tomaron de la Nueva Versión Internacional.
12. Didi Gluck, «The Scent-Sex Connection» [La relación fragancia-sexo], *Redbook*, noviembre de 2000, p. 142.
13. Lucy Sanna con Kathy Miller, *How to Romance the Woman You Love The Way She Wants You To!* [Cómo cortejar a la mujer que amas: ¡De la manera en que ella lo desea!], Gramercy Books, Nueva York, edición de 1998, pp. 70-71.
14. Sanna y Miller, *How to Romance*, p. 73.
15. Citado en, «Mysteries of the Cligeva», de Andrew Levin, *Men's Journal*, febrero de 2001, p. 49.
16. Sanna con Miller, *How to Romance*, p. 81
17. Sanna y Miller, *How to Romance*, p. 147.
18. Sanna y Miller, *How to Romance*, p. 158.
19. Sanna y Miller, *How to Romance*, p. 189.
20. Doctor Kevin Leman, *Making Sense of the Men in Your Life*, Thomas Nelson, Nashville, TN, 2000, pp. 43-44.
21. Doctor Douglas Rosenau, *A Celebration of Sex*, Thomas Nelson, Nashville, TN, 1994, p. 193.

22. Dra. Judith Reichman, *I´m Not In the Mood* [No estoy de humor], William Morrow and Company, Nueva York, 1998, p. 136.
23. Sanna y Miller, *How to Romance*, p. 86
24. El balneario en el Hotel Hershey, 1-717-520-5888 o www.spaathotelhershey.com
25. Loretta Lynn, entrevistada por Andy Ward, «What I've Learned» [Lo que he aprendido], *Esquire*, enero de 2002, p. 62.
26. Schwambach, *For Lovers Only* [Solo para amantes], p. 176.
27. Schwambach, *For Lovers Only*, p. 177.
28. Schwambach, *For Lovers Only*, p. 181.
29. C.F. Keil y F. Delitzsch, *Commentary on the Old Testament in Ten Volumes, Vol. VI: Proverbs, Ecclesiastes, Song of Solomon*, traduc. de M.G. Easton, William B. Eerdmans Publishing Co., Grand Rapids, MI, reimpreso en 1973, pp. 130 131.
30. Susan Crain Bakos, «The Sex Trick Busy Couples Swear By» [La relación sexual engaña a las parejas ocupadas que confían ciegamente en ella], *Redbook*, marzo de 2001, p. 125.
31. «You Told Us» [No los dijiste], *Redbook*, febrero de 2001, p. 12.
32. Sanna con Miller, *How to Romance*, p. 119.
33. Reichman, *I'm Not in the Mood*, pp. 142-143.
34. Conversación de los Schwambach al respecto, en su libro *For Lovers Only*, Harvest House, Eugene, OR, 1990, pp. 239ss.
35. Reichman, *I'm Not in the Mood*, p. 138.
36. Reichman, *I'm Not in the Mood*, pp. 38-39.
37. Reichman, *I'm Not in the Mood*, pp. 47ss.
38. Reichman, *I'm Not in the Mood*, pp. 61-62.
39. Reichman, *I'm Not in the Mood*, p. 94.
40. Reichman, *I'm Not in the Mood*, p. 95.
41. Citado en «Love your Body» [Ama tu cuerpo], de Nancy Stedman, *Redbook*, mayo de 2001, p. 46.
42. Stedman, «Love your Body», p. 46.
43. Pamela Lister y Janis Graham, «More Sex = Younger Looks!» [Más relación sexual = ¡Más apariencia juvenil!], *Redbook*, junio de 2001, p. 80.
44. Sanna y Miller, *How to Romance*, p. 89.